第17辑 上卷　宋晓 主编

中德法学论坛

Jahrbuch des Deutsch-Chinesischen
Instituts für Rechtswissenschaft der Universitäten
Göttingen und Nanjing

南京大学出版社

中德法学论坛

第 17 辑·上卷（2020 年）

学术委员会委员

卜元石　陈兴良　方小敏　米　健　邵建东　孙宪忠
王晓晔　叶金强　［德］乌韦·布劳洛克　［德］吕迪格·克劳泽
［德］彼得-托比亚斯·施托尔　［德］罗尔夫·施蒂尔纳

主　编　宋　晓
执行编辑　徐凌波

编辑委员

蔡　琳　冯洁语　严益州　［德］雷博海

Jahrbuch des Deutsch-Chinesischen Instituts für Rechtswissenschaft der Universitäten Göttingen und Nanjing

Band 17 Heft 1 Jahr 2020

Herausgeber
SONG Xiao

Wissenschaftlicher Beirat
BU Yuanshi; CHEN Xingliang; FANG Xiaomin; MI Jian;
SHAO Jiandong; SUN Xianzhong; WANG Xiaoye; YE Jinqiang;
Uwe Blaurock; Rüdiger Krause; Peter-Tobias Stoll; Rolf Stürner

Redaktion
CAI Lin; FENG Jieyu; YAN Yizhou; Peter Leibküchler

Schriftleitung
XU Lingbo

感谢德意志学术交流中心
对《中德法学论坛》的支持
Gefördert vom Deutschen Akademischen Austauschdienst (DAAD)
aus Mitteln des Auswärtigen Amtes (AA)

中德法学论坛　　目录　　第 17 辑·上卷

·中德讲坛·

论最高法院的裁判对社会发展的重要意义
　　…………………………〔德〕罗尔夫·施蒂尔纳 著　刘媛媛 译(3)

国际海洋法法庭对海洋环境保护法律制度的发展
　　…………………………〔德〕亚历山大·普鲁尔斯 著　张　华、张宇庆 译(20)

·学术专论·

德国传染病防治法律机制研究
　　——以信息机制与权责分配为重点 ………………………………陈　霄(35)

认罪协商的规范控制路径：德国经验的启示 ………………………王瑞剑(50)

德国刑法诈骗罪中的认识错误 ………………………………………喻浩东(72)

论德国司法实践中一般人格权下血缘知情权的发展
　　——兼论自然人新型人格权益的司法证成及其发展 ……………边　琪(93)

违约损害可预见性规则的历史嬗变
　　——英国法和德国法比较考察 ……………………………………李　亮(118)

·法学经典·

正义问题 …………………………〔奥〕汉斯·凯尔森 著　雷　磊 译(139)

宪法性法律与一般性法律
　　——宪法诉讼与专业法院诉讼……………〔德〕罗伯特·阿列克西 著
　　　　　　　　　　　　　　　　　　　　　杨　贺 译　张　龑 校(207)

·书评·

历史批判性评注
　　——以《〈德国民法典〉历史批判评注》为例
　　………………………………〔德〕索尼娅·梅耶 著　余翛然 译(231)

Jahrbuch des Deutsch-Chinesischen Instituts für Rechtswissenschaft der Universitäten Göttingen und Nanjing
Band 17 • Heft 1
Inhaltsverzeichnis

• Deutsch-Chinesisches Rechtsforum •

Rolf Stürner / Übersetzt von LIU Yuanyuan

The Significance of Decisions of Supreme Courts for the Development of the Society ··· (3)

Alexander Proelß / Übersetzt von ZHANG Hua, ZHANG Yuqing

Entwicklung des Rechtsregimes zum Schutz der Meeresumwelt durch den Internationalen Seegerichtshof ··· (20)

• Aufsätze •

CHEN Xiao

Untersuchung der rechtlichen Mechanismen zur Bekämpfung von Infektionskrankheiten in Deutschland
— Fokus auf Informationsmechanismen ··· (35)

WANG Ruijian

Die Reguliereung der Verständigung im Strafverfahren ··· (50)

YU Haodong

Zum Irrtum des Betrugs im Deutschen Strafrecht ··· (72)

BIAN Qi

Zur Entwicklung des generellen Persönlichkeitsrechts auf Blutverwandtschaft in der deutschen Justizpraxis
— Auch zur gerichtlichen Begründung des neuartigen Persönlichkeitsrechts von natürlicher Personen und seiner Entwicklung ··· (93)

LI Liang

Historische Anpassung der Vorhersehbarkeitsregel für Vertragsbruchschäden
　—eine vergleichende Untersuchung des englischen und deutschen Rechts
　　·· (118)

• Juristische Klassiker •

Hans Kelsen/ Übersetzt von LEI Lei

Was ist Gerechtigkeit ·· (139)

Robert Alexy/ Übersetzt von YANG He, ZHANG Yan

Verfassungsrecht und einfaches Recht
　— Verfassungsgerichtsbarkeit und Fachgerichtsbarkeit ······················ (207)

• Buchsprechung •

Sonja Meier/ Übersetzt von YU Xiaoran

Historisch-kritisches Kommentieren am Beispiel des HKK ···················· (231)

中德讲坛

[德] 罗尔夫·施蒂尔纳 著　刘媛媛 译
论最高法院的裁判对社会发展的重要意义

[德] 亚历山大·普鲁尔斯 著　张　华、张宇庆 译
国际海洋法法庭对海洋环境保护法律制度的发展

论最高法院的裁判对社会发展的重要意义

[德] 罗尔夫·施蒂尔纳* 著 刘媛媛** 译

摘　要：在德国法院系统，每个专门管辖法院受联邦最高法院领导。联邦宪法法院行使广泛的管辖权，以确保德国宪法的首要地位。在许多法律领域，德国最高法院取代了优柔寡断、被动的立法机构，在劳工法和民法的某些领域最甚。毋庸置疑，德国最高法院，特别是联邦宪法法院对德国的政治和社会都产生了极其深远的影响。德国宪法法院和欧洲法院存在并存难题，因为德国宪法法院不接受欧洲法院和欧洲人权法院关于层级秩序的观点。德国司法非政治属性的外在形象，可能是因为德国法院的庭审风格给人的感觉太过于务实，这显然与英美法系国家法庭上夸张的正义游戏迥然不同。尽管德国法院更为缄默、更为温和，但仍对德国的政治和社会产生了根深蒂固的影响，德国法院的作用不容小觑。

关键词：德国法院系统；联邦最高法院；联邦宪法法院；欧洲法院；责任共担原则

一、引言

　　讨论最高法院在社会发展中的作用并非易事，本次讲座将尝试从德国和欧洲两个角度进行深入探析。德国法院系统非常复杂，德国众多最高法院与两个欧洲最高法院——欧洲人权法院（ECHR）和欧洲法院（ECJ）之间的关系亦是如此。此外，要对最高法院的作用作出一个极具说服力的分析，应当考量不同领域的法律所产生的不同的社会和政治影响。此次讲座首先阐述了德国法院系统领导下的六个最高法院；随即对这些德国最高法院的政治和社会意义进行简要分析；第三部分则讨论了

---

* 罗尔夫·施蒂尔纳（Prof. Dr. Rolf Stürner）：德国弗莱堡大学教授。
** 刘媛媛：南京大学法学院博士研究生。

德国最高法院和欧洲最高法院的并存难题,并从比较法的视角探讨、评价美国的法律文化,以期丰富并拓宽研究与分析的范围。

二、德国法院系统和德国最高法院

(一) 一般管辖和专门管辖

德国司法系统的法律任务分配给一般管辖法院系统和几个专门管辖法院系统。拥有一般管辖权的法院系统(ordentliche Gerichte)对法律认可的一切争议实施管辖,可以是民事,也可以是刑事,只要不属于某一专门管辖法院的职权范围即可。[1]对或多或少带有民事性质的案件行使管辖权的主要专门法院有劳工法院(Arbeitsgerichte)、行政法院(Verwaltungsgerichte)、社会福利法院(Sozialgerichte)和财政法院(Finanzgerichte)。

(二) 专门管辖权及其最高法院

德国的四个主要专门管辖法院系统根据在诉问题的性质来行使管辖权。例如,劳工法院有权裁决因劳资关系、劳资集体谈判、劳资双方代表之间的问题引起的争议。行政法院对针对国家、联邦行政部门及其行政机关的裁定提起的上诉,或者对政府行政部门、行政机关的行为的审查或强制实施的程序,具有管辖权。社会福利法院主要处理各种形式的政府福利诉讼。财政法院的管辖权可以从它们的名称中推断出来。[2]

每一个专门管辖法院的基本系统都是在一个完整的、自上而下的司法建制中运行,包括一审法院和上诉法院,每个法院系统中都有一个联邦最高法院作为终审法院。[3]每个专门法院系统的诉讼程序均由一个特别法典对应,当该特定的程序法典未作单独规定时,《德国民事诉讼法》(Zivilprozessordnung 或 ZPO)对缺失的程度

---

[1] 此处"民事"取英美法上的意义。在大多数欧陆系统中,法院的管辖权至少分为民法、刑事和行政三个概念类别。

[2] 财政法院系统只有两个层级,一个是联邦财政法院(Finanzgericht),一个是联邦最高财政法院(Bundesfinanzhof)。

[3] 这些联邦最高法院不在德国联邦首府(原为波恩,现是柏林),而是位于德国的各个主要城市。例如,联邦最高劳工法院位于埃尔福特,联邦最高社会福利法院位于卡塞尔,联邦最高财政法院位于慕尼黑。联邦最高法院和联邦宪法法院自1949年以来一直位于卡尔斯鲁厄。德国在1990—1992年重新统一时,联邦最高法院拒绝搬回到德意志帝国最高法院(Reichsgericht)的所在地莱比锡。位于莱比锡的前最高法院大楼现已被翻新,原来位于柏林的联邦最高行政法院搬至此处。

进行补充。

劳工上诉法院可以裁定法律或程序问题(Revision),对此裁定不服可上诉至联邦最高劳工法院。最高劳工法院由3名专业法官和2名陪审员组成合议庭(Senates),2名陪审员分别代表雇主和劳工利益,[4]如果合议庭之间出现争议或有必要澄清比较重要的法律原则时,可以召集由联邦最高劳工法院的16名法官组成的"大合议庭"(Grosser Senat)来解决。[5]

联邦最高行政法院(Bundesverwaltungsgericht)是行政法院系统中的终审法院,该法院的合议庭一般由5名专业法官组成,只涉及对法律或程序问题的审查上诉(Revision)[6]。向联邦最高行政法院提起的审查上诉,须经下级法院或最高行政法院许可。联邦最高社会福利法院审查针对下级社会福利法院裁决中涉及法律和程序问题的上诉。与联邦最高劳工法院一样,联邦最高社会福利法院是由3名专业法官和2名陪审员组成审案合议庭(panel)。[7]需要指出的是,德国立法者认为联邦最高劳工法院和联邦最高社会福利法院都有2名陪审员,他们应该裁决对社会特征及其整体发展至关重要的问题,而不应仅仅由法学家来决定。对财政法院裁决的审查上诉由联邦财政法院(Bundesfinanzhof)的5名专业法官组成的审案合议庭审议。[8]

(三)联邦最高法院

德国一般管辖制度中的最高法院是位于卡尔斯鲁厄的联邦最高法院(Bundesgerichtshof或BGH),联邦最高法院是所有刑事和民事诉讼的终审法庭,由法官组成民事和刑事合议庭(Senate),每个合议庭又分别由6—8名法官组成,但参与审案的法官只有5名,包括1名主审法官和4名其他法官。不同合议庭的专业化程度都非常高,比如说,涉及亲属法的多数诉讼都是由专门从事该领域的合议庭审理,涉及商

---

[4] 陪审员参与确定法律和程序问题似乎是不适当的,但雇主和劳工代表参与审理劳工问题诉讼可能是为了落实某项政策,而不是仅对有争议的事实提供建议。在上诉阶段,裁判法官的职能之一是使法院与利益关系保持"联系"。一方面作为管理者和劳工之间的纽带,另一方面作为法院之间的纽带。陪审员参与制度形成了一种"调停"(Mediation)的方式,这促成了劳工判例法体系的发展,对劳资双方的集体谈判关系、罢工等其他劳动争议予以规范。

[5] ArbGG§45。这个大合议庭由法院院长、普通合议庭的法官和法院主席团任命的6名陪审员(代表管理层和劳工)组成。

[6] VwGO § 10.

[7] 像其他联邦最高法院一样,社会福利最高法院可以召集一个大合议庭(Großer Senat)来解决各合议庭之间的冲突,统一法律适用。

[8] 只有下级法院或者最高财政法院自己决定审查,不能就财政法院一审裁判中的事实和法律(Berufung)问题上诉。

法、银行法、侵权法、不动产法、新闻法、国际法和涉外法等案件时亦是如此。

各个合议庭的裁判如存有分歧，可以召集由代表常规合议庭（regular senates）的法官组成的大民事或刑事合议庭（Großer Senat）来解决，以此维护法律的统一（Rechtseinheit）。[9] 需要大民事合议庭作出裁决的事项非常少，如关于决定对动产和无形资产超额抵押作出限制便是较罕见案例之一，这一限制是基于利益所得。[10]

联邦最高法院受理所有上诉案件，如对州上诉法院最终判决（Urteile）的法律和程序（Revision）问题的审查上诉以及其他上诉法院裁决和命令的其他上诉（Rechtsbeschwerden）。当双方同意直接向联邦最高法院提出上诉（Sprungrevision）时，联邦最高法院可对州地方法院的最终判决进行上诉审查，越过州上诉法院对事实与法律问题进行审查。

近几十年来，随着联邦最高法院上诉案件的激增，最高法院频繁性地作出酌情驳回上诉的裁定。大多数向联邦最高法院上诉的初步阶段，逐渐变成像美国最高法院"调卷令"（certiorari）一样的审判程序。在初步诉讼（Annahmeverfahren）中，上诉人提交上诉文件后必须说服合议庭，该上诉具有足够大的重要性，且能够保证成功地引起注意。只有当联邦最高法院决定准许其上诉时，审理才会进入实体（merits）阶段。

2001年，经过人们在长凳上、酒吧中以及其他公共场所激烈讨论后，旨在减轻德国上诉法院工作量的《〈民事诉讼法〉改革草案》在议会通过，此次改革的内容从2002年1月1日开始生效。根据新规定，只有在州上诉法院同意或联邦最高法院自己批准时，联邦最高法院才可审理上诉案件。而只有当出现"根本意义"之争议问题，抑或者"为了法律的发展以及为确保统一判例法，联邦最高法院有必要作出裁决"时，才会给予上诉许可。

（四）五大最高法院、德国宪法法院和最高法院法官的民主合法性

囊括了五大专门管辖法院及其五大联邦最高法院的德国司法系统规定于德国《基本法》第95条，立法机关在不修改宪法的情况下，不得将不同的管辖权归于同一个法院系统内。[11] 联邦最高法院的所有法官均由议会委员会（parliamentary com-

---

[9] 来自民事和刑事合议庭的法官被召集组成联合大合议庭（Vereinigter Großer Senat），就两个法律部门共同的重要议题作出决定。大合议庭的议事程序（也仅限讨论很重要的议题）通常采书面形式。

[10] 参见 Federal Supreme Court (Grand Civil Senate) NJW 1998, 671 et seq.

[11] 为避免不同的联邦最高法院作出不同的裁决，宪法规定设立一个共同合议庭，由联邦最高法院院长（chief justices）、各个最高法院涉案合议庭的主审法官以及各个最高法院每年由选举司法管理委员会任命的法官组成。

mittee)选举产生,该委员会由德国各个州司法部门的部长和德国联邦议院(Bundestag)选出的同等数量的成员组成。委员会成员的组成反映了德国的联邦式结构,以及与之匹配的德国议会与两个议院即联邦参议院(Bundesrat)和联邦议院(Bundestag)的结构。联邦参议院的成员是各州的代表,由联邦选举中的德国所有公民直接选举产生。所有初审法院和二审法院都是州法院。德国司法机构的构建实现了三项基本原则:司法机构内部权力平衡,议会选举产生联邦法官的民主合法性,以及联邦最高法院陪审员参与制度的特殊社会意义。这一制度构建的背景明确表明,1949年德国《基本法》的起草者和执行联邦成文法的立法机关,充分意识到了最高法院的社会和政治作用,以及其强大而有影响力的地位,对司法部门职能作用非政治性的理解完全不符合德国的宪政结构,也不符合由立法机关参与实施宪政的实情。与德国、外国研究者和分析者的许多比较言论相反,[12]德国最高法院认识到了公共利益对私人纠纷产生的影响,在许多情况下最高法院取代了优柔寡断的立法机构,造福了公民和整个社会。

(五)德国联邦宪法法院

如果不提及德国联邦宪法法院(Bundesverfassungsgericht),那么对德国司法系统及其最高法院的论述将是不完整的。联邦宪法法院在司法系统中具有独特的地位,其有权审查立法、政府行为和政策的合宪性,并适时宣布违宪情形。1949年制定的德国《基本法》(Grundgesetz)规定设立联邦宪法法院,并规定联邦宪法法院在司法部门中处于最高地位,与德国政府的立法和行政部门平行。[13] 联邦宪法法院的管辖权、职能范围和程序内容在德国《基本法》和《联邦宪法法院法》(Bundesverfassungsgerichtsgesetz)中均有所阐述。

联邦宪法法院行使广泛的管辖权,以解释和确保德国宪法的首要地位,并调整各州和联邦政府部门之间的摩擦和争端。[14] 宪法法院的裁决对所有政府部门均具有约束力,在适当的情况下,可赋予该裁决如法律般的效力。[15]

---

[12] 详见诸如 Kötz, *Civil Justice in Europe and the United States*, 13 Duke J. Comp. & Int'l L. 61, 75 ss., Dodson, *Comparative Convergences in Pleading Standards*, 158 U. Penn. L. Rev. 441, 467 ss. (2010).

[13] 参见 GG Articles 20 and 92; German Constitutional Court, 7 BVerfGE 11, 14 (1961); 65 BVerfGE 152, 154 (1984); Brohm, „*Die Funktion des BVerfG-Oligarchie in der Demokratie?*", 54 NJW 1 (2001); Böckenförde, „*Verfassungsgerichtsbarkeit: Struktur, Organisation, Legitimation*", 52 NJW 9 (1999).

[14] GG Article 93. See, e.g., Federal Constitutional Court, 13 BVerfGE 72 (1963).

[15] BVerfGG §31."遵循先例原则"并不正式适用于其他德国法院的判决,甚至联邦最高法院也不例外。但在实践中,其对高级法院以前的判决给予了相当大程度的尊重。

联邦宪法法院由两个合议庭共同组成，每个合议庭分别由 8 名法官组成。其中一个合议庭主要审理宪法第 1—20 条规定的基本权利保障类案件，另外一个合议庭的审理范围主要集中在与宪法所涉及的政治、政府结构及其功能相关的事务上。[16]在特殊情况下，如果涉及政府机关及其职能机构之间的争议和冲突，则两个合议庭将越过各自专注领域一起协商解决。

个人和公司法人可以以某些法律、另一方的行为违反德国《基本法》向德国宪法法院提起诉讼，某些政治机关或其政府部门[17]亦可以提请对立法、行政或司法部门的行为合宪性进行审查。

如果一方当事人在普通诉讼（ordinary litigation）中提出了成文法的合宪性问题，法院认为理由充分，一般来说，则诉讼将被中止以便相关事宜被提交至联邦宪法法院，并由其作出裁决。[18]抑或普通法院的判决可能存有违宪，这种违宪行为可能来自法院判决所依据的法律，或者来自对成文法的解释和判决本身的推理，在这种情形下，向宪法法院上诉可能是唯一有效的上诉。

联邦宪法法院的法官由两个德国议院选举产生，一半由德国联邦议院（Bundestag）选出，另一半则由德国联邦参议院（Bundesrat）选出，[19]这些法官来自政坛、大学院系及联邦司法机构，[20]联邦宪法法院法官任期为 12 年。[21]

联邦宪法法院的程序在许多方面与普通法院的程序相同，但仍有一些例外。比如，普通法院法官一般依照合议庭的多数票意见作出判决，与普通法院法官不同，宪法法院法官不同意多数意见时，可以提出反对意见。[22]

其他法院在解释或适用法律方面出现可上升至宪法层面的严重错误情形——如基于对实体法的任意解释或出现严重的程序性错误而作出武断的司法裁决或其他公共行为，都可以被视为侵犯个人的基本宪法权利，这一权利即是"不受国家武断

---

[16] 除上述以外，还特别包括当某一政党存在违宪行为时，该政党是否应当被取缔。

[17] 比如说德国议会、政党、联邦或州行政机关甚至是社区。详见：BVerfGG § 63.

[18] 参见 GG Article 100. 如果一个普通管辖法院认为，判决所依据的立法材料可能存在违宪情形，则必须由该法院自行向宪法法院提出违宪申请，且各方有权向宪法法院阐释其在所涉宪法问题上的立场。See Rosenberg/Schwab/Gottwald, 17. Aufl. 2010, § 17（Ⅰ）(2)(a),（Ⅱ）, p. 83 ff.

[19] 宪法法院的法官必须以选举主体三分之二多数票通过，以确保所有法官得到至少一个以上政党的支持和同意。

[20] 法律规定每个合议庭的 3 名成员必须从 4 个联邦最高法院法官中选出。BVerfGG § 2(3).

[21] BVerfGG § 4.

[22] BVerfGG § 30(2).

行为的干预"。[23] 联邦宪法法院对其自身的管辖权和责任范围的部分扩张设想,使其成为德国司法部门中最强势的机构,也成为德国国家机关中最受欢迎的权力机关。作为法治和宪法权利的可靠捍卫者,联邦宪法法院的这一功能是现代德国身份的重要组成部分。联邦宪法法院不仅仅是一个普通的法院,它是政治决策过程中强大而又积极的参与者。作为联邦最高宪法法院最初的几个重要判决之一,当宪法法院作出关于"联邦政府没有建立联邦公共电视公司的权限"的判决时,前总理兼宪法起草委员会主席康拉德·阿登纳(Konrad Adenauer)批评道:"这不是我们所能左右的。"——他想表达的是:我们在新宪法中构建宪法法院时,我们没有想到会出现如此严格、强有力的司法干预。现有的政治阶层越来越习惯强大的司法制衡,也越来越重视宪法法院的整合功能。

三、德国最高法院的政治和社会意义

(一)大陆法文化中不存在正义人格化

大陆法文化下的庭审不是公开表演的戏剧,卓越的律师们也不是公开进行司法游戏的主角,德国庭审的气氛更像商务圆桌谈判,非常务实和理智。因此,对德国最高法院的社会和政治意义及其实效性分析不能从公众和大众媒体的角度进行。不可否认的是,在过去几十年中,重要的法院裁决引起了报纸和其他大众媒体越来越多的关注,然而德国的法律和政治文化并不像美国那样,它并没有把裁决归功于法官或律师个人,更不会像美国那样出现夸张的赞美或盲目的个人崇拜。决定着公共和社会意义问题的大多数裁判长期受到学术界甚至公众讨论的影响。司法裁判由整个合议庭(panel)商议,少数服从多数,审议和表决秘密进行,合议内容须保密。如前所述,只有宪法法院的法官才可以发表反对意见,但实践中这一情况相对少见。虽然一些英美研究者喜欢将这种形式的决策定性为"官僚主义",但它确有平衡法律论证之优势,可以避免个别法官为了自己在政治上出风头而标新立异。虽然法官无法发表反对意见,但这并不意味着这些裁判不会对德国的社会和政治发展产生巨大的影响。当一些学者分析律师对美国社会发展的强大影响力时,会将德国社会贴上"法官主导型"的标签,这并非不正确,尽管德国法院的影响力更为默默无闻,有时甚至是潜移默化的。

---

[23] 参见 Federal Constitutional Court, 18 BVerfGE 85, 92 f. (1964); 64 BVerfGE 389, 394 (1984); 56 NJW 1924, 1928 (2003).

(二)体现德国最高法院强大的政治和社会影响力的典型例证

1. 劳工法

第二次世界大战后,随着德国经济重建的开始,越来越有必要制定法律规范以规制集体谈判,解决劳工代表和雇主管理层之间的冲突,尤其是罢工和劳工行动。但当时的政府和立法机关认为没有足够理由去起草和颁布劳工法法典,即便是德意志联邦共和国成立七十年后亦是如此。一方面,政界人士畏惧与新兴且日渐强大的工会发生过激冲突,另一方面,他们不想因为限制企业家的灵活性而阻碍渐入佳境的自由市场经济发展,因此只有一部分劳工法实现了成文化。许多关键性的难题,比如涉及罢工的诸多法律规范,就由劳工法院特别是联邦最高劳工法院来规制,以此形成了一套完备的集体劳工法律制度。德国经济重建的成功,部分得益于联邦最高劳工法院在平衡雇员、工会和雇主协会的利益冲突中表现出的专业技巧和经验。经验丰富的陪审员参与到终审法院审判中是一极大优势,淋漓尽致地体现了法院裁决的超强政治性,这也说明,其取代了立法机关在法律领域的地位,对德国的经济福利具有根本指导意义。雇主和工会合作的基础是联邦最高劳工法院的判例法,这一模式是德国社会和经济结构的特色,亦是德国经济实力强大的原因之一。[24] 2010年,联邦劳动最高法院放弃了判例法的一项基本规则,这一做法是极其错误的。[25] 根据该规则,在一个企业中,雇主与雇员之间只能适用同一种劳动合同,即便企业中的员工由不同的工会所代表,而不同的工会又与该企业签订了不同的薪酬协议。因此,在同一家企业中,适用的薪酬协议只能是代表劳工最多的那家工会与企业签署的。联邦最高劳工法院对传统判例法作出了令人震惊的挑战,以致其不能够满足企业良好运转的需求,所以德国立法机关进行了干预,并颁布了一项法律,使得这一旧的判例法规则重新生效,联邦宪法法院随即以此为依据驳回了一些小型工会的上诉请求。[26] 在立法机关的帮助下,这一传统的、兼权尚计的判例法直到现在仍发挥着良法之作用,而在过去,立法机关担忧(自己)表现得太过于积极。这个有趣的故事体现了传统判例法对德国社会和平发展的重要性。

2. 行政法

德国联邦最高法院用判例法完善的另一个法律领域是现代德国行政法。这些判例在许多方面首次取代了立法规定,随即成了立法机关的指导方针。上个世纪五

---

[24] 关于德国集体劳工法的概述特见 Brox/Rüthers, *Arbeitskampfrecht*, 2nd ed. 1982; Seiter, *Individuelle und kollektive Koalitionsfreiheit*, 1981; ders., *Streikrecht und Aussperrungsrecht*, 1975.

[25] Federal Supreme Labor Court NZA 2010, 1068.

[26] Federal Constitutional Court NJW 2017, 2523 et seq.

六十年代,迫切需要制定国家机关或公共机关和公民之间关系的新规则。第一次世界大战前,德意志帝国的民主政治并非尽善尽美,魏玛共和国也遭受着持续不断的经济危机,无法建立一个自由理念和政令能得到充分平衡的、真正的民主行政体系。值得一提的是,彼时恰逢联邦最高行政法院针对政府行为或行政行为有效性的先决条件制定了详细规则,从而调和了追求公共管理有效性与保障公民自由权利之间的矛盾。联邦行政最高法院的判例法也得到了发展,比如依据公权力机关决策时的错误程度,精确地区分了严格无效和可撤销的公共行为。判例法的发展促成了一套精密的规则体系,规范了政府机关和公共部门的行政程序,并建立了一套针对不当行政行为的救济体系。[27] 当联邦立法机关和州立法机关颁布关于公共机关的程序法时,或多或少地都将传统的、当地范围内的成文法作为参照,[28] 联邦最高行政法院的判例法也作为其立法基础发挥了有益作用。但是,对行政法后期的发展而言,立法机关这一创新做法并未产生显著影响。需要补充的是,联邦行政最高法院的判例法得益于当时联邦法官和知名法学家之间密切的交流与探讨。时至今日,联邦最高行政法院的实体审判,仍然促进着德国行政法的自由化和民主化,从未改变。即使在今天,行政法领域亦存在冲突,立法机关仍旧回避采取明确的方法去解决。目前,财力雄厚的汽车生产商生产出来的汽车无法符合欧盟环境法要求,引发了环境保护协会向行政法院主张请求赔偿。[29] 提出这些赔偿主张旨在避免污染空气的汽车在城市中行驶,它们反映了德国社会中经济价值与社会价值(环境保护)之间的对立,这些问题对德国社会而言至关重要,最终都会由联邦最高行政法院作出终裁。

3. 民法和《德国民法典》

在一般人的想象中,大陆法系国家判例法的司法适用空间非常小,不会产生较大的社会影响力,大陆法系的法典编纂传统以及相应的德国民法典的编纂均有着鲜明的特色和悠久的传统。即便有时这一看法是一些外国学者尤其是判例法国家学者的观点,但它或多或少地存有一些偏差。德国联邦最高法院曾作出过许多具有里程碑意义的裁决,在很大程度上改变了现行法律。《德国民法典》明确规定,即使大

---

[27] 特见 Otto Bachof, *Verfassungsrecht, Verwaltungsrecht, Verfahrensrecht in der Rechtsprechung des Bundesverwaltungsgerichts*. Bd. 1 (BVerwGE 1 - 12), 3rd ed. 1966; Bd. 2 (BVerwGE 13 - 19), 1967.

[28] 有关德国"公共权力程序法"的简短概要详见 Schmidt-Aßmann, *Der Verfahrensgedanke im deutschen und europäischen Verwaltungsrecht*, in: Hoffmann-Riem/Schmidt-Aßmann/Voßkuhle, *Grundlagen des Verwaltungsrecht*, Bd. II, 2. Aufl. 2012, § 27 A I, p. 498 et seq., Maurer/Waldhoff, *Allgemeines Verwaltungsrecht*, 19th ed. 2017, § 5.

[29] 特见 Faßbender, *Der Dieselskandal und der Gesundheitsschutz*, NJW 2017, 1995 et seq. 参考下级法院的判决。

众传媒侵犯了公民的名誉权或隐私权,也不需要对受害者进行损害赔偿或惩罚性赔偿。但是,德国联邦最高法院逐步改变了这一状况,先在早期判决中明确受害者可以获赔,几十年后,又针对持续性的侵犯隐私权或媒体不实报道造成的侵犯隐私权,采取适度的惩罚性赔偿。[30] 联邦最高法院(而非立法机关)放弃了《德国民法典》对损害的严格限制(要求损害赔偿必须是现实经济损失),并扩大了损害赔偿的范围。如对汽车、公寓或房屋等资产纯粹使用机会的丧失,或在特定案件中因侵权或违约而导致的假期丧失所造成的损失。[31] 针对侵犯专利、版权或者不正当竞争的案件,联邦最高法院根据不法行为者的收益,设计了一种特殊形式的损害赔偿计算方法。[32] 此外,联邦最高法院还通过判例法,针对专业行为引发的责任建立了详细的规则,包括关于医疗事故中举证责任的特别规则,[33] 律师责任,[34] 证券发行人或销售商的责任[35]等。可以看出,立法活动大多数情形下并非创新之举,它仅仅是将判例法转化为成文法的一个过程。[36] 德国现代担保物权法中的有形财产和应收款的担保物权[37]是德国联邦最高法院及其前身——德意志帝国法院的首创,该制度允许担保物权适用于所有有形资产和权利。这一创意非常精妙,后被美国统一商法典(UCC)采纳。但是美国关于担保物权的第三人制度的规定与德国不同,需要在出具融资报告(UCC‑1 financing statement)后进行保管或登记。[38] 保护消费者免受格式条款中不公平条款侵害也是德国联邦最高法院的首创。[39] 德国以及后来欧洲的相关立法多次重申此乃联邦最高法院的判例法,并不是立法创新。德国法律允许在

---

[30] 上述沿革详见 35 BGHZ 363, 367 (1961); 128 BGHZ 1, 14 (1994);更多详情参见 Stürner, *Persönlichkeitsschutz und Geldersatz*, 29 Archiv für Presserecht 1 (1998).

[31] Federal Supreme Court 61 NJW 915 (2008); 98 BGHZ 212 (1986); 60 JZ 731 (2005).

[32] Federal Supreme Court 60 BGHZ 206 (1973).

[33] 参见诸如 Federal Supreme Court 41 NJW 2948 (1988); 61 NJW 1304 (2008).

[34] Federal Supreme Court 126 BGHZ 217, 221 (1994).

[35] 参见 Federal Supreme Court 71 BGHZ 284 (1978); 15 NJW-RR 1497 (2000).

[36] 证券责任就是以新近颁布的成文法为依据的,详见:Federal Supreme Court 160 BGHZ 134 (2004).

[37] 以上资料详见 Baur/Stürner, *Sachenrecht*, 18th ed. 2009, §§ 56‑59, p. 773 ss. with references.

[38] UCC 关于担保物权的规定详见 Sigman, *Perfection and Priority of Security Rights*, in: Eidenmüller/Kieninger, The Future of Secured Credit in Europe, 2008, p. 143 ss. 与德国担保物权的相似之处,详见 P.L. Murray 11 Boston College Industrial and Commercial Law Review 355 (1970); Baur/Stürner, *Sachenrecht*, § 64 mn. 112, p. 953.

[39] 尤其是 Federal Supreme Court 22 BGHZ 90, 94 (1956),其中提到了德国帝国法院的诸多首次尝试;41 BGHZ 151, 154 ss. (1964).

特殊情况下进行集体诉讼或集团诉讼,同样地,消费者或行业协会也能进行集体行动,[40]对此是否应当进行改革仍存在争议,尤其是在欧盟提出建议的背景之下。但是,这并不意味着私人行动不会对法律和社会生活的发展产生强烈的影响。通常情况下在法定债权让与之后,公立保险或私立保险是民事诉讼中不法行为者的强大对手。此外,法院也裁决大多数由金融危机引发的损害赔偿问题,不仅是美国,德国的许多有争议的责任问题已经或将由联邦最高法院来裁定。[41]

4. 联邦宪法法院——德国身份的定义者

在定义德国战后身份上,联邦宪法法院的重要性无以复加,再怎么铺陈渲染也不为过。在德国战后以及(东西德)统一后的近几十年里,没有哪个涉及宪法且有意义的政治、社会纠纷不是由联邦宪法法院裁决的。

本文不可能详细列出所有情形,但(我们)可以通过以下多则法案获得(对此)更加准确的认识:(1) 西德军备重整;[42](2) 德国签署《里斯本条约》加入欧共体;[43](3) 东、西德统一的法律框架;[44](4) 欧洲货币联盟和欧洲货币(欧元);[45](5)《德国民法典》下的男女平等;[46](6) 非婚生子女的相关法律;[47](7) 同性婚姻及其在财政法和家庭法上的法律地位;[48](8) 房东与租客的租赁关系及社会影响;[49](9) 公共和私人广播电视以及电子媒体;[50](10) 言论与新闻自由、个人隐私权及免

---

[40] 详见诸如德国《证券诉讼审判程序法》(Kapitalanleger-Musterverfahrensgesetz) § 8;关于行业集体行为详见诸如德国《反不正当竞争法》§§ 8, 15(3)以及德国《禁制令行动法》§ 3 ss。

[41] 特见 189 BGHZ 13, 40 et seq. (2011); Stürner, *Materielles Schadensersatzrecht und Schätzung im Prozess*, Festschrift für Thomas Sutter-Somm, 2016, p. 657 et seq., 664.

[42] Federal Constitutional Court 2 BVerfGE 79 (1952).

[43] 参见 Federal Constitutional Court from 37 BVerfGE 271 (1974) to 123 BVerfGE 267 (2009).

[44] 参见诸如 Federal Constitutional Court 82 BVerfGE 316 (1990).

[45] 特见 Federal Constitutional Court 97 BVerfGE 350 (1998).

[46] 参见 Federal Constitutional Court 3 BVerfGE 225 (1953); 10 BVerfGE 59 (1959).

[47] 诸如以下对比:Federal Constitutional Court 44 BVerfGE 1 (1976); 118 BVerfGE 45 (2007).

[48] 详见 Federal Constitutional Court 6 BVerfGE 389 (1957)到 55 NJW 2543 (2002)的演变。

[49] 参见 Federal Constitutional Court 79 BVerfGE 283 (1989); 84 BVerfGE 382 (1991); 89 BVerfGE 1 (1993);相关讨论详见 Baur/Stürner, Sachenrecht, § 29 mn. 60 ss., 64, p. 394.

[50] 特见 Federal Constitutional Court 12 BVerfGE 205 (1961); 57 BVerfGE 295 (1981); 73 BVerfGE 118 (1986); 74 BVerfGE 297 (1987); 97 BVerfGE 298 (1998).

受不实报道侵犯名誉权的权利;[51](11) 夫妻税与家庭税;[52](12) 数据信息的基础保护;[53](13) 堕胎的相关法律[54]和生殖医学的相关法律;[55](14) 病患自主决定终结生命的权利;[56](15) 工人参与管理法;[57](16) 公共与私人医疗保险和养老基金[58];(17) 德国在北约或联合国的军事贡献;[59](18) 保护当事人诉诸德国法院的权利;[60](19) 刑事诉讼中对被告的保护;[61](20) 自由职业和手工业者的法律等等。[62]一部分裁定极具革命性,发起了许多新的立法活动;另一部分裁定肯认了立法机关的解决措施。但需要着重认识并强调的是,德国政治阶层和包括大众媒体在内的德国社会,最终都接受了联邦宪法法院的裁定,这些裁定都是经过慎重考虑、激烈讨论后作出的。在众多社会纠纷中,联邦宪法法院扮演着一个"可靠调停人"的角色,在大多数情况下,它的裁定考虑到了未来社会和经济发展的各个重要方面。但联邦宪法法院并不想要取代议会,在政治事务上,法院并没有真正奉行司法能动性,多数情况下是针对当事人的主张给予回应。尽管联邦宪法法院可以在成文法违宪的情形下提供立法指导,但立法权仍归属于立法机关。

---

[51] 参见诸如 Federal Constitutional Court 7 BVerfGE 198 (1958); 12 BVerfGE 113 (1961); 25 BVerfGE 256 (1969); 54 BVerfGE 208 (1980); 66 BVerfGE 116 (1984); 93 BVerfGE 266 (1995); 101 BVerfGE 361 (1999); 120 BVerfGE 180 (2008).

[52] 参见 Federal Constitutional Court 61 BVerfGE 319, 345 (1982); 99 BVerfGE 246, 259 (1993).

[53] 参见 Federal Constitutional Court 65 BVerfGE 1 ss. (1983); 100 BVerfGE 313 (1999).

[54] 详见联邦宪法法院的两个相关裁判:Federal Constitutional Court 39 BVerfGE 1 (1975); 88 BVerfGE 203 (1993).

[55] Federal Constitutional Court 117 BVerfGE 316 (2007).

[56] Federal Constitutional Court 52 BVerfGE 131 ss. (1979).

[57] 特见 Federal Constitutional Court 50 BVerfGE 290 (1979).

[58] 详见医疗保险制度的改革 Federal Constitutional Court 123 BVerfGE 186 (2009);124 BVerfGE 25 (2009);防止丧失养老金的保护措施详见 98 BVerfGE 365 ss. (1998).

[59] 详见 Federal Constitutional Court 90 BVerfGE 286 (1994)(塞尔维亚战争),118 BVerfGE 244 (2007)(阿富汗战争)。

[60] 详见 Federal Constitutional Court 18 BVerfGE 399 (1965), 107 BVerfGE 395, 409 (2003);关于在法庭裁判中有权发表意见的权利的规定,详见 Federal Constitutional Court 70 BVerfGE 288 (1985).

[61] 详见联邦宪法法院众多裁判中的两则案例:Federal Constitutional Court 110 BVerfGE 226 (2004),107 BVerfGE 104 (2003).

[62] 与律师职业法规的对比,详见 Federal Constitutional Court 26 BVerfGE 186 ss. (1969), 76 BVerfGE 171, 184 (1987)和 6 BVerfGE 196, 205 (1987);批评意见详见 Stürner/Bormann, *Der Anwalt-vom freien Beruf zum dienstleistenden Gewerbe?*, 57 NJW 2004, 1481 ss.

四、德国宪法法院和欧洲法院的并存

（一）欧洲法院

德国既是欧盟成员国，又是《欧洲人权公约》签署国，故其法院系统与卢森堡的欧洲联盟法院和法国斯特拉斯堡的欧洲人权法院处于同一个大的体系内，且国内法院应服从于上述两个法院。欧洲法院成立于1952年，最开始是欧洲煤钢共同体法院，也被非正式地称为欧洲联盟法院。2009年的《里斯本条约》规定欧洲联盟法院由三个不同的司法机构组成：[63]欧洲法院、普通法院（1988年由"一审法院"更名为"欧盟普通法院"）和成立于2004年的欧盟公务员法庭（专门解决欧盟与公务员制度争端的法庭）。虽然这个法院系统有发展成两级甚至三级、包括初审法院和上诉法院的倾向，[64]但多数权力仍掌管在欧洲法院手中。欧洲法院主要作为一审法院，仅在小部分情况下可作为上诉法院审查欧盟普通法院和欧盟公务员法庭的裁决。[65] 现如今，尽管《里斯本条约》允许普通法院扩张其权限范围，但（普通法院权限）仍相对较小。[66] 普通法院裁决欧盟与个人、公民或公司之间的争端，或裁决反不正当竞争、商标和侵权案件。[67] 欧洲法院主要解决欧盟委员会与成员国或成员国之间就欧洲的诸多条约所产生的权利和义务争端。[68] 欧洲法院裁决成员国国内法院提出的关于欧洲法的解释和适用问题。国内法院的终审法院有义务明确无法解决的问题，这些问题对未决案件的结果具有重大影响。终审法院须将这些未解决的问题向欧洲法院提交，以寻求权威的解决方式。下级国内法院也可以这样做，但下级国内法院并不像终审法院那样具有强制性。[69] 如果没有合理的理由，联邦最高法院或终审法院拒绝明确与欧洲法相关的重大问题，那么联邦宪法法院可以认定联邦最高法院或终审法院的拒绝行为违反了德国宪法[70]。相应的受害方可以向联邦宪法法院提起宪法上诉（Verfassungsbeschwerde），要求宪法法院将这一问题提交至欧洲法院。

---

[63] 参见《欧洲联盟运行公约》（TFEU）第251、254、257条和《欧洲联盟法院规约》的《第3号议定书》（Art. 9 ff., 47 ff., Annex）。

[64] 具体内容详见 Thiele, Europäisches Prozessrecht, 2. Aufl. 2014, p. 32.

[65] Art. 256 I (2), 257 (3) TFEU.

[66] Art. 256 I (1) TFEU.

[67] 参见 Thiele op. cit. P. 30 mn. 54,55.

[68] Art. 263 TFEU.

[69] Art. 267 (1)—(3) TFEU.

[70] 参见 Federal Constitutional Court, 41 NJW 2173 (1988).

欧洲人权法院（Europäischer Gerichtshof für Menschenrechte 或 EGMR）对涉及《欧洲人权公约》（Europäische Menschenrechtskonvention）中保障人权的事项进行一种超国家的司法管辖，该公约的签署国不仅包括欧盟成员国，而且包括了含俄罗斯和土耳其在内的几乎所有的欧洲国家。一方当事人可宣称自己受《公约》保护的基本人权受到侵害，这些侵害或由另一方当事人（私人）造成，或由缔约国的立法、行政行为和行政机关造成——这里包括司法机关、司法实践以及司法裁决。但前提是须穷尽签署国的所有司法或行政救济手段，如德国须先用尽德国联邦宪法院的救济，[71]如果诉讼当事人不满意宪法法院的答复，可以向斯特拉斯堡的欧洲人权法院提出申请。[72] 欧洲人权法院作出的裁决对整个德国具有约束力，欧洲人权法院可以作出宣示性判决，随即通过国家的立法措施、行政行为或司法救济来执行该判决，当然也可以判决给予经济赔偿。如果欧洲人权法院认定德国终审法院的判决侵害了当事人的人权，受害方可以申请提出新的诉讼以驳回终审法院的原有裁定。

（二）欧洲法院——欧洲公民权利的守护者

在过去几十年中，欧洲法院裁判的不断增多，改变了欧洲社会的整体特征和公民个人日常生活的法律框架，具体体现在以下几点：(1) 鉴于男女平等就业和工作权利的实现，女性有权自愿服兵役，即便是违反德国宪法之严格规定；[73] (2) "无性别差异"（unisex）——基于男女平等而享有的男女医疗保险同保费；[74] (3) 欧洲法院基于欧盟范围内资本自由流动之权利，禁止公众持有"黄金股"；[75] (4) 严格限制对自由职业的国家规制（包括律师[76]、会计师、建筑师、药剂师[77]、公证人[78]），以避免对外国竞争者歧视而干扰市场自由——如提供服务与营业的自由；(5) 在特殊情况下，基于相应的在国外提供服务的权利，个人享有在国外获得公共医疗保险体系

---

[71] 参见 ECHR Art. 35(1).

[72] 有关欧洲人权法院管辖权及该法院惯例的更多信息详见 Graf Vitzthum, *Völkerrecht*, 2nd ed. (2001), (Ⅲ)(2)(b), mn. 274 ff.; Berger, *Rechtsprechung des Europäischen Gerichtshofs für Menschenrechte* (1987); Schlette, *Das neue Rechtsschutzsystem der Europäischen Menschenrechtskonvention*, 56 ZaöRV 905 (1996); Stürner, *Suing the Sovereign in Europe and Germany*, 34 George Washington International Law Review (2003).

[73] 参见 ECJ 2000 I-69/75 et seq.

[74] 参见 ECJ, 01.03.2011, C-236/09 (Test-Achat).

[75] 参见 ECJ, 23.10.2007, Case 112/05 (Commission v. Germany—Volkswagen case).

[76] 参见 ECJ, Case 2/74 (Reyners v. Belgium)：律师。

[77] 参见 ECJ, 19.05.2009, Case 531/06 et al. (Commission v. Italy et al.)：药剂师。

[78] 参见 ECJ, 24.05.2011, Case 54/08 et al. (Commission v. Germany et al.)：公证人。

服务的权利;[79](6)在没有征得个人同意或非基于重大公共利益所需,网络运营商不得获取私人与家庭生活的数据;[80](7)欧盟范围内广泛地设立了隐私权,未经同意不得向美国传送欧盟公民的信息数据。[81]可见,欧洲法院在上述最后两项具有里程碑意义的裁判中,鼓励成员国法院加强对公民权利的保护,以防止互联网侵权,这些侵权活动都是像 Google 这样的全球性企业的备受质疑的商业模式所导致的。在某种程度上,欧洲法院作出的诸多具有影响力的裁判保护了人类文化和整个人类文明的共同利益。

(三)德国宪法法院的责任共担原则

对欧洲法院系统的初步分析可能会得到这样一个结果,即两个欧洲法院处于法院层级体系的顶端,欧洲法院可以对各国宪法法院的裁决提出质疑。所以,如果德国联邦宪法法院与欧洲法院的裁决发生冲突的话,欧洲法院的裁决能够约束下级法院,而国内的宪法法院却不能。但实际上,对欧洲法院与宪法法院之间的等级化理解与德国联邦宪法法院的观点大相径庭。德国联邦宪法法院认为,德国宪法法院和欧洲法院之间应当责任共担,以促进欧盟及其成员国之间法律秩序良性发展。[82]宪法法院对其与欧洲法院以及其与欧洲人权法院之间关系的定义是正确的。

原则上,尽管德国联邦宪法法院尊重欧洲法院对涉及欧洲法律问题的管辖权,但对欧洲法院的超越性管辖权,德国联邦宪法法院认为它是有限的。如果欧洲法院的裁判结果侵犯了德国宪法的基本原则,宪法法院将不允许德国国家当局执行欧洲法院的裁决。根据该原则,联邦宪法法院仍然是控制民主认同的核心,保障法治和公民基本权利的最后一道防线。只要欧洲法院在尊重这些基本原则的前提下作出裁决,宪法法院就不会干涉欧洲法院对欧洲法律的解释。[83]宪法法院之所以拥有这样的权力,是因为,德国宪法从未允许,当然现在也不允许,将国家权力让渡给不遵守上述限制的国家间组织。由此可知,欧盟并不是一个联邦,它只不过是主权国家间的关系纽带,这些主权国在没有放弃国家身份的同时仍是"条约主人"。[84]德

---

[79] 参见诸如 ECJ,16.05.06,Case 374/04(Watts);05.10.2010,Case 173/09(Elchinow);

[80] 参见 ECJ,13.05.2014,Case 131/12(Google Spain SL)。

[81] 参见 ECJ,06.10.2015,Case C - 32/14(Schrems v. Data Protection Commissioner)。

[82] Andreas Voßkuhle, *Der Europäische Verfassungsgerichtsverbund*,2010 NVWZ 1 (2010).

[83] 参见 Federal Constitutional Court 73 BVerfGE 339 ss.(1986);102 BVerfGE 147 ss. (2000).

[84] 特见 Federal Constitutional Court 123 BVerfGE 267 ss.(2009);最新详情参见 Federal Constitutional Court 21 EWS 368 (2010).

国联邦宪法法院自认为是这种国家身份的"守护者"。长期以来,冲突仅存在于理论层面,并未付诸实践。但是,当欧洲法院通过判例法来扩大欧盟的权限时,宪法法院立场坚定地发出了警告。在近期的一则典型案例中,联邦宪法法院对欧洲中央银行的"外汇货币交易"(OMT Order)命令是否违反了《欧洲联盟运行公约》(TFEU)条款作出了裁决,裁定允许欧洲中央银行在二级市场上购买负债严重的成员国国债,旨在稳定其流动性,保护欧元免受投机攻击(投机者为了牟利,在一国金融市场上大量抛售货币资产,以此来消耗该国的外汇储备,使该国最终放弃对官方汇率的维持)。[85]联邦宪法法院将裁决提交给了欧洲法院,ECJ 认为必要之时,为了保护欧元系统的良好运行,TFEU 可以允许这种交易行为,欧洲中央银行的这一命令满足了合适性和恰当性的要求。[86]最终,德意志联邦宪法法院接受了ECJ 的观点。[87]与此同时,联邦宪法法院又固执地作出了第二次尝试,向 ECJ 提交了案由并提出质询,即公共债权项目进一步的适时扩张是否符合欧盟法律。[88]

德国联邦宪法法院认为,《欧洲人权公约》是一项对德国具有约束力的国际条约,但没有修改或限制德国宪法的效力。[89]因此,如果公约和宪法之间发生冲突,宪法优先于公约。也就是说,对于德国联邦宪法法院而言,基于国际公约的欧洲法院没有优先性,也可以理解为,在对基本自由的解释存在分歧的时候,宪法法院可以坚持自己的立场,自行给出最终结论。迄今为止,有两起案件引发了严重冲突。其一是,欧洲人权法院裁定宪法法院的某项判决侵犯了隐私权,[90]产生人权解释分歧的原因[91]在于对出版自由与隐私保护之间的衡平差异,宪法法院在随后的裁定中重申,宪法法院与欧洲人权法院之间不存在层级秩序。尽管如此,宪法法院最终还是非常和缓地修改了"保护隐私不受大众传媒侵犯"的相关原则,以适应欧洲人权法院的做法。[92]其二是近期的一次涉及对刑事重犯采取"预防性拘留"上的冲突,欧

---

[85] 参见 Federal Constitutional Court 134 BVerfGE 366 et seq.(2014).

[86] 参见 ECJ, 16.05.2015, Case 62/14 (Gauweiler).

[87] 参见 Federal Constitutional Court 142 BVerfGE 123 (2016).

[88] 参见 German Constitutional Court, 18.07.2017, Case 859/15.

[89] 参见 Federal Constitutional Court 57 NJW 3407, 3408 (2004).

[90] 参见 European Court of Human Rights 59 JZ 1015 JZ (2004); Stürner, *Caroline-Urteil des EGMR – Rückkehr zum richtigen Maß*, 36 AfP 213 ss. (2005).

[91] 参见 Federal Constitutional Court 101 BVerfGE 361 ss. (1999).

[92] 参见 Federal Constitutional Court 120 BVerfGE 180 ss. (2008);此种类似的模式在下文有预言:Stürner 36 AfP 213 ss, 220 (2005).

洲人权法院谴责德国刑法侵犯了人权。[93] 这一次德国联邦最高法院改变了先前观点,对欧洲法院的涉及人权的裁决给予了应有的重视,而不再提及联邦宪法法院的前期主张。[94] 最终,立法机关修改了成文法。

责任共担原则可能很少会对德国下级法院的实践产生重大影响力,然而该原则是一个保护欧洲各个国家法律文化免受过分自信的欧洲法官和法院影响的有益手段。对于德国公民来说,一些重要的权力转移至欧洲法院的时候,宪法诉求将失去部分保护性吸引力,德国公民无法直接向欧洲法院上诉,只得向欧洲人权法院提起关于人权的诉讼请求,欧洲人权法院也仅仅对损失作出部分赔偿。直到现在,在德国公民眼中,欧洲法院并不是公民基本权利的可靠保护者。

五、结语

毫无疑问,在过去几十年中,德国最高法院在德国政治和社会中扮演着重要的角色。德国公民信赖他们的最高法院,特别是联邦宪法法院。如果认为德国的司法毫无政治属性的话,可能是因为德国法院的庭审风格给人的感觉太过于务实,这显然与英美法系国家法庭上夸张的正义游戏大相径庭。我们没有理由认为,改变现代德国法院尤其是最高法院的庭审风格与模式,会让现状变得更好。部分学者批判道,本应具有政治影响力的司法,如果没有了政治影响,又未澄思渺虑的话,将只能是生产公共生活的程序闹剧,而对于该诘难的回应是:大可不必在意。

(编辑:冯洁语)

---

[93] 参见 Federal Constitutional Court 109 BVerfGE 133 (2003); 62 NJW 980 (2009);§ 66(I)(2)德国刑法违宪审查;European Court of Human Rights 2010 EuGRZ 25 (2009); § 66(I)(2)德国刑法侵犯人权(有追溯效力的延长监禁)。

[94] 参见 Federal Supreme Court,21.07.2010, 5 StR 60/10.

国际海洋法法庭对海洋环境保护法律制度的发展

[德]亚历山大·普鲁尔斯* 著 张 华、张宇庆** 译

摘 要:本文旨在提供一个有关国际海洋法法庭之裁决原理的概览,这些裁决原理涉及法庭对那些适用于海洋环境保护和保全的环境原则的发展。本文显示,相关的判例法呈现出一种特征,即对《联合国海洋法公约》所规定的义务不断进行动态化的理解。特别是,国际海洋法法庭已经将《联合国海洋法公约》第十二部分的内容具体化,它肯定了《联合国海洋法公约》体系下"风险预警原则"的效力,并且赋予该原则以极度重要性。法庭还依据"适当注意义务",进一步解释了其他相关义务。本文得出的结论是,国际海洋法法庭所采用的方法属于在实施环境原则方面最有前景的方法——这是因为,以一种综合和普遍接受的方式界定有关保护和保全海洋环境之义务的实体内容,这是不可能的。与此同时,国际海洋法法庭和附件七仲裁庭所追求的整体方法不能超越《联合国海洋法公约》为它们设定的管辖权限制。

关键词:《联合国海洋法公约》;环境原则;司法裁决;海洋环境保护

Abstract: This article aims at providing an overview of the jurisprudence of the ITLOS concerning the development of environmental principles applicable to the protection and preservation of the marine environment. It illustrates that the relevant case-law is characterized by an increasingly dynamic understanding of the obligations codified in the UN Convention on the Law of the Sea (UNCLOS). In particular, the ITLOS has substantiated Part XII UNCLOS by accepting the validity of, and assigning central importance to, the precautionary approach/principle under the

---

* 亚历山大·普鲁尔斯(Prof. Alexander Proelß):德国汉堡大学法学院教授。本文是《环境原则与国际海洋法法庭》书中一章内容的更新与扩展,相关章节出版在《埃尔加环境法百科全书》(L. Klämer & E. Orlando eds., 2018) 的《环境法原则卷》第 568—577 页中。
** 张华:南京大学法学院副教授。张宇庆:南京大学法学院硕士研究生。

regime of the Convention. It has furthermore interpreted the pertinent duties in terms of due diligence obligations. The article concludes that the approach taken by the Tribunal constitutes the most promising way to operationalize the environmental principles, as it is not possible to define the substantive content of the duty to protect and preserve the marine environment in a comprehensive and generally accepted manner. At the same time, the integral approach pursued by the ITLOS as well as by the Annex VII Tribunals must not go beyond the limits of their jurisdiction as defined by the Convention.

Key Words: UNCLOS; Environmental Principles; Jurisprudence; The Protection of the Marine Environment

一、引言

经过长达八年的激烈讨论,《联合国海洋法公约》(以下简称《公约》,UNCLOS)于1982年12月10日获得通过。[1] 这个多边条约被冠以"海洋宪法"之名,该描述反映出《公约》的本质——《公约》只是一个框架公约,需要进一步的发展。同时该描述也反映出《公约》的目的,即"本着相互理解与合作的精神,解决一切与海洋法有关的事务"。[2] 在区别《公约》与其他海洋领域的早期多边协定的诸多特征中,有两个特征在当前情况下值得重点关注。[3] 一方面,《公约》第十二部分第一次规定了保护和保全海洋环境方面的规则和原则,适用于国际海洋法下的一切海域。也就是说,这些规则和原则是《公约》中"海洋治理双重途径"的最明显例证,[4] 因为它们并不侧重强调沿海国对于特殊海洋区域(例如领海和专属经济区)的主权和管辖权。另一方面,《公约》第十五部分建立了一个有关和平解决《公约》解释和适用之争端的强制机制。[5] 这个机制与《公约》附件六一道构成了国际海洋法法庭(以下称ITLOS)成立的法律依据。

根据《公约》第287条第1款,一国在签署、批准或加入本公约时,或在其后任何时间,应有自由用书面声明的方式选择一个或一个以上的方法,以解决有关本《公约》解释或适用的争端,其中一种就是诉诸ITLOS。如果一国没有作出此类声明,

---

[1] United Nations Convention on the Law of the Sea of 10 December 1982, 1833 UNTS 3.
[2]《联合国海洋法公约》序言。
[3] See Lagoni (2017), para. 25.
[4] Tanaka (2008).
[5] 详情参见:Klein (2005), pp. 29 – 124.

《公约》第287条第3款假定附件七意义上的仲裁庭有管辖权。但是,ITLOS的管辖权是受特殊规则制约的,这是因为:①《公约》第287条第2款规定了一项义务,即在《公约》第十二部分第五节规定的范围内和以该节规定的方式,接受ITLOS海底争端分庭的管辖;②《公约》第290条第5款(ii)规定,《公约》将规定、修改或撤销临时保全措施的权利分配给ITLOS,但须符合本条所述的条件;③《公约》第292条第3款则设想ITLOS对事关迅速释放船只与船员案件拥有附带管辖权。基于上述实体与程序上的法律背景,本文意图提供一个ITLOS发展海洋环境保护法律制度的概述。本文分析的重点是ITLOS在发展环境原则方面对于相关裁决的影响。但是,在仔细审查相关判例法之前,我们有必要了解一下这些环境原则是否或在多大程度上已经被包含在《公约》第十二部分中。

二、公约中的环境原则

《公约》第十二部分第一节包含了有关环境保护的大量准宪法性原则,并且在接下来几节中,这些原则被关于个别污染源的规定具体化。[6] 最一般的原则体现在《公约》第192条中,该条规定"各国有保护和保全海洋环境的义务"。考虑到该义务在接下来诸条款中的进一步发展,以及需要在该义务和与之相冲突的(但同等正当的)海洋利用之间保持平衡,无法以"全有或全无的方式"履行该义务。[7] 这一事实清晰地表明了它作为法律原则的法律属性。[8] 此外,《公约》第195条禁止将损害或危险从一片区域转移到另一片区域,或将一种污染转变成另一种污染,该条款应当被视为对来源地原则的编撰。[9] 《公约》第194条规定了成员方应当采取措施防止、减少和控制海洋环境污染——尤其是采用最切实可行的办法——的义务。连同《公约》第204条第2款的规定(涉及监控污染风险或影响的需要)和《公约》第206条

---

[6] Dzidzornu (1998), p. 97; Tanaka (2015), pp. 34-36.

[7] Dworkin (1997), pp. 24-25.

[8] 应当注意的是,本文所提及的"原则"不意味着与任何基于基本规范表述的、有法律约束力的陈述有关。特别是不应当将它与《国际法院规约》第38条第1款c项的"一般法律原则"相混淆。因此,本文无意沿用"乌拉圭河纸浆厂案"中 Cançado Trindade 法官采用的方法。参见 ICJ, *Pulp Mills on the River Uruguay (Argentina v. Uruguay)*, Judgement, 20 April 2010, Separate Opinion of Judge Cançado Trindade, paras 39-42, 207. 相关批判性分析,参见 Proelss (2017), paras 5-6.

[9] Czybulka (2017a), paras 3-4, 13.

要求实施环境影响评估的规定,《公约》第194条是以预防原则为基础的。[10] 最后,尽管《公约》第十二部分没有包含任何有关风险预警原则的明确表述,但有学者主张,《公约》第1条第1款第4项关于"污染"一词的定义中的措辞("可能造成"),连同广泛规定的保护和保全海洋环境的义务(《公约》第192条规定),以及各国在"有合理根据认为在其管辖或控制下的计划中的活动可能对海洋环境造成重大污染或重大和有害的变化"时,应开展环境影响评估的义务,我们可以从中推断出《公约》"反映了风险预警原则的精神"。[11]

尽管如此,我们必须牢记,上述《公约》条款的措辞反映的是20世纪80年代初国际环境法的状况。和此后几乎所有的多边环境协定有所不同,《公约》并没有明确列举原则——在如今的很多协定中,引言性的条款通常会包含这种原则清单。[12] 此外,考虑到其抽象性(或准宪法性),上述原则需要进一步的发展,以适合有效的实施,ITLOS裁决原理的潜在相关性因此显而易见。

三、国际海洋法法庭的相关判例法

(一)风险预警原则的效力

正如在下文中将阐述的那样,ITLOS极大程度地促进了《公约》第十二部分的总体发展,特别是关于保护和保全海洋环境的环境原则的发展。尤其是它通过"南方蓝鳍金枪鱼案",含蓄地确认了上述涉及风险预警原则的结论。[13] ITLO在该案中指出:"在这种情况下,当事方应当审慎行为,以确保有效的保护措施得以实施,防止对南方蓝鳍金枪鱼的种群造成严重的伤害。"[14]拉因法官(Judge Laing)在他的个别意见中具体化了法庭的结论,他表明就风险预警原则而言,法庭的判决寓意深刻,并且"我们无法否认UNCLOS采纳了风险预警原则"。[15] 希勒法官(Judge Shearer)

---

[10] Rashbrooke (2004), pp. 519-520; Proelss (2004), p. 84; Czybulka (2017b), para. 12; Blitza (2017a), para. 20; Blitza (2017b), para. 1. See generally *Pulp Mills on the River Uruguay (Argentina v. Uruguay)*, Judgement, para. 204.

[11] Marr (2003), p. 52; see also Freestone (1999), p. 138; Sage-Fuller (2013), p. 68; Czybulka (2017b), paras 9 and 19; Stephens (2017), para.13.

[12] 参见例如 Art. 2(1) and (2) of the 1992 Convention for the Protection of the Marine Environment of the North-East Atlantic, 2354 UNTS 67.

[13] 详情参见 Mensah (1999), and Rashbrooke (2004).

[14] ITLOS, *Southern Bluefin Tuna Cases (New Zealand v. Japan; Australia v. Japan)*, Provisional Measures, Order, 27 August 1999, para. 77.

[15] *Southern Bluefin Tuna Cases*, Separate Opinion of Judge Laing, paras 13, 17.

支持了这个观点,并且强调"法庭所要求采取的措施是基于风险预警原则的正确考量"。[16] ITLOS海底争端分庭进一步认为:

"风险预警原则已经体现在越来越多的国际条约和其他法律文件中,其中许多文件都反映了《里约热内卢宣言》第15项原则的表述。就本分庭的观点来看,这产生了一个将该原则视为习惯国际法的一部分的趋势。"[17]

它得出的结论是,《公约》第十一章规定的适用于担保国的适当注意义务,与风险预警原则密切相关。尽管《公约》的相关条款对此保持了沉默,但相关国家仍然需要尊重该原则。[18]

(二) 合作义务

更进一步,ITLOS建构了《公约》缔约方的合作义务,从而将《公约》第十二部分规定的有关保护和保全海洋环境的一般规范具体化。在"混合氧化物(MOX)工厂案"的判决中,法庭提及合作义务是"《公约》第十二部分和一般国际法中预防海洋环境污染的一项基本原则"。[19] 法庭认为:"审慎义务要求爱尔兰和英国合作,交换有关MOX工厂运营之风险和影响方面的信息,并制定合适的解决方案"。[20] 因此,法庭明确表示,就法律依据而言,合作义务在概念上与风险预警原则有关。

至于"非法、无管制和未报告捕捞"这一特殊问题,法庭在其应非洲渔业分区委员会(Sub-Regional Fisheries Commission,简称"SRFC")的请求作出的咨询意见中裁定,基于保护和保全海洋环境的一般义务,船旗国应当采取必要措施,确保悬挂本国旗帜的船只在区域渔业管理组织权能所及之领土范围内,遵守该组织成员国所制定的保护和保全海洋环境的措施。[21] 从法庭的观点来看,这个确保义务构成了一项行为义务,即适当注意义务。它是一项"采用充足手段、做最大可能的努力、竭尽

---

[16] *Southern Bluefin Tuna Cases*, Separate Opinion of Judge Shearer, p. 327.

[17] ITLOS, *Responsibilities and Obligations of States with Respect to Activities in the Area*, Advisory Opinion, 1 February 2011, para. 135.

[18] *Ibidem*, paras 131-132.

[19] ITLOS, *MOX Plant Case (Ireland v. United Kingdom)*, Provisional Measures, Order, 3 December 2001, para. 82.

[20] *Ibidem*, para. 84; see also ITLOS, *Dispute concerning Delimitation of the Marine Boundary between Ghana and Cote d' Ivoire in the Atlantic Ocean (Ghana v. Cote d' Ivoire)*, Provisional Measures, Order of the Special Chamber, 25 April 2015, para.136; see also *ibidem*, para. 124.

[21] ITLOS, *Request for an Advisory Opinion Submitted by the Sub-Regional Fisheries Commission (SRFC)*, Advisory Opinion, 2 April 2015, para. 136; see also *ibidem*, para. 124.

全力,以获取结果的义务",[22]而不是一项结果义务。[23]以法庭从《公约》第194条第2款中发现的"确保义务"为例,该义务只能通过适当注意义务体现出来。[24] 通过参考国际法院在"乌拉圭河纸浆厂案"和国际法委员会关于"国家责任"和"防止危险活动造成跨界损害"的一系列条款,ITLOS将这一点具体化。[25] ITLOS也明确了适当注意义务是一个可变化的概念,它的要求可能随新科技的发展和其带来的风险变化而变化。[26]考虑到在2011年ITLOS海底争端分庭的咨询意见中,法庭已经强调适当注意义务和风险预警原则的联系,[27]我们可以得出结论:作为《公约》第十二部分所规定的合作义务的核心内容,"确保义务"同样在概念上与风险预警原则密切相关。考虑到确保义务的灵活特征,这个结论似乎特别的合理。因为这种灵活特征有助于平衡某一事项所牵涉的相关利益,而这恰恰是风险预警原则所要求的。[28]

(三)环境原则的外延

迄今为止,ITLOS判例法较少关注《公约》第十二部分规定的其他环境原则。就开展环境影响评估的义务而言,法庭似乎降低了《公约》第206条中要求评估的时间门槛。[29]关于"共同但有区别责任原则"(《公约》中未明确规定),ITLOS海底争端分庭在"担保个人和实体在区域内活动之国家的责任和义务"的咨询意见中表明,"有关担保国义务和责任的一般规定在担保国间同等适用,而无论是发达国家,还是

---

[22] *Responsibilities and Obligations of States with Respect to Activities in the Area*, Advisory Opinion, para. 110.

[23] *Request for an Advisory Opinion Submitted by the Sub-Regional Fisheries Commission (SRFC)*, para. 129.

[24] *Responsibilities and Obligations of States with Respect to Activities in the Area*, Advisory Opinion, para. 113.

[25] *Ibidem*, paras 111-116.

[26] *Ibidem*, paras 117.

[27] *Ibidem*, paras 131-132.

[28] 参见 Court of Arbitration, *Indus Waters Kishenganga Arbitration (Pakistan v. India)*, Final Award, 20 December 2013, para. 112; CJEU, Case T-13/99, *Pfizer Animal Health SA*, Judgement, 11 September 2002, para. 161; CJEU, Case C-343/09, *Afton Chemical Limited*, Judgement, 8 July 2010, para. 56; Communication on the Precautionary Principle, COM (2000) 1 final, 2 February 2000, 4; see also Proelss (2010), pp. 71-86.

[29] ITLOS, *Case Concerning Land Reclamation in and around the Straits of Johor (Malaysia v. Singapore)*, Provisional Measures, Order, 8 October 2003, paras 96 and 106. See also Churchill (2015), p. 28.

发展中国家"。[30] 虽然如此,仍有令人信服的观点认为,仔细阅读咨询意见,的确能显示出ITLOS愿意考虑国家能力的现实差异。[31] 特别是ITLOS接受了"对担保国遵守风险预警原则的要求对发达国家而言,可能要严于发展中国家"这个观点。[32] ITLOS海底争端分庭的咨询意见再一次表明,在ITLOS发展有关国家保护和保全海洋环境之义务的过程中,风险预警原则被赋予了极度的重要性。

关于《公约》第十二部分的外延,ITLOS在"南方蓝鳍金枪鱼案"中认定,"养护海洋生物资源是保护和保全海洋环境的一个要素",[33] 据此确认了第十二部分所载的环境原则对生物资源管理的适用性(这一点曾受到争议),突破了该环境原则只能适用于环境污染方面的限制。虽然ITLOS没有明确提及作出裁决的法律依据,但学者们援引了《公约》第194条第5款来支持这一裁决。该款规定:"按照本部分采取的措施,应包括为保护和保全稀有或脆弱的生态系统以及衰竭、受威胁或有灭绝危险的物种和其他形式的海洋生物的生存环境而采取的必要的措施。"[34] 第194条第5款的确切外延和性质仍然在持续争论中。有观点认为,这个规定将《公约》第十二部分中针对环境保护所确定的原则和标准延伸到《公约》的其他部分,并认可了《公约》的自然资源养护目的。因此《公约》第十二部分的一般规定和第一节中关于环境原则的特别规定,都应当适用于对生物种类、种群、栖息地的保护。[35] 这个做法最近被"查戈斯海洋保护区案"的仲裁庭确认。在"查戈斯案"中,根据《公约》第287条和附件七建立的仲裁庭(部分成员由ITLOS法官组成)认为,基于第194条第5款,第194条"不必局限于严格意义上的污染控制措施",而是可以"延展至旨在养护和维护生态系统的措施"。[36] 毫无疑问,环境法的原则同样适用于所有海域的海洋生物资源管理和自然资源养护。因此,沿海国在专属经济区规制捕鱼行为时,在法律上也应当遵守风险预警原则。

就《公约》第194条第5款的要素而言,有仲裁庭通过参考"生态系统"这个术语

---

[30] *Responsibilities and Obligations of States with Respect to Activities in the Area*, Advisory Opinion, para. 158.

[31] Tanaka (2015), p. 51.

[32] *Responsibilities and Obligations of States with Respect to Activities in the Area*, Advisory Opinion, para. 161.

[33] *Southern Bluefin Tuna Cases*, Order, para 70.

[34] Proelss and Houghton (2015), pp. 232 - 233, with further references.

[35] Wolfrum (1995), p. 1009, and Scovazzi (2004), p. 5; contra Roberts (2007), p. 32.

[36] Arbitration Tribunal constituted under Annex VII UNCLOS, *Chagos Marine Protected Area Arbitration (Mauritius v. United Kingdom)*, Award, 18 March 2015, para. 538.

在《生物多样性公约》[37]以及《濒危野生动植物种国际贸易公约》[38]中的法律定义，将该术语具体化了。相似地，ITLOS海底争端分庭也通过《里约热内卢宣言》第15项原则和国际法院在"乌拉圭河纸浆厂案"中的判决，[39]将风险预警原则的含义具体化。因此我们可以认为，ITLOS和其他有权的国际争端解决机构的司法裁决是基于一个整体的方法，而不是基于一个带状的、以特定条约规定为准的方法。在"担保个人和实体在区域内活动之国家的责任和义务"的咨询意见中，ITLOS将《维也纳条约法公约》第31条第3款c项的规定[40]作为国家行为合法化的潜在法律依据。[41]但是有观点认为，明确界定这种综合方法的适用范畴是一项具有挑战性的任务。有鉴于国际法院和法庭在做出涉及环境原则的裁决时，自然有义务遵守源于基础条约的管辖权限制这一事实，这一观点尤其正确。

在此方面，《公约》第288条第1款规定："第287条所指的法院或法庭，对于按照本部分向其提出的有关本《公约》的解释和适用的任何争端，应具有管辖权。"同时，第293条第1款要求有权的法院或法庭有义务"适用本《公约》和其他与本《公约》不相抵触的国际法规则"。这一法律适用规则与上述第288条第1款中的规则——将UNCLOS法院和法庭的管辖权限于《公约》解释或适用的争端——之间的关系不够清晰。[42]在第二起"塞加号案"中，尽管《公约》缺乏明确规定，但ITLOS仍拐弯抹角地提到了在逮捕船舶中使用武力的规则。法庭认为："因《公约》第293条而可以适用的国际法要求应当尽量避免使用武力，当无法避免时，在具体情况下不能超越合理和必要的范畴。"[43]虽然这一表述乍看起来，似乎只是提及有关使用武力规则的适用，但法庭裁定"在逼停和逮捕塞加号时，几内亚过度使用了武力，违反国际法……"[44]最终实施了对这个事项的管辖权。[45]在2007年，《公约》附件七仲裁庭在"圭亚那诉苏里南案"中也采用了相似的方法，仲裁庭认为："ITLOS已经将《公约》

---

[37] Convention on Biological Diversity of 5 June 1992, 1760 UNTS 79.

[38] Convention on International Trade in Endangered Species of Wild Fauna and Flora of 3 March 1973, 993 UNTS 243.

[39] ITLOS, *Responsibilities and Obligations of States with Respect to Activities in the Area*, Advisory Opinion, paras 125 – 135.

[40] *Ibidem*, paras 135.

[41] *Ibidem*.

[42] For an analysis see Tzeng (2016).

[43] ITLOS, *M/V "Saiga"* (*St. Vincent and the Grenadines v. Guinra*), Judgement, 1 July 1999, para. 155, italics added; see also ITLOS, *M/V "Virgina G"* (*Panama v. Guinea-Bissau*), Judgement, 14 April 201, paras 359 – 362.

[44] *M/V "Saiga"*, Judgement, para. 183(9), original italics.

[45] Tzeng (2016), p. 249.

第 293 条解释为,赋予法庭适用本公约和国际习惯法规范(当然包括有关武力使用的规范)的权能。"[46]

因此,依靠《公约》第 293 条,法庭和仲裁庭在上述两案中将《公约》第 288 条第 1 款中的管辖权扩展到了其他国际法规则。但是,应当注意的是,《公约》第 293 条第 1 款的措辞(根据本节具有管辖权的法院或法庭……)清晰地预设了法院或法庭的管辖权已经得以确立。[47] 的确,如附件七仲裁庭在"MOX 工厂案"中所言,"《公约》第 288 条第 1 款中的管辖权范围和第 293 条中的法庭所适用的法律之间,存在基本的区别"。[48] 在"查戈斯案"中,仲裁庭因此拒绝对毛里求斯有关解释和适用《公约》中"沿海国"这一措辞的请求行使管辖权。因为就案件争议的性质而言,解释和适用"沿海国"这一措辞事关查戈斯群岛的领土主权,已经与解释和适用《公约》无关了。[49] 在"北极日出案"中,附件七仲裁庭更清楚地阐明了适用法律和管辖权之间的区别。它指出:

"《公约》第 293 条第 1 款的规定没有扩展仲裁庭的管辖权。相反,该条款的作用是,当一个仲裁庭行使《公约》下的管辖权时,它能够让《公约》最大限度地发挥作用。为了实现这个目的,一些《公约》的条款直接吸纳了其他国际法的规则……然而,第 293 条不是用来确定《公约》外的某些条约被违反的一种手段,除非这个条约是仲裁庭管辖权的另一个来源,或者除非根据《公约》,该条约可以被直接适用。"[50]

管辖权规则的目的和宗旨在于:界定或者限制《公约》第 287 条所提及的裁决机构与国际法的首要主体——即国家——之间的权能。考虑到加入《公约》意味着国家接受《公约》第十五部分中的和平解决争端机制的强制性,假使加入公约的决定将潜在地导致以公约争端解决机制处理有关公约以外之国际条约或一般国际法的解释或适用的争端的话,那么由国家组成之国际社会接受这一机制将产生疑问。在此方面,应当牢记的一点是,国际法院或法庭解决有关一般国际法或者国际协定之争端的权能,取决于争端当事方是否已经做出决定,接受了法院或法庭的管辖权。至于这一决定是以特殊协定的形式,还是以服从裁判的一般性声明的形式,又或者是

---

[46] Arbitration Tribunal constituted under Annex VII UNCLOS, *Guyana v. Suriname*, Award, 17 September 2007, para. 405, italics added.

[47] Tzeng (2016), p. 247.

[48] Arbitration Tribunal constituted under Annex VII UNCLOS, *The MOX Plant Case (Ireland v. United Kingdom)*, Order No.3, 24 June 2003, para.19.

[49] *Chagos Marine Protected Area*, Award, para. 221. But see *ibidem*, Dissenting and Concurring Opinion of Judges Kateka and Wolfrum, paras 29 – 45, 73.

[50] Arbitration Tribunal constituted under Annex VII UNCLOS, *Arctic Sunrise (Netherlands v. Russia)*, Award on the Merits, 14 August 2015, paras 188 and 192. Tzeng (2016), pp. 251 – 258.

以国际协定——两国就该协定发生了争端——的形式,在所不论。

此外,争端解决机构分别援引一般国际法的规则和原则,或其他国际协定的规定,可能最终导致如下情形:由于争端解决机构适用其他国际法渊源,原条约——亦即确立相关法院或法庭管辖权的条约——的条款会被取而代之。就此而言,我们应当认识到,《公约》第293条第1款确立了相关法院或法庭的法律义务,但与《维也纳条约法公约》第31条第3款中有关动态解释的规定相比,它可能在适用法律方面缺乏同样的限制。仲裁庭在"印度河水域仲裁案"中令人信服地指出:

"本庭认为既不适合,也肯定没有'必要'采用风险预警原则,以及承担政策制定者的角色,以确定可接受的环境变化和其他优先事项之间的平衡,或允许出于保护环境考虑推翻条约中明示的其他权利义务的平衡——特别是印度将杰赫勒姆河(Jhelum)支流改道的权利。仲裁庭的权限十分有限,并且只限于减轻重大的伤害。除了这一点外,仲裁庭的裁决不仅是不必要的,也是被条约所禁止的。如果适用习惯国际法不是为了明确权利的界限,而是为了否定在条约中明确赋予的权利,这将不再是对条约的解释或适用,而是用习惯国际法替代了条约。"[51]

因此,尽管从需要使国际环境法更加有效的角度来看,ITLOS和附件七仲裁庭在近期判例法中所追求的整体方法值得欢迎,但这个方法同时受到国际环境协定和一般国际法的法律限制。但是,需要注意的是,管辖权的功能限制并没有妨碍仲裁庭在"印度河水域仲裁案"中间接阐明它对于将风险预警原则作为一项规范性的平衡工具的具体理解——仲裁庭提及需要确定"可接受的环境变化和其他优先事项之间的平衡",以及"允许出于保护环境考虑推翻条约中明示的其他权利义务的平衡"。[52]尽管如此,对《公约》第293条第1款存在更好的理解,即这个规定不能用来支持扩大《公约》所预设的争端解决机制的管辖权范围,而且必须以明确的方式在管辖权类别和适用法律之间加以区分。

基于这个背景,我们仍然需要讨论在哪些情况下,由《公约》第十五部分赋予管辖权的法院或法庭有权利,或者说有义务,适用《公约》第293条第1款所谓的"其他与本公约不相抵触的国际法规则"。考虑到《公约》第288条第1款将裁判机构的管辖权限定于有关《公约》解释和适用的争端,只有当法院或法庭是为了具体化或明确《公约》规定的含义,从而援引其他国际法规则时,才能适用"其他与本公约不相抵触的国际法规则"——《维也纳条约法公约》第31条至第33条中的条约解释规则不在此限,因为这些解释规则无疑属于《公约》第293条第1款的范畴。[53]以"塞加号

---

[51] *Indus Waters Kishenganga Arbitration*, Final Award, para. 112 (original italics).

[52] *Ibidem*.

[53] 参见ITLOS, *Responsibilities and Obligations of States with Respect to Activities in the Area*, Advisory Opinion, para. 57.

案"为例,为了解释"渔船的燃料补给"这一术语的含义,ITLOS 在该案中参照了1989 年《禁止在南太平洋使用长漂网捕鱼公约》。[54]

四、评价

本文分析显示:依据《公约》第十五部分所设立的 ITLOS 和仲裁庭的司法裁决呈现出一种特征——对《公约》的理解日益动态化。这一特征强调采用一种整体而带状的方法。就保护和保全海洋环境而言,法庭越来越多地采用一种动态的方式来解释相关的国家义务,称《公约》为一个活的文件。但是,ITLOS 和仲裁庭是否遵守了其管辖权方面的功能性限制,仍不无争议。但是,在此方面应当注意的是,国际法院和法庭一直以来都致力于推动国际法的形成与持续发展,而且考虑到国际法体系缺乏足够发达的分权制度这一现实,要清晰确定国际司法机构管辖权的功能性限制其实并不容易。

就环境原则而言,ITLOS 法庭通过在《公约》制度下接受风险预警原则的效力,并且赋予该原则以极度重要性,将《公约》第十二部分具体化。与国际法院的判决相一致,ITLOS 避免从实体性义务——亦即结果义务——的角度来解释《公约》所规定的义务;相反,法庭致力于将相关义务程序化,认为《公约》各当事方应当受适当注意义务的约束。鉴于保护和保全海洋环境义务的实体内容应当与《公约》所保护的其他价值保持一致,有观点认为这一路径构成实施《公约》第十二部分的最佳方式。ITLOS 将一般性合作义务的存在视为其进一步论证的出发点,但应当注意,该义务在《公约》中并无明确规定。基于这个背景,有学者指出:"因此,法庭在其判决中同时提及了《公约》和一般国际法上的合作,意义重大。这意味着在此方面,《公约》得到了更为广泛的解读,超出了其明示条款本身所表达的意涵"。[55] 的确,似乎有理由认为,ITLOS 关于环境原则的判例法实现了"条约可以进行动态或活的解释的想法",[56]使得《公约》缔约方可以更为现代和充分灵活地实施保护和保全海洋环境的义务。尽管早期涉及《公约》第十二部分之外延和内涵的裁决——这些裁决都是在要求采取临时措施的案件中提出——缺乏解释,[57]但有学者认为,ITLOS 在最近的咨询意见中抓住机遇,对此问题进行了一些补救,这甚至超越了根据 1982 年《公约》通过时的国际法对《公约》所作的解释。

---

[54] *M/V "Saiga"*, Judgement, para. 57.

[55] Boyle (2007), p. 379.

[56] *Ibidem*.

[57] Rashbrooke (2004), p. 534.

环境案件的实体问题在大多数情况下都是由《公约》附件七意义上的仲裁庭来审理，[58]这一事实有可能导致的碎片化风险迄今尚未出现。仲裁庭最近的判例法与 ITLOS 追求的方法保持了高度吻合，这一事实某种程度上只能解读成是法官和仲裁员部分的身份重合使然。包括国际法院在内（国际法院在最近的判例法中采用了一种比过去更加动态的方法来解释国际法），似乎所有有权的法院和法庭都同意用一种更为统一的方法来解释《公约》，以应对碎片化的挑战。在法院和法庭的司法裁决中可以发现大量的相互参考，仅此一点就足以证实上述结论。尽管这些相关裁判之间的联系肯定需要进一步的考察，但就一般国际法院和法庭的判例法特别是 ITLOS 的判例法对环境原则发展的影响而言，整体记录应当是正面的。

（编辑：徐凌波）

---

[58] Boyle (2007), p. 380.

学术专论

陈 霄
德国传染病防治法律机制研究
——以信息机制与权责分配为重点

王瑞剑
认罪协商的规范控制路径：德国经验的启示

喻浩东
德国刑法诈骗罪中的认识错误

边 琪
论德国司法实践中一般人格权下血缘知情权的发展
——兼论自然人新型人格权益的司法证成及其发展

李 亮
违约损害可预见性规则的历史嬗变
——英国法和德国法比较考察

德国传染病防治法律机制研究
——以信息机制与权责分配为重点

陈 霄[*]

摘 要：为应对流行病传染病，德国构建了以联邦层面的罗伯特·科赫研究所为调控中心、以地方卫生主管部门为执行机构的分散型防治体系。联邦政府没有统一指挥权，各州主要依据《传染病防治法》开展疫情防治。调整流行病监控信息机制，提高疫情预防和响应的效率，是德国晚近《传染病防治法》修改的主线。最新的修法则以补充联邦层面制定及执行卫生政策的权限为核心，提高联邦政府的调控能力。信息申报机制是德国传染病预防的核心机制，政府机构之间的信息交换机制和政府与公众之间的沟通机制，对疫情应对具有重要作用。

关键词：传染病防治；信息申报；信息交换与沟通

Abstract: To prevent and combat epidemic infectious diseases, Germany established a dis-centralized regulation system within which RKI plays the role of coordination and information center, while the health authorities of federal states and municipalities have the execution power granted by the Federal Law on the Prevention and Control of Human Infectious Diseases. The recent revisions of German infectious disease legislation are marked by the efforts to reform the reporting and exchanging mechanism of information and to improve the efficiency of epidemic prevention and response based on the progress of the epidemiological surveillance. The infectious disease reporting system is the key mechanism to detect and prevent the epidemic outbreak. The information exchange mechanism and public communications also

---

[*] 陈霄：法学博士（柏林洪堡大学），德国律师，独立研究人员。研究方向：社会保险法、医疗机构治理。中央财经大学法学院赵真副教授为本文的写作提供了重要建议，在此表示衷心感谢。

play an important role in responding to the epidemic outbreak.

Key Words: Prevention and Control of Infectious Diseases; Reporting System; Communication and Public Information

  人类与细菌、病毒之间的较量贯穿整个人类历史。疫病的发生天然具有不确定性。高度传染性疾病既挑战一国的公共卫生体系，也考验一国的疫情防治法律秩序。德国针对传染病的立法有超过百年的历史。通过法律制度应对流行病疫情，一方面体现了法律的调控功能，即将由应用传染病流行病学获取的防控手段、方法、流程规则化；[1]另一方面，面对疫情所造成的紧急状态下医疗与防疫资源的紧缺，以及应对疫情所产生的成本，法律还具有"实现分配正义"的功能。

  德国《预防和控制人类传染病法》（Infektionsschutzgesetz，以下简称《传染病防治法》）是德国应对传染病疫情的法律机制的核心。[2] 传染病防治法在德国被视为灾难预防之特别部门法，涵括传染病的监控、预防手段及传染病控制机制等三大核心领域，在学理上属于灾难预防法的范畴。[3] 除此之外，《传染病防治法》以专章详尽规定与传染病疫情有关的补偿机制，并由此对国家、社会、用人单位与个体分担疫情的风险及成本进行基本的制度安排，这一部分内容在法理上应归属于社会保障法。

  德国传染病防治的法律机制不仅关乎灾难预防之信息申报与传递，亦与德国联邦与地方权责分配、基本权利之保障密切相关。作为德国传染病防控法律机制研究之启动篇，本文着重于勾勒德国《传染病防治法》构建之信息申报机制、德国联邦与地方传染病防控的权责分配，以期为后续之研究提供一个基本的法制度背景与讨论框架。

一、德国传染病法的历史沿革与最新发展

  人类对人类传染病有针对性地控制始于19世纪下半叶对人类传染病的病因和病原体的研究，尤其是法国化学家路易斯·巴斯德（Louis Pasteur）和德国医学家、微生物学家罗伯特·科赫（Robert Koch）的发现。德国的疾病防控中心正是以罗伯

---

  [1] Stephan Rixen, Befugnisse und Grenzen des staatlichen Infektionsschutzrechts, in: Kloepfer (Hrsg.), Pandemien als Herausforderung für die Rechtsordnung, Baden-Baden 2011, S. 67 ff.

  [2]《传染病防治法》并不是德国传染病防治法律制度的百科全书，其他重要的法律还包括《动物流行病防治法》《动物副产品处置法》《肉类检验法》、有关食品安全以及人体尸体处理等法律。

  [3] Michael Kloepfer, Katastrophenschutzrecht-Strukturen und Grundfragen, in: VerwArch 98 (2007), S. 163, 192.

特·科赫的名字命名,即罗伯特·科赫研究所(RKI)。

德国针对传染病的立法始于1900年6月30日通过的《帝国流行病法》(Reichsseuchengesetz),迄今已有超过百年的历史。[4] 随着现代卫生学和微生物学的发展,1961年《联邦流行病法》的调整范围从对传染病的控制扩展到对传染病的预防,并在历经1980年和2000年两次修改后,于2001年被《预防和控制人类传染病法》所取代。[5] 2001年新版《传染病防治法》中,"感染"(Infektion)和"传染性疾病"(übertragbare Krankheit)这两个概念取代了既往使用的"流行病"(Seuchen)概念,前者被定义为"病原体的吸收及其在人体组织中的发展与繁殖",后者则指"通过直接或间接传播给人类的病原体及其毒性产物所造成的疾病"。从调整范围看,《传染病防治法》不仅涵盖了通常意义上的传染性疾病(如霍乱、鼠疫、麻疹、脑膜炎、人畜共患流感等),还包括微生物引起的食物中毒、疫苗接种后的不良反应、可能存在传染病关联性的院内感染(nosokomiale Infektion)以及对人类用水的监控。从这个角度看,德国的传染病防治法调整范围相当于我国的传染病防治法与《突发公共卫生事件应急条例》的结合。

根据公共卫生监测理论和实践的发展革新流行病监控信息机制,提高疫情预防和响应的效率,是德国晚近《传染病防治法》修改的主线。基于2009年应对甲型流感H1N1和2011年应对出血性大肠杆菌疫情的经验教训,德国在2011年、2013年、2015年多次修改《传染病防治法》,并在2017年进行全面修改。面对2020年新冠疫情在欧洲爆发后对国家大流行病应对机制的挑战,德国以罕见的立法速度在2020年3月到5月间先后通过两部《全国性流行疫情保护法案》。最新的修法以补充联邦层面制定及执行卫生政策的权限为核心,以应对全国性流行疫情对既有传染病防控法律机制的挑战。

二、传染病监控的信息申报机制

改进传染病监控机制以提升疫情预防和响应的效率,是近十几年来贯穿德国《传染病防治法》修订的主线。以公共卫生监测理论和实践的发展为基础,《传染病

---

[4]《帝国流行病法》将霍乱、麻风、斑疹伤寒、黄热病、鼠疫和天花认定为"有害于公众"的疾病,在全国范围内予以统一规范,而其他的传染性疾病则交由各州通过其州法律规范。基于《魏玛宪法》第7条第8款所赋予帝国在该领域的竞争立法权,德意志帝国先后通过了《性病防治法》(1927年)、《鹦鹉热及其他传染病防治法》(1934年)。

[5]《传染病防治法》并不是德国传染病防治法律制度的百科全书,其他重要的法律还包括《动物流行病防治法》《动物副产品处置法》《肉类检验法》、有关食品安全以及人体尸体处理等法律。

防治法》建立起一套在实践中行之有效的信息申报机制。公法及社会法学者斯特凡·里克森(Stephan Rixen)指出,对传染病和病原体检测的申报义务是应对疫情最重要的信息手段之一。申报义务确保卫生部门尽早获得危险防控信息,申报内容同时也是获取传染病学数据的重要信息来源,可为疫情防控和医疗部门提供卫生政策的决策依据。[6]《传染病防治法》建立了从县市卫生局到州卫生主管部门再到联邦层面罗伯特·科赫研究所(Robert Koch Institute)的信息传递机制,并明确了医生与检测机构两类主体的信息申报义务。传染病申报机制具有预防"大流行"(pandemic)和灾难应对双重功能:[7]通过申报义务涵盖单个病例的出现,进而依据《传染病防治法》有针对性地及时采取保护性措施,从而避免大流行的发生;申报机制为定位传染病的发生区域、发生时段提供可靠信息,从而有助于防疫规划的制订。

(一) 具名申报义务的法定性

《传染病防治法》根据目的区分两类申报义务:不具名申报和具名申报。前者目的在于提供流行病学数据,以便各地卫生主管部门可以针对其地区可能出现的流行病疫情进行流行病防控规划。[8]后者针对特定的传染病和病原体,目的在于就可能危及他人的个案迅速启动保护性措施。具名申报具有限制个体权利的性质,对医生课予申报义务的同时也豁免了医生对患者信息的保密义务,这既是对医生职业自由的限制也是对患者信息自决权的限制,其正当性在于个体的生命与健康权以及国家对此的保护义务在法益权衡中具有更重的分量。因为其限制基本权利的性质,具名申报义务必须具有明确的法律依据。因此,《传染病防治法》第 6 条和第 7 条对必须具名申报的传染病和病原体进行了明确列举。

明确性要求与及时应对新型传染病所需要的灵活性之间存在矛盾。对此,《传染病防治法》通过兜底条款以及授权联邦卫生部根据流行病疫情以条例形式调整申报义务来解决。2017 年的修订对《传染病防治法》第 6 条和第 7 条的兜底条款使用了更加简明的表达方式:具名申报义务的对象包括其他"威胁性传染病"(第 6 条第 1a 款第 5 项)以及"基于病原体类型和定殖(Besiedelungen)机制有严重危害公众迹象"的其他病原体检测结果(第 7 条第 2 款)。第 6 条兜底条款曾经规定须"发生多个具有可能的流行病学关联性的同类疾病",立法者认为这一要求已经包含于"威胁性传染病"的法律定义中:基于临床病程的严重程度或传播方式可能对公众构成严重

---

[6] Stephan Rixen, Befugnisse und Grenzen des staatlichen Infektionsschutzrechts, in: Kloepfer (Hrsg.), Pandemien als Herausforderung für die Rechtsordnung, Baden-Baden 2011, S. 67, 71ff.

[7] Kloepfer/Deye, DVBl. 2009, 1208, 1214.

[8] Bales/Baumann/Schnitzler, IfSG, Vor § 6, Rn.2.

风险的传染病[9]。此外,立法者认为,第 7 条兜底条款此前只要求"时间和地域上的累积"并不全面。除了病原体的检出频率外,病原体的类型以及在人体中的定殖机制也是评估风险的重要方面。[10]

《传染病防治法》第 15 条授权联邦卫生部可以通过条例对《传染病防治法》第 6 条和第 7 条规定的申报义务予以取消、限制、扩展或延伸到其他传染病或病原体,以应对流行疫情需要。颁布这类条例原则上需要联邦参议院批准。在紧急情况下,联邦卫生部可以不经联邦参议院批准直接颁布条例,但这种条例仅有一年有效期,须经联邦参议院批准后方可延长。如果联邦卫生部尚未使用该授权,州政府也有权颁布该类条例。为应对新型冠状病毒,德国联邦卫生部行使了第 15 条授予的紧急立法权,于 2020 年 1 月 30 日颁布《申报义务扩展条例》,明确将具名申报义务扩展至所有与新型冠状病毒有关的疑似病例、病例及死亡以及对病原体的直接或间接检测结果。

(二)申报义务人、流程与申报时限

《传染病防治法》确定了两类申报义务人:对于应申报传染病,申报义务人为主治医师,如果在医院或其他医疗卫生机构(如保健或康复机构、肾透析机构、诊所、居家养老服务机构等)就医,则主管医师也有申报义务;对于应申报病原体,申报义务人为公立或私立检测中心负责人,包括具备传染病检测设施的诊所或者医院的检验室的负责人。病理解剖诊断设施负责人对应申报传染病和病原体也有申报义务。此外,对于"威胁性传染病",申报义务人扩展至所有完成国家认可的职业培训并获得职业资质的治疗师和护理行业从业人员(护士、康复治疗师、老年护理员等)。

具名申报必须及时进行,以便各级卫生主管机关迅速响应。在 2013 年修改《传染病防治法》时,立法者将传染病信息到达罗伯特·科赫研究所的时间由原来的 16 天缩短为 3 至 5 天。按照最新的法律规定,申报义务人获知相关信息后须最晚在 24 个小时内向相关县市卫生局申报。即使尚有部分通报信息缺失,也必须在规定的时间内完成申报,不可以信息不全为由拖延申报,缺失的部分可以后续补充。县市卫生局获得申报信息后进行初步评估,最晚在获得信息后的第一个工作日内[11]向州卫生主管部门上报,州卫生主管部门须最晚在随后的第一个工作日内上报罗伯特·科赫研究所。申报信息包括性别、出生年月、住址、日常居留地(或实际居留地)、发病日、诊断日、可能的感染时间、死亡日、检查结果、可能的传染路径、传染风险、职业以及传染可能发生的区、市或国家等。

---

[9] Amtliche Begründung § 6, Drucksache 18/10938, S. 48
[10] Amtliche Begründung § 7, Drucksache 18/10938, S. 50.
[11] 2013 年修法前县市卫生局和州卫生主管部门各自的上报时间分别为 1 周。

（三）信息申报的属地管辖

县市卫生局是传染病信息传递机制的核心环节，它承担对个案进行传染病学调查并采取保护性措施的职能。明确县市卫生局的属地管辖，防止卫生局之间推诿责任，避免申报义务人为了确定信息接收机关而延误申报，是确保传染病信息传递机制顺利运转的关键。2017 年修改《传染病防治法》时，立法者对县市卫生局的属地管辖权作出了更为明确的规定。申报信息接收机关的确定以涉案人员所在地为准。原则上传染病患者或疑似患者当前居留地所在辖区的卫生局具有管辖权，如果不能确定当前居留地，则以就医前最后居留地为准。如果涉案人员处于医院、保健康复或养老机构、妇产中心、急救中心、难民居住点、监狱等机构的，则由该机构所在地辖区的卫生局管辖，因为与这些机构有关的情况由其所在辖区的卫生局进行调查最为容易。[12]

接收信息的卫生局以个案为单位，将申报信息以及对该个案的调查和采取的措施一并提供给涉案人员主要居住地或日常居留地[13]所在辖区的卫生局。[14] 这一规定实际上明确了县市卫生局之间的信息传递义务。它一方面涵盖了非因信息申报而获取传染病有关信息的情形，如某卫生局在进行传染病学调查过程中发现了新的疑似患者或从其他政府部门获得了传染病信息；另一方面也避免因涉案人员登记居住地与实际居留地不同而出现信息盲点，确保涉案人员实际居留地的卫生局获得申报信息从而在其辖区内及时启动必要的传染病防控措施。

（四）大流行疫情下的信息申报

就单点发生的传染病疫情，《传染病防治法》规定的申报机制在实践中也取得了良好效果。[15] 它一方面确保地方政府卫生部门迅速响应，另一方面确保作为全国疾控中心的罗伯特·科赫研究所及时获得第一手疫情信息，从而迅速提供专业指导意见并向全国预警。但是，如果出现较大规模的流行病爆发，以个案详情申报为特征的申报机制很容易出现超负荷运转。虽然以个案为单位的信息采集可以提供更多的有价值的信息，如可用于分析导致重大病情的危险因素或者用于抗病毒治疗的研究，但是个案信息采集也意味着要花费更多的时间和精力去整理和验证信息，这

---

[12] Amtliche Begründung § 9, Drucksache 18/10938, S. 54.

[13] 准用《税务条例》的定义，日常居留地是指连续停留超过 6 个月的地方。

[14] Amtliche Begründung § 9, Drucksache 18/10938, S. 54.

[15] 例如，2020 年 1 月 23 日，德国巴伐利亚州出现德国境内第一例输入性新冠病毒感染案例后，当地卫生局迅速排查了可能的接触人群，组织核酸检测，并对 16 起阳性案例进行住院隔离，切断了传染链条。两周隔离期结束后所有患者均康复出院。

会导致信息申报和上报的迟延。

德国新冠疫情在2020年3月初出现大规模爆发。根据3月13日罗伯特·科赫研究所新闻发布会上的信息，重大疫区的县市卫生局往往需要3到4个工作日才能完成所有信息的上报，这导致公布的疫情与实际的疫情存在相当程度的差异。罗伯特·科赫研究所在"全国大流行计划"（Nationaler Pandemieplan）中曾经建议地方卫生主管部门在其大流行计划中设立信息筛选机制，同时还建议大流行期间采用根据年龄段分层的汇总申报，以便及时把握疫情评估的核心信息。[16] 在世界卫生组织将新冠疫情定性为大流行之后，罗伯特·科赫研究所自3月16日起要求地方卫生局将个案申报变更为汇总申报。但是地方卫生局仍然需要依照《传染病防治法》进行个案的流行病调查及监督居家隔离的实施情况。

2017年《传染病防治法》引入了电子申报信息系统，以减少申报义务人、地方卫生主管部门以及罗伯特·科赫研究所的工作量，提升信息传递的速度与效率。按照原定计划，电子申报系统将于2021年全面代替现在并行的传真申报。新冠病毒疫情大流行暴露出德国疫情电子申报系统普及不足的问题。在2020年3月23日德国新冠感染案例突破3万之后，罗伯特·科赫研究所要求地方卫生局只能通过电子系统进行申报。可以预见，这次疫情将大幅推进德国疫情电子申报系统的建设。

三、联邦与地方的传染病防控权限配置

从信息申报机制的设计可见，《传染病防治法》所建构的防控机制是以联邦层面的罗伯特·科赫研究所为调控中心，以地方公共卫生主管部门为执行机构。这一基本安排源于德国的联邦制结构。《传染病防治法》属于联邦法律，其立法依据是联邦根据德国《基本法》所享有的在人类和动物传染病领域的竞争立法权，即联邦可优先行使立法权。然而根据《基本法》，联邦法律的实施则属于州的权限范围，这意味着，控制传染病的措施的决策及实施原则上属于地方卫生主管部门的权责范围。关于联邦和地方的权责结构，如下分述之。

（一）罗伯特·科赫研究所作为传染病防治的调控及信息中心

罗伯特·科赫研究所是在联邦卫生部业务范围内针对传染性和非传染性疾病设立的独立的联邦高级局（Bundesoberbehörde），它承担专业咨询和统筹功能，[17] 但没有行政执法权。罗伯特·科赫研究所的前身是联邦卫生局。1991年，为了加强

---

[16] Nationaler Pandemieplan, Teil II-Wissenschaftliche Grundlagen, Stand: 30.01.2016, S. 49.

[17] Michael Kloepfer, Einleitung, in: ders. (Hrsg.), Pandemien als Herausforderung für die Rechtsordnung, Baden-Baden 2011, S. 9, 16.

对区域性流行病的分析和区域内措施的协调,德国卫生部部长会议决定建立一个全国性流行病中心,负责整合各州有关流行病的数据、独立采集数据并对数据进行分析。1994年,联邦卫生局机构改革法案撤销了联邦卫生局,在其任务范围内设立"联邦药物和医疗产品研究所"与"联邦传染性和非传染性疾病研究所——罗伯特·科赫研究所"。罗伯特·科赫研究所承担行政管理、科研与向公众提供资讯三大功能。[18]它没有行政干预权,其行政职能体现为在全国范围内就传染病防控提供咨询和协调。[19]对于严重的传染病,罗伯特·科赫研究所应各州最高卫生主管部门的要求,在监控、预防和应对方面为地方卫生负责机构提供行政援助,甚至可以根据多个州最高卫生主管部门的要求提供跨州行政援助。在国际合作层面,罗伯特·科赫研究所是德国负责向欧洲流行病监控网络和世界卫生组织大流行预警系统提供信息的负责机构。[20]2020年3月《传染病防治法》的修订进一步明确了罗伯特·科赫研究所作为国家行政机关的性质,增加其系承担传染病预防等职能的"国家机关"(nationale Behörde)的表述,以消除其名称可能在民众中造成的误解。

作为传染病信息申报机制的顶层机构,罗伯特·科赫研究所负责汇总疫情信息并进行流行病学评估,然后再将信息按法律规定的渠道传递给其他联邦和州的其他机关和机构。2017年修订后的《传染病防治法》对罗伯特·科赫研究所的任务进行了重新表述,把此前分散于其他法律法规的任务做了统一规定,明确对申报数据进行传染病流行病学评估是其核心任务。[21]罗伯特·科赫研究所在信息传递方面的职能主要体现在以下四个方面:第一,经与联邦有关主管部门磋商,为业界制定准则、发布建议及信息须知;第二,向法律规定的机关和机构[22]提供传染病流行病学的评估结果;第三,定期发布传染病流行病学评估结果;第四,为各州及其他参与者实施其传染病监控职责提供支持。

---

[18] 罗伯特·科赫研究所的业务,除传染病和非传染病防控外,还涵盖转基因生物及其产品风险评估、人类遗传学、与传染性物质运输有关的健康问题等多个领域。美国发生9·11事件和炭疽袭击事件之后,预防、识别和限制生物分子袭击或生物制剂袭击也成为该研究所的一项特殊任务。该研究所还负责联邦卫生报告相关内容的处理和协调,并负责批准人类胚胎干细胞的进口和使用。

[19] Schmidt am Busch, Die Gesundheitssicherung im Mehrebensystem, S. 80.

[20] 它在国际抗击疫情合作中的功能,除在《传染病防治法》第4条第3款有所规定外,还体现于德国《国际卫生条例实施法》,这部法律规定了国际旅行和运输领域的传染病防护机制。

[21] Amtliche Begründung § 4, Drucksache 18/10938, S. 47.

[22] 这些机关或机构包括三类:一是政府部门,包括联邦主管机构(如联邦卫生部、联邦内政部、联邦人社部)、各州最高卫生主管部门(一般是州卫生部)、县市卫生局;二是军队,即联邦国防军医疗服务司令部;三是医疗及社保领域的行业自治团体,即各州医师公会、法定疾病保险联邦总会、健保医师联邦协会、德国法定事故保险下属职业安全研究所、德国医院协会。

罗伯特·科赫研究所在其业务领域内进行科学研究,参与标准和规范的制定。对于识别新型健康风险,它发挥着早期预警系统中的"天线"功能。罗伯特·科赫研究所负责制定传染病预防、及早发现与阻断感染传播的方案,包括开展传染病流行病学及实验室分析,对传染病的病因、诊断和预防进行研究。在人畜共通传染病和微生物性食物中毒两大领域,它必须与联邦消费者保护和食品安全局、联邦风险评估研究所和负责动物性传染病的弗里德里希·洛夫勒研究所(Friedrich Loeffler Institut)合作。罗伯特·科赫研究所的科研活动以公共卫生体系中专业知识储备不足且有重大卫生政策意义的领域为重点。[23] 与大学和独立研究机构的学术研究不同,罗伯特·科赫研究所的科研活动属于"职能研究"(Ressortforschung),其目的在于为实施国家行政任务提供专业科学知识储备。[24] 罗伯特·科赫研究所具有独立的检测能力,能够在依据《传染病防治法》实施的传染病监控的框架内自主采集流行病学信息。罗伯特·科赫研究所下设多个科学委员会,其中,疫苗接种常设委员会对于预防大流行疫情预防意义重大。

(二)地方卫生主管部门作为传染病防治的行政执法主体

地方的公共卫生主管部门承担传染病预防和控制的核心行政功能。公共卫生服务机构的组织构成,一般由各州通过州法予以规范。除下萨克森州采用部长指令方式,其他15个州都通过公共卫生服务法对州卫生主管部门的任务和组织予以规范。在柏林、汉堡与不来梅三个州级城市,公共卫生服务的职责由市政府卫生部(Senatsverwaltung für Gesundheit)和区政府卫生局(Gesundheitsämter)承担。在其他州,公共卫生主管部门为县和县级市的卫生局。卫生局必须由医务工作人员领导,卫生局主管须具有公共卫生专科医生资质,有些州甚至要求副主管也要有公共卫生专科医生资质(如柏林、北威州)。各州的公共卫生服务法都将实施《传染病防治法》作为公共行政服务的核心职责之一。《柏林公共卫生服务法》进一步规定了传染病防治职责,包括就人类传染性疾病、流行和大流行疫情进行知识普及、咨询、识别、预防和应对。

联邦《传染病防治法》明确了地方公共卫生部门在传染病预防通报机制中的功能以及对于传染病预防和控制的行政权力。县市卫生局负责接受感染案例的申报信息,对申报信息进行初步评估。其还负责调查传染原因、传染源、传染方式、路径。在调查时,县市卫生局有权讯问和传唤当事人(包括患者、疑似患者、病毒携带者),

---

[23] Bales/Baumann/Schnitzler, IfSG, § 4, Rn. 5; Schmidt am Busch, Die Gesundheitssicherung im Mehrebensystem, S. 81.

[24] Groß, in: Röhl (Hrsg.), Die Verwaltung, Beiheft 9 (2010), Wissen-Zur kognitiven Dimension des Rechts, S. 135, 141.

有权要求其主治医生提供信息,有权进行强制检查,包括 X 光检查,提取血液样本、皮肤及黏膜拭子等。对于传染病的控制,地方卫生主管部门有权采取强制措施,包括禁止大型集会,关闭游泳馆及提供给未成年人的公共设施(幼儿园、学校和职业培训学校),禁止相关人员进入该等设施,对患者、疑似患者、传染者、疑似传染者进行监控,命令患者、疑似患者、传染者进行隔离,禁止患者、疑似患者、传染者、疑似传染者从事全部或部分职业活动。[25] 强制性保障措施的实施主体由各州以条例的形式确认。在大部分州,县市范围内的强制措施由地方卫生局决策并执行,州范围内的强制措施则属于州卫生部的决策范围。[26]

(三) 联邦与地方针对重大传染病的信息交换与合作机制

在德国联邦式分散防治体系下,联邦政府对于传染病疫情的控制很大程度上借助联邦与州之间的信息交换机制来进行间接调控。对于重大流行情况,德国《传染防治法》要求联邦政府以"一般行政规则"[27]的形式,经联邦参议院批准后,制定联邦与州之间的信息交换机制。联邦政府 2013 年 12 月 12 日颁布的《重大传染病防治协调规则》[28]取代了原有的信息交换规则。就法律属性而言,该行政规则属于替代性规则,即在法律未予规范或未予充分规范而又需要法律规范时行政机关制定的起替代法律作用的一般性规定。[29]

《重大传染病防治协调规则》规定了罗伯特·科赫研究所和联邦卫生部就重大流行事件与联邦其他机关、各州公共卫生机关以及其他参与部门或机构交换信息和进行合作的程序。罗伯特·科赫研究所负责维护重大相关部门——联邦卫生部、各

---

[25] 《传染病防治法》第 28 条至第 31 条。《传染病防治法》就传染病患者、疑似患者因隔离措施或者因职业禁令影响而遭受的收入损失,规定了相应的经济补偿机制。如补偿权利人为雇员,则前六周的补偿由雇主按实际工资收入支付,然后向有关负责机关申请返还,自第 7 周起,按患者津贴(相当于劳动收入的 70%)的标准,由负责机关直接支付。非雇员者,则直接向有关负责机关申请补偿。补偿义务人为作出相应禁止性措施的各州政府。

[26] 如《黑森州公共卫生服务法》第 3 条第 1 款。

[27] 联邦政府制定"一般行政规则"的宪法依据为《基本法》第 84 条第 2 款及第 86 条。在获得联邦上议院批准的情况下,联邦政府可就州的行政管理活动制定普遍性行政规则。如果联邦以联邦层面的行政机关、公法社团或者公营造物为联邦法律执行主体,那么联邦政府也可制定普遍性行政规则。

[28] Allgemeine Verwaltungsvorschrift über die Koordinierung des Infektionsschutzes in epidemisch bedeutsamen Fällen (Verwaltungsvorschrift-IfSG-Koordinierung-IfSGKoordinierungs-VwV) Vom 12. Dezember 2013.

[29] Maurer, Allgemeines Verwaltungsrecht, 18. Aufl. 2011, § 24 Rn. 11.

州卫生部、联邦药品和医疗器械研究所、保罗·埃里希研究所（Paul Ehrlich Institute）[30]、各地卫生局、各大机场、港口运营商———的紧急情况联络人名单和联络方式，确保重大机构间沟通渠道连贯畅通。罗伯特·科赫研究所还负责对早期疫情的识别与预警。经 2020 年 3 月修订，《传染病防治法》再度重申，罗伯特·科赫研究所在全国大流行疫情中承担核心统筹功能，是协调各州之间、州与联邦间合作及进行信息交换的核心机构。

罗伯特·科赫研究所是国内外传染病信息的汇总点。如果罗伯特·科赫研究所的评估结果显示存在发生流行性疫情的危险，即存在威胁性传染病输入德国或威胁性传染病多发或跨州传播的危险，那么它必须立即向联邦卫生部、受影响的联邦州的卫生主管部门或者其指定的机关或部门、设在联邦民防与灾难救助局的联邦和州联合申报及灾情中心发布预警；根据疫情或者抗疫措施可能产生的影响，罗伯特·科赫研究所还须向联邦国防部、联邦消费者保护和食品安全局、联邦粮食、农业与消费者保护部、联邦运输、建筑和城市发展部、联邦内政部以其各州的最高兽医主管部门和食品监督部门进行预警。发出预警后或应州最高卫生主管部门的要求后，罗伯特·科赫研究所立即与有关州最高卫生主管部门以及可能受影响的任何其他联邦高级主管部门取得联系，就是否存在传染风险而有必要启动协调程序为该等机构提供咨询建议。如果在大多数州认为确实存在传染风险，罗伯特·科赫研究所将启动协调程序。如果不启动协调程序，则由各州自行调查和采取措施，罗伯特·科赫研究所提供协助。

疫情期间与公众的信息沟通是提升公众的自我防护意识和提高公众对于政府采取的保护性措施的认同度的关键。对于危机沟通，《重大传染病防治协调规则》在联邦与州之间进行了分工：联邦政府负责向公众通报科学问题、跨州疫情走势、国际有关情况；各州及地方政府根据各自的特殊情况对联邦的信息予以补充。如果州或地方政府意图向公众提供与全国范围内通报的事实情况有出入或者属于实质性新情况的信息，则该信息必须经过罗伯特·科赫研究所的评估。一方面，罗伯特·科赫研究所负责定期向公众和媒体提供易懂的疫情报告，根据情况定期举行新闻发布会。另一方面，罗伯特·科赫研究所负责向业界提供信息。大众的预防知识普及由联邦健康教育中心（Bundeszentrale für gesundheitliche Aufklärung）承担。它负责将罗伯特·科赫研究所提供的信息整理成通俗易懂的信息材料，并对大众常见问题提供解答以及就疫情预防提供行动建议。

---

[30] 保罗·埃里希研究所系德国联邦疫苗及生物药品局。

四、全国性流行疫情中联邦与地方的权责结构

至于应对大流行疫情,《传染病防治法》并未有特别的法律机制。各州政府作为该联邦法律的执行主体,同时获得法定授权以条例形式规定本州疫情防控必要的强制措施,并在此范围内对行为自由、迁徙自由、集会自由、住宅不可侵犯的权利以及通讯秘密等宪法上的基本权利予以限制。《传染病防治法》对各州的授权对于应对流行疫情具有重要意义,德国的联邦制结构决定了联邦政府没有统一指挥权,它只能发挥协调作用,最终由授权各州立法来实现统一行动。例如,为了阻止新型冠状病毒肺炎疫情蔓延,德国联邦政府与各州政府首脑于2020年3月16日就限制公共领域社会接触统一行动方案形成了指导性决议,此后各州陆续颁布了各自的《阻止新型冠状病毒蔓延条例》。[31] 这些条例就是所谓"人际接触禁令"或"禁足令"的法律根据。[32] 以地方卫生主管部门为主导的传染病控制机制,优点在于地方政府掌握第一手疫情信息,可因地制宜迅速采取控制性措施,而且,地方政府更擅长评估其疫情的走向,从而可以及时调整措施的强度,以满足比例原则的要求。

然而,面对全国性疫情,《传染病防治法》原有的制度安排则暴露出国家层面调控乏力的缺陷。那么,联邦和地方如何应对这种全国性的疫情?

(一)"全国大流行计划"的制定

为预防大流行流感疫情,德国早在2001年就启动了全国层面应对大流行病的规划。2001年6月22日,德国第74届卫生部长会议决定,由联邦卫生部牵头、各州卫生部部长协同、以世卫组织的国家和区域规划指南为基础,制定德国国家应对大流行病的计划。同年,罗伯特·科赫研究所受联邦卫生部委托启动应对大流行病规划的制定。2005年,罗伯特·科赫研究首次发布"全国大流行计划"(Nationaler Pandemieplan),并在2007年跨州跨部门危机管理演习经验的基础上对该规划进行了更

---

[31] 除了规范疫情期间的社会公共生活,条例还要求医院调整或暂定可推迟进行的手术和治疗,以便为新型冠状病毒患者的治疗空出床位。联邦政府的新冠救援一揽子方案于2020年3月25日获联邦议会审议通过并于3月27日获得联邦参议院批准,其中包括为医疗机构提供30亿欧元的补贴。具体而言,医院就为新冠患者预备的床位每个床位每天可获得560欧元补贴;就每个新增的带人工呼吸机的治疗单位可获得5万欧元补贴;为每个收治的新冠患者,除现有防护物资外,再增添50欧元防护用品补贴。该措施从4月开始实施,暂时截止到6月底。

[32] 2020年3月底及4月初,拜仁州、黑森州、巴登符腾堡州、勃兰登堡州等州的新冠条例均遭遇紧急宪法诉愿或者行政诉讼。联邦宪法法院及各州高等行政法院原则上认可新冠条例的合法性及合宪性。

新。该方案拟定的计划和准备性措施使得德国得以顺利应对2009年甲流疫情。基于联邦政府、各州政府、专业协会和机构对2009年全国性疫情应对的经验总结,罗伯特·科赫研究所对"全国大流行计划"进行了全面的更新与调整,并于2016年和2017年发布了第一部分"各联邦州的结构和措施"和第二部分"大流行计划的科学基础"。[33]"全国大流行计划"的目标在于,在大流行疫情下减少普通人群的发病率和死亡率,确保医疗护理服务供给,维持核心公共服务,并以可靠及时的方式为政治决策者、医疗卫生行业专业人员、公众和媒体提供资讯。"全国大流行计划"为各州的"大流行计划"以及地方政府的执行方案提供了统一的框架和科学基础,也为医疗卫生机构、工商业企业、非政府组织根据自身情况制定大流行病应对方案提供指南。

从法律属性看,"全国大流行计划"既不属于行政行为,也不属于行政规则,德国学者一般将其界定为无法律拘束力的行动建议,属于间接的行为调控手段。[34] 可以认为,罗伯特·科赫研究所主导下的"全国大流行计划"是对联邦层面对于传染病防控以及灾难应对[35]缺乏直接指挥权限的一种弥补。针对新冠疫情,联邦政府采纳了"全国大流行计划"的建议,以联邦卫生部和内政部为主体成立了"联合危机工作组"(gemeinsamer Krisenstab),这也是德国首次启动该危机管理机制。

(二)《全国性流行疫情保护法案》

即便有罗伯特·科赫研究所的"全国大流行计划"做指导,新冠疫情在德国全面爆发后仍对全国卫生系统造成极大冲击,尤其在防疫物资的准备上各州均暴露出不同程度的不足。各州政府也多有希望联邦政府强化统一规划提高决策统一性的呼声。在这一背景下,联邦卫生部所主导的《全国性流行疫情保护法案》较为顺利地获得了联邦议会和联邦参议院的认可,从政府草案公布到联邦议会通过仅仅用了不到一周的时间。

---

[33] "全国大流行计划"第一部分系罗伯特·科赫研究所与联邦政府和州政府共同编写,展示了就疫情防控进行规划及应对具体疫情的现有的结构与必要措施,共分为9节,分别包括:防控目标和框架条件(第1节),疾病过程的监控(第2节),针对感染的卫生措施(第4节),医疗(第5节),企业、行政机关和其他非医疗领域的大型流行病规划(第8节)以及沟通、媒体和公共关系(第9节)。计划第二部分详细描述了当前对流行病监控及研究的科学基础、标准、认识和理念、大型流行病期间的风险评估、非药物措施以及沟通的专业性基础。罗伯特·科赫研究所另外于2019年10月29日发布《框架方案:识别、评估及应对大流行重大情况》。

[34] Andreas Walus, Pandemie und Katastrophennotstand-Zuständigkeitsverteilung und Kompetenzmängel des Bundes, DÖV 2010, S. 127, 132; Michael Kloepfer/Sandra Deye, Pandemien als Herausforderung für die Rechtsordnung, DVBL. 2009, S. 1208, 1215.

[35] 在德国联邦制结构下,灾难预防和应对属于危险排除,是《基本法》规定的由各州加以立法的事项。联邦仅仅享有民事保护(Zivilschutz)和灾难救助的立法权。

2020年3月27日生效的第一部《全国性流行疫情保护法案》将《传染病防治法》第二章"协调及早期识别机制"修改为"协调机制及全国性流行疫情",并首次在《传染病防治法》中引入了"全国性流行疫情"(Epidemische Lage von nationaler Tragweite)的概念。值得注意的是,就认定"全国性流行疫情"的权限,该法案并未采纳联邦卫生部主导的草案中授予联邦卫生部确认权的建议,而是明确了联邦议会的确认权与解除权。新法案中对"全国性流行疫情"所作制度安排,如德国联邦卫生部针对全国性流行疫情颁布紧急条例的权限、收取被护理人员承担部分医疗行为的权限以减轻医生负担等,均以"全国性流行疫情"的确认为启动条件。有权机关确认灾难状态从而启动灾难保护法的适用,即有权机关确认行为的设权效果(konstitutive Wirkung)被主流观点视为德国紧急状态法的一个基本特征。[36] 灾难状态确认所产生的设权效果体现了衍生于法治国原则的法律安全的要求。[37] 以立法机关作为紧急状态的确权机关更能满足法治国原则的要求。

该法案全面修改了《传染病防治法》第5条,增加了德国联邦卫生部针对全国性流行疫情颁布紧急条例的权限,以确保卫生医疗系统在大流行疫情下维持正常运作。联邦卫生部的紧急条例制定权分别涉及对在疫情风险地区有旅行史的人员和交通运输企业的措施,对《传染病防治法》规定的职业活动禁止条款的适用范围的限制,有关药品、医疗器械、防护服等防疫物资的采购、存贮及分配的措施,有关医疗卫生机构和护理机构从业人员的措施等八大领域。在授权的范围内,联邦卫生部可对《传染病防治法》中的一些规则制定变通性条例且无须经联邦参议会许可,该规则本身的合宪性不无争议。该法案得以通过的原因除了新冠疫情铺天盖地而来给政府形成的行动压力外,还在于其对联邦卫生部的紧急权限设置了严格的适用时间。该紧急立法权仅在被联邦议会认定为全国性大流行疫情的期间有效,且最长有效期不超过2021年3月31日。

联邦卫生部所获得的新权限虽然增强了联邦政府应对大流行疫情的调控能力,但并未改变传染病疫情应对依然依赖州政府的决策权及执行权这一基本格局。联

---

[36] So Walus, Katastrophennotstand in Berlin: Strukturen und Kompetenzkonflikte, in: LKV 4/2010, S. 152 (155); Kloepfer, Katastrophenschutzrecht-Strukturen und Grundfragen -, in: VerwArch 2007, S. 163 (192); Leupold, Die Feststellung des Katastrophenfalls, 2012, S. 38 ff., 88 ff., 184.

[37] Leupold, Die Feststellung des Katastrophenfalls, 2012, S. 96 f., 107 f., S. 184 f., der neben der Feststellung des Katastrophenfalls auch die Feststellung seines Endes fordert.: Der Rechtssicherheit als Ausfluss des Rechtsstaatsprinzips sei ein konstitutiver Charakter der Feststellung geschuldet.

邦政府并未获得应对大流行疫情的指挥权。[38] 但是,修订后的传染病防治法允许联邦卫生部基于罗伯特·科赫研究所的建议发布行动建议,以保障德国全国范围内疫情应对的有序开展。

五、结语

  传染病防治法是医学专业技术知识与法律规制功能的融合。德国《传染病防治法》的历史沿革与最新的发展,表明防疫法律机制是一个需要根据实践经验不断自我更新的系统。传染病防治法不可能对未来发生的疫情逐一进行规划,但可通过恰当的法律规则构建系统、科学、高效、正当的预防机制和响应机制,从而保证在紧急状态下各个部门能各安其位、各负其责,有条不紊地进行危机应对。德国《传染病防治法》作为灾难预防的特别法,一方面建构了行之有效的防疫信息申报机制,另一方面也明确了国家为公共卫生与安全采取限制性措施的权力实施边界。

  当然,传染病的预防和控制手段关涉对个体诸多基本权利的限制。在宪法层面,德国《基本法》允许通过法律或依据法律限制某些基本权利(如迁徙自由、住宅不受侵犯的权利)以应对"流行病危险"(Seuchengefahr)。《传染病防治法》提供了限制基本权利的法律授权基础,比如其第 20 条明确,在法律规定的保护措施范围内可限制公民的人身自由、集会自由、迁徙自由及住宅不受侵犯的权利。然而《传染病防治法》仅明确了国家可以采取的限制性措施的类型,而德国应对新冠疫情的具体实践表明,地区性及全国性具体防疫措施,离不开地方政府及联邦政府以条例形式颁布的下位法。防止疫情蔓延的重大举措,例如关闭学校幼儿园、限制集会、公共场所须进行口鼻遮盖等均由下位法规定。因此,这些条例的合宪性也频繁经受公民以宪法诉愿或者行政法院抽象规范审查为形式的挑战。[39] 传染病预防、监控及控制的具体措施,一方面需要满足保障宪法基本权利的要求,即具备法定性、明确性和符合比例原则,另一方面需要具备应对实践中的新情况新问题的灵活性。为解决这一矛盾之处,德国《传染病防治法》采取了授权政府以附期限的条例形式颁布强制性措施的做法。

  疫情之如何有效防控是现代国家必须思考的问题。如何有效区分中央与地方各级政府在疫情防控中的权限与责任,如何在疫情防控之时通过实体法的规定限定防疫措施,从而保障公民之基本权利,任重而道远。

(编辑:蔡琳)

---

[38]《全国性流行疫情保护法案》政府草案中曾有"联邦政府紧急情况下有权向州政府下达指示"的条款,但因可能引起联邦与州的权限争议而未被纳入议会审议稿。

[39] 据统计,在 2020 年 3 月至 6 月间,德国联邦宪法法院合计受理 36 起针对与新冠相关条例的紧急宪法诉愿,其中 33 起申请被驳回。

认罪协商的规范控制路径:德国经验的启示

王瑞剑*

摘　要:刑事程序的协商性处理是刑事司法发展的重要趋势,在德国主要表现为认罪协商制度。认罪协商受到德国刑事诉讼法的严格规制,在实践中却出现实体与程序的双重突破。对此,德国司法的规范与判例层面,从诉讼价值与诉讼构造双管齐下,形成有效的规范控制路径。在诉讼价值层面,强调实质真实主义的罪责原则与发现实质真实,并结合最低限度的程序正义;从诉讼构造角度,在传统职权主义的背景下,需要强调法官的职权控制,突出控方的制约功能,进而强化对协商的规范要求。从德国经验出发,我国的协商性司法需要加强法官的司法控制、削弱检察官的主导地位、强化最低限度的程序正义,从而处理好规范与实践的关系。

关键词:认罪协商;实质真实主义;职权主义;最低限度的程序正义;认罪认罚从宽

Abstract: The negotiating treatment of criminal procedures is an important trend in the criminal justice. In Germany, it is mainly characterized as a negotiated agreement. The negotiated agreement is strictly regulated by the German Criminal Procedure Law, but in practice there is breakthrough in both substance and procedure. In this regard, the norms and cases form an effective normative control path in both procedural value and procedural structure. At the level of procedural value, it emphasizes the principle of guilt and the substantive truth with the minimum of procedural justice. From the perspective of procedural structure, in the context of traditional inquisitorial system, it is necessary to emphasize the control of judges' authority and highlight the restriction of the prosecution, which in turn reinforces

---

* 王瑞剑:北京大学法学院博士研究生。

the regulatory requirements for negotiation. From the German experience, our country's negotiated justice needs to strengthen the judicial control of judges, weaken the prosecutor's dominant position, and strengthen the minimum of procedural justice, so as to handle the relationship between norms and practice.

Key Words: Negotiated Agreement; The Substantive Truth; Inquisitorial System; The Minimum of Procedural Justice; The System of Lenient Punishment for Admission of Guilt and Acceptance of Punishment

一、问题的提出

进入21世纪以来,刑事案件量飙升,案件复杂度倍增,成为世界各国司法机关普遍面临的难题。在此背景下,世界各国纷纷寻求快速解决案件的机制,协商性司法应运而生。协商性司法,是相对于传统对抗性司法而言的,是指通过诉讼各方的协商合意以查明案件事实、定罪量刑的一种案件处理机制。从制度发展的规律来看,协商性司法多是应各国的实践需求而自生自发,遵循的是一种实践逻辑。但是,考察协商性司法的运作方式,可以总结得出两种模式:其一为实践放任型;其二为规范控制型。针对前者,典型代表为英美法系的辩诉交易,其完全承认司法实践对诉讼效率的追求,并对辩诉交易疏少规制;而对于后者,德国的认罪协商可谓重要的制度体现,其在承认协商性司法的同时,通过传统的诉讼价值与诉讼构造,对其进行严格规制。可见,在德国刑事诉讼中,协商性司法虽然有所突破,但仍处于规范的严格控制之下。这种对认罪协商的规范控制路径,表现在德国立法与判例对协商性司法的严格限制,以及对法治国原则(Rechtsstaatsprinzip)的高度强调。

近年来,契合国际社会的大背景,我国的司法改革也开始朝着协商性司法的方向发展,认罪认罚从宽制度逐渐兴起。从最初的改革试点,到实践经验的总结,再到2019年被写入刑事诉讼法,认罪认罚从宽制度经历了一段跨越式的发展。深入改革本质,可以发现,纵使实践样态纷繁,却始终处在规范的控制之下。换言之,从改革历程来看,我国协商性司法机制遵循的是一种规范控制模式,与德国的规范控制路径如出一辙。但是,在引入认罪认罚从宽制度的同时,规范层面还是面临着诸多难题与挑战。例如,如何协调好传统诉讼价值与协商性司法间的关系;又如,如何将协商性司法嵌入现有的诉讼构造之中;再如,最为关键的问题是,如何处理规范与实践之间的关系……对于此类问题,规范层面未作根本回应,而是以制度缺陷为导向谨慎予以推进;理论界对此鲜有涉足,而更多从制度层面力主改革。而将视线转向德国,围绕已走过半个多世纪的"认罪协商",对其规范层面的控制已产生相对成熟的经验。对于层出不穷的实践乱象,规范与判例从诉讼价值与诉讼构造的角度双管齐下,有效地协调了与实践之间的关系。此种规范控制路径,不仅可以为我国当前的认罪认罚从宽制度提供发展范本、勾勒演进方向,也可以为理论提炼提供经验参照、创造可能空间。可以说,考察德国对于认罪协商的规范控制经验,对于我国的协商性司法改革进程而言,无疑大有裨益。基于此,本文尝试以德国经验为镜鉴,从诉讼构造、诉讼价值两个基本维度区分规范控制的两大路径,来揭示其对我国协商性司法发展的借鉴意义。

二、认罪协商的运行图景

作为德国刑事协商的典型代表,认罪协商(Verständigung)是指在诉讼多方共同参与下,对程序进程(Fortgang)与结果(Ergebnis)进行充分讨论的一种协商型机制。[1] 长久以来,认罪协商未被规范与判例所承认,而仅是实践中的一种通行做法。最早的认罪协商,产生于20世纪下半叶的司法实践,经由1982年一篇学术论文而引起广泛关注;[2] 其后,联邦宪法法院与最高法院分别在1987年、1997年与2005年作出判例,[3] 对认罪协商予以初步规制;而2009年其被写入《德国刑事诉讼法》,意味着认罪协商开始具有规范效力;近年来,两大法院持续作出判例,强化规制协商的合法性与合宪性。从实践中众所周知的"交易"(Deal),到判例谨慎规制的"协商"(Absprache),再到写入德国《刑事诉讼法》第257c条的认罪协商(Verständigung),[4] 其经历着一个漫长的制度变迁过程,被德国学界称为1879年刑事诉讼立法以来"最为剧烈的"(tiefgreifendsten)变动。[5]

(一)认罪协商的制度轮廓

不同于英美辩诉交易的一元结构,在德国刑事诉讼中,存在多种协商性司法机制。其中,有围绕程序停止(Einstellung)展开的协商,[6] 还有基于处罚令(Strafbefehl)产生的协商,[7] 此二者出现的时间相对较早。而作为协商的第三种机制,认罪协商在协商范围、协商方式、协商过程等内容上,均与前者相去甚远。德国《刑事诉讼法》关于认罪协商的内容,主要被规定在第257c条之中,其包含五款,分别涉及

---

[1] Jahn/Kudlich, in: Münchener Kommentar, StPO, 2016, § 257c Rn. 60.

[2] Vgl. Detlef. "Deal", Der strafprozessuale Vergleich, Strafverteidiger (1982), 545.

[3] Vgl. BVerfG NStZ 1987, 419. BGH NJW 1997, 86. BGH NJW 2005, 1440.

[4] Jahn/Kudlich, in: Münchener Kommentar, StPO, 2016, § 257c Rn. 4.

[5] Jahn/Kudlich, in: Münchener Kommentar, StPO, 2016, § 257c Rn. 1.

[6] § 153a StPO.

[7] § 407 ff. StPO.

认罪协商的适用、对象、正式程序、拘束力以及法官的职权关照义务。

本条第一款，一般被称为认罪协商的可容许性（Zulässigkeit），其在规范层面仅要求在"适当的情形"（geeignete Fälle）下。何为"适当"，立法语焉不详，一般交由法官自由裁量。然而，法官在实践中不可遽然进行协商，必须针对具体案件，在查阅案卷之后审慎作出判断。[8] 在司法实践中，认罪协商大多适用于大规模、证据复杂、争议较大的案件，例如白领犯罪、经济犯罪以及毒品犯罪等。因此，认罪协商的适用考虑更多的是事实情况的争议程度，而非刑事罪责的种类。[9]

第二款规定的是认罪协商的对象（Gegenstände），对协商标的作出明确限定。在实质真实主义的框架下，认罪协商的范围受到严格限制，只能针对实体上的量刑结果与程序上的诉讼行为，而绝不能涉及犯罪事实以及定罪与否。[10] 当然，认罪协商的关键还是在于被追诉人的自白（Geständnis），而应否作出自白往往涉及辩护策略与协商技巧。

第三款规定的是认罪协商的正式程序。认罪协商一般发生在证据调查之前，并且越早越好，如果证据调查已然结束，那么协商便已失去价值。在刑事程序中，无论是审前程序、中间程序抑或主审程序都存在相应的协商机制，但只有主审程序中的认罪协商才为规范所承认。[11] 在正式的认罪协商中，法官与辩护方是主要的参与主体，即形成颇具德国特色的"辩审协商"：法官是协商的发起人与绝对的主导者，其可以自由判断协商何时进行、如何进行等；[12] 检察官"退居二线"，只需发挥监督作用（Wächter-funktion）并表达是否认可的意见；[13] 被告人一般不直接参与协商，需要辩护律师的有效帮助。

第四款规定的是认罪协商的拘束力（Bindungswirkung）。量刑结果并非完全由协商确定，而必须依据规范与案件具体情况严格判断。[14] 对于辩护方而言，选择协商的关键不在于法官的职权作用，而在于量刑减让所带来的实际优惠。[15] 在辩审达成合意之后，案件仍然需要进入事实审查阶段，由法官对被告人的自愿性与事实基础进行判断。因此，若是忽视或出现新的法律或事实上的关键信息，甚至被告人采取的诉讼行为与先前承诺背离，都有可能造成认罪协商对法官的拘束力消除（En-

---

[8] Jahn/Kudlich, in: Münchener Kommentar, StPO, 2016, § 257c Rn. 81.

[9] Eschelbach, in: Beck'sche Online-Kommentare, StPO, 2019, § 257c Rn. 7.

[10] Moldenhauer/Wenske, in: Karlsruher Kommentar, StPO, 8. Aufl., 2019, § 257c Rn. 18c.

[11] BGH NStZ 2014, 601.

[12] Moldenhauer/Wenske, in: Karlsruher Kommentar, StPO, 8. Aufl., 2019, § 257c Rn. 12.

[13] Moldenhauer/Wenske, in: Karlsruher Kommentar, StPO, 8. Aufl., 2019, § 257c Rn. 5b.

[14] Eschelbach, in: Beck'sche Online-Kommentare, StPO, 2019, § 257c Rn. 12.

[15] Eschelbach, in: Beck'sche Online-Kommentare, StPO, 2019, § 257c Rn. 26.2.

tfallen der Bindung)。由于"拘束力消除"为法官所控制,在"平等保护"的基本理念下,必须强调对被告人权利的保障。因此,在协商达成之前,法官需要依据本条第五款的规定,告知被告人协商的拘束力及其可能消除的条件与后果。有效的职权关照(Belehrungs-pflicht)是保障被告人供述自愿性的重要前提,是法官平等保护的重要体现。违背这一义务,不仅认罪协商无效,也会成为上诉的绝对理由。

(二)认罪协商的实践样态

相对于制度层面的井井有条,实践中的运行样态却不容乐观,以致大部分规范限制形同具文。具体而言,实践中的认罪协商在实体与程序两方面,相继产生突破。

其一,对于协商内容的突破。为了缓解职权调查与认罪协商间的冲突,司法实践中往往全面接受合意因素,甚至将之运用于"事实协商"。在实践中,部分认罪协商发生在事实与证据评价中:通过协商,诉讼各方赋予自白过高的证明价值,放弃进一步的证据调查,甚至形式化地认定案件事实。[16] 另外,对于认罪协商所形成的判决,很少会面临上诉。这一方面是因为诉讼各方协商一致均认可结果,另一方面却在于实践中频现"放弃上诉权"。实际上,法官与检察官之所以选择认罪协商,一定程度上是因其能够快速结案,避免上诉风险。基于此,在协商过程中,控审双方时常会私下与被追诉人达成协议,促使其放弃上诉权。[17]

其二,作出确定的量刑承诺。在实践中,法官给出的量刑幅度只具有形式化意义,目的在于合乎规范中的实体限制。其中,量刑的上限仅具备象征性意义,与普通程序中的量刑相当,而下限只具有安抚功能,防止检察官提出反对意见。[18] 因此,实践中诉讼各方讨论的往往不是形式上的量刑幅度,而在于具体的量刑结果。对此,为促使被告人尽快作出自白,法官时常会采用"选择刑"(Alternativstrafe)的手段,即在量刑幅度内作出具体的量刑承诺,同时给出在普通程序中可能的量刑之预测。面对选择刑所直观体现的量刑差额,被告人往往难以招架,倾向于接受协商方案而放弃抵抗。这一情况在实践中并不鲜见,[19] 甚至会异化为"量刑剪刀差"

---

[16] Jahn/Kudlich, in: Münchener Kommentar, StPO, 2016, § 257c Rn. 113.

[17] 据调查,14.7%的受访法官"总是"要求。56.6%的受访法官"经常"要求"放弃上诉权";与之相对应,在检察官中分别为5.6%与64.8%,在辩护律师中分别为5.6%与76.1%。Vgl. BVerfGE 133, 168 (195).

[18] Roxin/Schünemann, Strafverfahrensrecht: Ein Studienbuch Taschenbuch, 29. Aufl., 2017, § 17, Rn. 22.

[19] 据调查,35.5%的受访法官坦言其经常采用选择刑,16%的受访法官在特殊情况下会进行适用。Vgl. BVerfGE 133, 168 (194).

(Sanktionsschere),[20]或是过度夸大在普通程序中罪刑的严重程度,或是过度降低协商后的量刑预期。[21] 由此一来,量刑裁量并非产生于事实查明后的法律评价,而是来源于诉讼各方的协商合意,甚至仅建立在侦控完成的案卷之上。

其三,口供审查流于形式。对口供进行严格、实质的审查,是认罪协商中程序正义最为重要的一个体现。然而,实践中的自白大多并非出于自愿,而是诉讼策略的产物,甚至是基于诉讼各方联合对被追诉人施加压力而产生的。在这一背景下,对自白的审查却流于形式,对此诉讼各方"心照不宣"而很少提出异议。在审查过程中,法官大多仅在庭外将自白与案卷进行比对,在庭上只是进行形式确认,基本不会传唤证人出庭或是作出进一步举证。而辩护律师夺走了被告人的话语权,在庭审中很少提出反对意见。更有甚者,律师在主审程序中对被告人极尽"安抚"之能事,促使其配合庭审中的形式化处理。[22]另外,在自白审查完成后,往往会赋予其较大的证明力。实践经验表明,法庭对于自白往往不经批判性检验,只依据极其"单薄"的供述作出判决。[23] 在缺乏全案证据调查的背景下,经由协商而产生的形式化自白畅通无阻地进入判决,背离基本的实质真实与最低限度的程序正义。

三、规范路径之一:诉讼价值的考量

认罪协商产生于实践、发展于实践,遵循着独特的实践逻辑,但在法和平性的创设与规范的合理适用上却有着显著的缺陷。一直以来,认罪协商制度都是司法判例所讨论的焦点,得到司法实践的广泛关注。自其 2009 年进入法典以来,尚不计州最高法院判例,仅围绕其产生的联邦宪法法院判例、联邦最高法院判例便已达百余个。若再计入协商的另外两种形式(程序停止与处罚令)的判例,真可谓汗牛充栋、难计其数。实际上,在现有三种协商机制中,认罪协商对传统刑事程序的冲击可谓最为强烈,其中所体现的价值矛盾也最为突出。因此,以认罪协商为切入点,可以更为直观地观察判例法针对认罪协商所作出的价值选择。

---

[20] 量刑剪刀差是指经由认罪协商产生的量刑结果与普通程序产生的量刑结果差别过大,一般需要超过 30%。Vgl. BVerfGE 133, 168 (195).

[21] 据调查,16.4%的受访法官和 30.9%的受访检察官承认,曾作出或认可过于轻缓的量刑;30.3%的辩护律师指出,曾面临过于严峻的量刑。Vgl. Altenhain/Dietmeier/May, Die Praxis der Absprachen im Strafverfahren, 2013, S. 111.

[22] König, Das Geständnis im postmodernen, konsensualen Strafprozess, NJW 2012, S. 1917.

[23] Altenhain/Dietmeier/May (Fn. 21), S. 89.

(一) 实质真实主义

现有司法判例虽然明确承认认罪协商的合宪性,但在将其引入刑事程序的过程中还是进行了大量的解释。判例明确指出,认罪协商并未创设任何新的合意性价值或原则,而是嵌入现有的刑事诉讼体系中,遵循已有的诉讼价值。但是如何将认罪协商与现有的诉讼价值进行协调,却是众说纷纭、见仁见智。因此,围绕实质真实主义,现有规范与判例从两个方面作出明确回应。

其一,罪责原则(Schuldprinzip)。

来源于宪法性要求的罪责原则,不能受到认罪协商的丝毫动摇。[24] 所谓罪责原则,是将罪责作为刑罚的前提,要求无罪责则无刑罚、刑罚与罪责相适应。[25] 基于这一原则的要求,诉讼各方不能将罪行的法律评价作为认罪协商中自由处分的对象。根据《德国刑事诉讼法》第257c条第2款第1句的规定,认罪协商的对象仅限于"法律效果",而明确禁止围绕定罪(Schuldspruch)的协商。换言之,认罪协商的内容不包含特定的罪责,而只能针对可供自由裁量的量刑。可见,德国认罪协商的内容十分狭窄,仅限于量刑与特定的诉讼行为,而不包含罪名、事实、指控与法律适用。那么,是否就量刑展开的协商也能如同辩诉交易一般,作出大幅度的量刑减让呢?虽然立法语焉不详,但判例明确强调:其一,严格禁止"量刑剪刀差"(Sanktionsschere),[26] 量刑结果必须与罪责情况相互适应,尤其是不能因为被告人自白而过于偏离相适应的刑罚;其二,关于"法律效果"的协商不能拓展至"量刑幅度调整"(Strafrahmenverschiebung),[27] 即不能将量刑幅度的调整作为协商的内容。就算针对特别严重或特别轻微的案件,此种特殊调整也必须由法官综合全案自由裁量,而不能成为诉讼各方自由处分的对象;[28] 第三,严格排除"一揽子协议"(Gesamtlösung)。[29] 在协商过程中,检察官的处分范围仅限于其系属的诉讼客体,而不能使协商效力过于延伸。当然,针对同一诉讼客体,检察官与法官均可以在其

---

[24] BVerfGE 123, 267 (413).

[25] Wessels/Beulke/Satzger, Strafrecht AT: Die Straftat und ihr Aufbau, 49. Aufl., 2019, S. 196.

[26] "量刑剪刀差"是指经由认罪协商产生的量刑结果与普通程序产生的量刑结果差别过大。Vgl. BVerfGE 133, 168 (175).

[27] "量刑幅度调整"是指,针对案情特别严重或是特别轻微的案件,法官拥有一定的量刑裁量权,可以比对常规案件的一般量刑幅度调整量刑幅度。

[28] BVerfGE 133, 168 (210).

[29] "一揽子协议"是指,为促使被告人认罪,检察官撤销其在其他诉讼程序中的指控,或对其他被告人撤销指控。Vgl. BVerfGE 133, 168 (194).

裁量范围内选择特别程序,适用程序停止或处罚令。[30] 也就是说,协商后的程序停止,只能运用于特定的正处于协商的案件。

除此之外,德国《刑事诉讼法》第 257c 条第 4 款所规定的"拘束力消除"情形,[31] 可谓体现罪责原则的典型代表。该条第一句是当出现新的法律上或事实上的关键情况时,第二句是当被告人采取的诉讼行为与法院预测的依据不一致时,现有判例指出,基于罪责原则,要消除协议对法官的拘束力,必须满足如下前提:法官形成内心确信的判决基础出现变化,以致先前的量刑幅度在行为与罪责上均不相匹配。对于第一种情形,罪责原则能够得到直接体现,无须赘言,关键在于第二点。现有判例指出,第一句所体现的罪责原则,同样适用于第二句所述的情形。换言之,第二句所涉及的法院预测虽是对诉讼行为的预测,但实际上是特指与量刑裁量密切相关的诉讼行为。只有在作出特定诉讼行为可能影响量刑结果的情况下,先前协议对法官的拘束力才会产生"松动"。而在法官先前预测落空的情况下,新的事实情况究竟能否适用原有的协商方案,关键在于法官围绕实体量刑所展开的判断。可见,此处的"拘束力消除",绝非是源于诚实信用原则对协议参与人的违约行为加以规制,而是基于罪责原则的考量,判断先前的罪责评价能否继续适用。若是先前承诺的量刑幅度与现有的实体法律评价不再协调,那么协商方案自然失去效力。[32] 如果新出现的法律、事实情况以及诉讼行为对量刑评价产生直接影响,那么根据罪责原则的要求,法院必须撤销已失去正当性的量刑方案。在认罪协商的框架下,实现实体刑法的要求始终不能为协商所任意支配,否则就会导致协商产生的判决失去实体法上的正当性。[33] 通过对前述两大重要内容进行解读,现有判例不断强调罪责原则的重要性:认罪协商仅是产生刑罚结果的手段之一,而刑罚结果必须受到罪责原则的控制。

其二,发现实质真实(Erforschung der materiellen Wahrheit)。

为了使认罪协商得以有效嵌入刑事诉讼系统,还需要充分理解德国《刑事诉讼法》第 257 条第 1 款第 2 句的规定,也即确保法官的职权调查义务不受影响(unberührt)。[34] 深究判例意涵,其明确要求,法官职权调查的范围与对象均不能

---

[30] Heger/Pest, Verständigungen im Strafverfahren nach dem Urteil des Bundesverfassungsgerichts, ZStW 2014, 446 (453).

[31] 拘束力消除(Entfallung der Bindung)是指当出现特定情况时,先前的认罪协商协议对法官失去拘束力。

[32] BGH NStZ-RR 2013, 184.

[33] BGH NJW 2012, 3114.

[34] 职权调查义务是指法院为了查明事实,应当依职权将证据调查延伸到所有对裁判具有意义的事实与证据上。Vgl. Roxin/Schünemann (Fn. 18), § 17, Rn. 3 ff.

受到诉讼各方的自由处分。换言之,法官作出的裁判绝不能仅仅建立在认罪协商的结果之上,而必须以法官为主导进行有效的证据调查,以充分举证、事实调查后形成的内心确信为依据。〔35〕而对于实践中频频出现的"事实协商",判例给出明确的否定评价,将其视为对实质真实主义的公然违背。为何在协商一致后还对事实查明有如此之高的要求,其关键在于认罪协商的前提——被告人的自白。自白是认罪协商的关键,具有极大的证明价值,却无不潜藏着虚假的风险,尤其是在面对司法人员的威逼引诱情况下。因此,在被告人作出供述之后,法官的职权调查义务不受影响,仍旧需要进行必要的举证、充分的质证与有效的审查。诉讼各方虽然可以通过协商自愿放弃进一步的举证,但职权调查义务下法院必要的、最低限度的证据调查是不可放弃的,〔36〕二者本质上属于不同的内容。换言之,通过认罪协商获得的自白并不具有特别的、更大的证明力,而必须与其他证据一道接受法官的审查。

发现实质真实的诉讼价值,应体现在认罪协商中的方方面面。根据德国《刑事诉讼法》第257c条第4款第1句,如果协商之后出现新的法律或事实上的关键情况,且可能导致原先的量刑幅度、行为或者罪责不相匹配的,则法庭不受该协议约束。法庭尽管事先已与诉讼各方达成认罪协商协议,但若存在新的事实、证据情况,也应当如同正式程序一样径行查明。除此之外,职权调查义务还体现在第257c条第1款第1句关于认罪协商适用的"适当情形"上。所谓适当情形,并非自由裁量、漫无边际,而是需要设定适当的限制性标准。在未对公诉内容进行事实上的详尽审查前,法官不能贸然开启认罪协商。此种事前的实质审查,即体现着对法官发现实质真实的要求。〔37〕由于发现实质真实贯穿协商始终,对被告人作出的自白便没有针对其"质量"的额外要求。换言之,在认罪协商的情形下,被告人可以作出毫无实质内容的形式自白(Formalgeständnis),对事实问题缄口不言;也可以作出简单自白(schlichte Erklärung),对控方指控内容毫无异议。由于实质真实的发现不受影响,自白被视为普通证据,对其内容的过分要求自然多此一举,而对该自白的审查全在于法官结合个案的自由心证。〔38〕当然,自白也不能被视如无物,其确实能够减轻职权调查的强度。但此种程度上的减轻,必须建立在全案事实已然清楚的基础之上。为了弥补调查强度的不足,建立在认罪协商基础上的自白必须接受关于其正确性(Richtigkeit)的强制审查。这一审查不仅需要通过主审程序中的举证得以实现,还需要结合认罪协商是否公开透明、是否严格遵守程序限制等条件加以判断。不过,

---

〔35〕 BGH NStZ 2016, 489.

〔36〕 BVerfGE 133, 168 (206).

〔37〕 BVerfGE 133, 168 (207).

〔38〕 BVerfGE 133, 168 (208).

此处的自白审查绝不能与普通程序中的自白审查相提并论,前者在强度上弱于后者。[39] 但是,判例明确强调,自由心证仍是自白审查中的基本要求,因此,绝不能仅仅通过将自白与案卷内容进行对比以完成审查。若允许书面审查,那么无异于放弃对实质真实价值的追求。[40]

(二) 最低限度的程序正义

虽然现行规范承认了认罪协商的合法性,但是必须设置充分的保障措施(Vorkehrungen),以确保宪法性需求能够得到满足。保障措施所规制的并非认罪协商的结果,而是其过程,体现的是最低限度的程序正义。[41] 认罪协商程序中危机四伏:更为简化的程序给诉讼各方提供了尽快解决案件的驱动力;更为轻缓的量刑使被告人可能作出虚假供述;甚至,法官、检察官与辩护律师还会形成利益共同体,对被告人产生不利。认罪协商中所设定的保障措施,恰恰是为了应对现有的诉讼风险,使其能够在法治的轨道下顺利运行。[42] 因此,可以说,程序控制是认罪协商合宪性之关键,具体而言,其主要体现在如下几个方面。

其一,程序公开之要求。程序的公开性,要求不仅适用于普通程序,也同样适用于认罪协商程序。判例要求,认罪协商应在公开程序的"聚光灯"下进行。将协商有关事项进行必要的透明化与公开化处理,有助于给公众、检察官与上诉法院提供必要信息、进行有效控制,防止"暗箱操作",是最低限度程序正义的核心要求。[43] 认罪协商的公开主要通过两种形式进行,一为充分的通知义务(Mitteilungspflicht),规定在《刑事诉讼法》第243条第4款,即由法官告知先前是否进行过程序商讨、是否有达成协商的可能以及协商的全部过程与主要内容;二为全面的书面记录(Protokollierungspflicht),规定在《刑事诉讼法》第273条第1a款,即记录协商的重要过程、主要内容与结果。这两项义务不仅适用于认罪协商本身,还适用于事先的、准备性的"预协商"(Vorgespräche)。对于未经记录的认罪协商,将一律被宣告无效、视作未发生,由此取得的口供被禁止使用。而不论违背的是记录义务还是告知义务,都有可能构成绝对的上诉理由。[44]

其二,供述自愿性之保障。公正审判来源于《基本法》,其要求被追诉人必须自主决定,包括是否放弃不得强迫自证其罪的保护、是否放弃其沉默权、是否参与认罪

---

[39] BGH NStZ 2014, 171.
[40] BVerfGE 133, 168 (208).
[41] Vgl. BGHSt 43, 195 (205 f.).
[42] BVerfGE 133, 168 (225).
[43] BVerfG NStZ 2015, 170.
[44] BGHSt 58, 310 (313).

协商等。在任何阶段,刑事程序都必须充分保障被追诉人的自愿性,在认罪协商中则体现为司法机关的指示义务、实质审查与必要的律师帮助。德国刑事程序中具有诸多关于指示义务(Belehrungspflicht)的规定,[45]其要求司法机关充分告知被追诉人其权利义务、程序进程以及可能的不利后果。认罪协商中同样包含指示义务,即就认罪协商方案的拘束力范围及其结果等内容对被告人进行指示。只有在满足指示义务的情况下,方可有效控制可能出现的威胁与引诱情境,保障被追诉人作出自主的程序选择与自白。违背这一义务,将可能导致严格的证据使用禁止(Verwertungsverbot),[46]构成绝对的上诉理由。[47]第二,针对口供,法官需要进行实质审查,仅通过案卷的形式比对被视为违法。通过额外举证、直接言词等方式,自白的事实基础、正确性与自愿性需要接受严格审查。[48]在判例的规制下,实践中对自愿性的审查需要形成明确的判决理由,写入判决书,成为上诉法院审查的依据。第三,程序中的自主性在于规范的建构,也就是说,通过合理的程序建构能尽可能保障被告人的自愿性。[49]必要的律师帮助,不仅是程序建构的重要环节,也是程序正义的必备要素。目前来看,已有判例对刑事协商中的律师帮助提出要求,甚至有部分州的判例已规定有强制律师辩护制度。[50]

其三,协商之必要限制。司法判例明确禁止非正式协商、上诉放弃、"一揽子协议"等一系列"法外协商"。尤其是对实践中出现的"上诉放弃",判例通过具体案件的判决指出,其不啻对法治国原则的公然违背、对被告人权利的直接侵犯。不透明、不受限制的"交易"、协议或是"君子约定",可能危及罪责原则、发现实质真实以及法治国框架下的正当程序原则。实际上,正如判例所言,非正式协商虽然可能查明案件事实、得到适当的刑罚结果,但与基本的程序正义相背离。由于无法受到程序的有效规制,非正式协商为判例所明确禁止。上诉权是被追诉人的基本权益,也是对认罪协商加以有效制约的手段。现有判例明确禁止通过协商使被追诉人放弃上诉权、赋予被告人撤销权,保障被告人拥有充分的自主性。另外,在实践中,为了促使被追诉人作出自白,检察官可能会提出"一揽子协议"(Gesamtlösung),[51]即通过协

---

[45] Vgl. § 163a Abs. 4 Satz 2 StPO(调查程序中的指示); § 243 Abs. 5 Satz 1 StPO(主审程序中的指示)。

[46] Vgl. OLG München StV 2014, 79f.; OLG Rostock NStZ-RR 2013, 352.

[47] Vgl. BVerfG NStZ-RR 2013, 316; BGH NStZ 2013, 729.

[48] BGH NStZ 2014, 170f.

[49] Kyriakos N. Kotsoglou, Über die "Verständigung" im Strafverfahren als Aussageerpressung, ZIS 2015, S. 193.

[50] Vgl. OLG Naumburg NStZ 2014, 117; OLG Bamberg NStZ 2015, 184.

[51] "一揽子协议"是指,为促使被告人认罪,检察官撤销其在其他诉讼程序中的指控,或对其他被告人撤销指控。Vgl. BVerfGE 133, 168 (194).

商撤销对其的其他有关指控。然而,认罪协商从本质上是一种"案件查明程序"(Erkenntnisverfahren),必须在法官的职权下对指控进行审查。检察官所作出的"一揽子协议"承诺,不仅超出自己的职权范围,也侵犯了本属于法官的职权,因而违背基本的程序正义要求。[52]

四、规范路径之二:诉讼构造的限定

作为刑事诉讼的重要理论之一,诉讼构造是指诉讼参与主体的法律地位与相互间的法律关系。[53] 在英美法系中,辩诉交易由控辩双方驱动,其中所体现的合意因素与当事人主义有效契合。而在大陆法系中,职权主义下的传统诉讼构造以法官职权为关键,控辩双方仅被视为辅助角色。在这一背景下,刑事协商所代表的合意要素与司法判例所坚守的规范结构便产生直接抵触。在刑事协商中,程序停止与处罚令作为合意因素的体现,已为人们所广泛接受。而针对认罪协商,围绕程序构造所展开的讨论却始终是无法回避的问题。相对于司法实践中的表现形式,司法判例依旧秉持对传统诉讼构造的坚守,强化协商的规范要求,并从加强控方制约的角度稳步推进。具体而言,诉讼构造对认罪协商的限制,主要从如下三点展开。

(一)坚守传统职权主义

现有判例明确强调,认罪协商与现有的职权主义相契合,而并未创设任何新的合意型诉讼构造。但不可否认的是,目前程序中的合意因素正处于不断扩张的趋势。对此,司法判例在认可其存在的同时,又对其加以谨慎的解释与规制。考察其规制路径,主要从如下两个角度作出回应。其一,现有的合意型处理机制与认罪协商如何兼容?程序停止与处罚令,作为德国协商性司法的缘起,是合意型处理机制的典型体现。若是无法有效处理好此二者与认罪协商的关系,无异于使认罪协商与之相混同。因此,司法判例指出,现有的合意型处理机制与认罪协商具有本质上的不同,前者只能作为后者的"驱动力"(Einstiegsdroge)。[54] 诉讼各方就这一裁量性决定所进行的商谈,一方面可以用于程序停止或处罚令,另一方面也可在有罪的情况下为刑罚裁量提供助力。换言之,审前基于程序停止、处罚令而展开的协商,可以为认罪协商提供基础;审判阶段就认罪协商展开的商谈,也可以程序停止或处罚令而告终。由此看来,程序停止中的合意因素,实际上可以与认罪协商进行有效的契合。但不论如何结合,认罪协商始终是在传统职权主义的框架下进行的。现有判例

---

[52] BVerfGE 133, 168 (214).
[53] 陈瑞华:《刑事诉讼的前沿问题》,中国人民大学出版社,2016年版,第249页。
[54] Heger/Pest (Fn. 30), S. 449.

还进一步指出,目前对认罪协商的限缩适用可能会适得其反:[55]在诉讼经济的驱动下,程序停止与处罚令可能会大幅扩张适用。若是对其放任自流,职权主义的基本根基将会大大"动摇"。其二,程序中大量的商谈程序与职权主义如何兼容? 在法院与诉讼各方之间,会就实体与法律问题进行大量程序性的商谈。现有判例并未否认其合法性,而是认为,商谈性的程序机制可以作为一种程序促进机制,并服务于正当程序结果的需要。[56] 在普通程序中创设大量的商谈性机制,实际上是程序改革的"第三次浪潮"(dritte Spur)。[57] 但是,需要指出的是,基于对法院公开言论的信任,真正意义上的"没有拘束力"的商谈是不存在的。在合意型程序与规范禁止的领域之间只有极为狭窄的中间地带,因此需要谨慎规制法院在商谈机制中所发挥的作用。从这两点可以发现,现有判例在合意因素与职权主义之间划定了严格的红线,前者的全面适用几乎没有可能。同时,从现实的角度来看,国家与被追诉人之间的地位落差巨大,真正意义上的合意无异于天方夜谭。因此,在认罪协商中的合意是形式上的合意,而传统的职权主义始终是制度的主旋律。

实际上,从反面来看,对合意型构造的过分接受,也确实无法解决目前存在的问题。从实体的角度来看,案件的最终结局,不可能经由合意而获得其合法性;从程序的角度来看,认罪协商在程序中并未显著体现合意因素。换言之,所谓合意型诉讼构造,也只不过是"看起来很美",但恰如海市蜃楼,难以真正"落地"。不仅如此,真正的合意型诉讼构造,在轻微案件中尚且可以适用,但在复杂案件中,无异于误入歧途。从规范层面来看,经由协商解决的复杂案件,同样需要进行充分的证据调查与量刑裁量,唯一的合意仅体现于口供。但就算是口供,其可能基于策略,可能受制于压迫,只具备形式上的而非实质上的合意。基于这一口供产生方式,判例历来持谨慎态度,对法官自由心证、内心确信的程度开始施以更多的限制,从而有效规制口供审查的实践。由此看来,合意型程序与认罪协商貌合神离,二者难以全面协调。

可见,对于合意因素在职权主义中的嵌入,相对现实的做法还是在规范的控制下渐进性发展,即在职权主义中不断融入合意因素,进行充分的程序协调,并通过外在的程序限制确保其正当性。当然,正如诉讼价值中的合意性价值,诉讼构造中的合意因素发挥的同样是补充与辅助作用。[58] 对于事实调查与量刑裁断,职权主义依旧不容撼动,而对于通过自白获得相应的程序简化与量刑折扣,则经由协商合意获得其正当性。总体来看,协商程序构造只是目前职权主义中的一种表现形态,其

---

[55] Meyer, Die faktische Kraft des Normativen: Das BVerfG und die Verständigung im Strafverfahren, NJW 2013, 1852f.

[56] BVerfGE 133, 168 (227).

[57] Bittmann, Die kommunikative Hauptverhandlung im Strafprozess, NJW 2013, 3019.

[58] Miriam Prelle, Opportunität und Konsens, KritV 2011, S. 361.

是否能开辟独立的空间,仍有待做进一步的制度上的观察。

(二) 突出控方制约功能

在职权主义的大背景下,法官作为认罪协商的一方,天然会受到不中立的质疑,加之职权调查范围的缩小、调查强度的降低,在缺乏正式程序严格规制的情况下,职权必然倾向于扩张。根据实证研究的结果,被追诉人一旦准备参与认罪协商,就会令诉讼各方产生一种结构性偏见(strukturell voreingenommen),以致过度评价对其不利的证据。[59] 而基于法官的职权作用与现有的程序设计,此种偏见将会被无限放大。在中间程序中,法官可以提前审查全案证据,并确定是否开启主审程序。在普通程序中,阅卷产生的偏见可以通过法庭上的直接的、言词的审查予以缓解;但在认罪协商中,受到侦控案卷影响的法官早已形成基本的内心确信,会主动寻求与被追诉人尽快尽早地商谈。在整个审前阶段,法官是认罪协商的发起者,在其自身利益的驱使下无疑会心生偏见。而在审判阶段,在已经过诸多准备性商谈的基础上,全面调查已流于形式,直接言词更是形同虚设。[60] 正是在这样一种环境下,现有规范与司法判例充分强调检察官须起到制约作用,从而在现有诉讼构造中发挥有效的平衡作用,防止认罪协商沦为单方面"镇压的仪式"(Unterwerfungsritual)。[61]

在认罪协商中,检察官作为控方的作用主要体现于两个方面:其一,在审前阶段主导程序停止与处罚令程序,发挥程序过滤的功效;其二,参与认罪协商,起到制约监督的作用。对于前者,检察官的过滤作用可以将大部分案件阻隔于主审阶段之外,对于保证认罪协商合理、针对性地运行举足轻重。因此,司法判例强调,在审前阶段,检察官就应当对案件进行严格审查与判断,确定最为适当的协商性处理机制。而对于后者,由于认罪协商主要发生于辩审之间,双方地位能力悬殊,极有可能产生法官不中立而使被告人权利遭受侵犯的局面。基于检察官同意的必要性,现有判例强调检察官需要发挥积极的作用,以对认罪协商产生有效控制。对于检察官而言,必须致力于保证认罪协商在程序与结果上的合法性:基于其客观义务,其必须确保程序运行合于法律;而作为公诉之代表,其必须保证实体法得以有效实现。但是,检察官的参与不在于协商本身,而在于监督作用,即确保协商的合法性。根据现有规范,作为法律的"守卫者"(Wächter des Gesetzes),检察官必须拒绝一切可能与认罪协商有关的违法行为,例如违背指示义务与通知义务、协商放弃上诉权等。对此,检察官不仅需要拒绝违法的认罪协商,还要通过上诉机制推翻建立在其基础上的

---

[59] Roxin/Schünemann (Fn. 18), § 17, Rn. 29.

[60] Osman Isfen, Die Befangenheit des dealenden Richters, ZStW 2013, 327ff.

[61] Eschelbach, in: Beck'sche Online-Kommentare StPO, 2019, § 257c Rn. 17.

判决。[62]

当然,在现有判例宏观的指引之下,也存在对检察官职能的具体化要求。首先,检察机关被严格禁止参与非正式协商,并需要区分不同种类:对于仅涉及程序进展的商谈,检察官必须全程参与,对案件进行充分筛查,在过程中予以把控;而对于围绕认罪协商展开的商谈,检察官必须严格监督,重点从通知义务、指示义务与记录义务出发考察其形式要件。其次,在同意认罪协商之前,检察机关必须严格检验其是否符合法律规定,重点从非正式协商、协商内容等角度切入。尤其对于实践中存在的违法协商内容,如"事实协商""上诉放弃"等,检察官应按照客观义务,直接否认违法协商内容。再次,针对被告人口供,检察官也需要严格加以审查,重点考察其自愿性与真实性,而不能仅通过简单的案卷比对即完成检验。检察官在口供上的制约作用主要体现于两点:一是在审前的商谈过程中,检察官就需要预防被追诉人受到胁迫的情形;二是在审判的正式协商中,检察官需要发挥监督作用。总体而言,从诉讼构造的角度来看,控方的有效制约为认罪协商原有的二元结构引入新的视角:在辩审之间单向的权力(利)交涉中,控方的充分介入形成一种协商的"弱三角"结构,从而可以弥补职权主义下的制度弊端。

(三)强化协商规范要求

在认罪协商中,合意只是制度之理想,潜在的压服与强制才是制度常态。理想的商谈情境(Sprechsituation)不可能在刑事诉讼中出现,[63]而认罪协商的主旋律仅在于辩审之间力量悬殊的互动。对于被追诉人,法官拥有多种协商策略:可以给出"选择性"量刑方案,以体现协商与否的量刑差异;可以迟迟不安排法庭审理,以"进一步的案件调查"来施压。在法官不可避免的结构性压力下,或是迫于量刑的威胁,或是难料程序的进展,被告人时常会被迫作出口供。[64]法官提出量刑方案与协商建议,也并非意在征求被告人的意见,且促使其理解并作出认可。换言之,在法官独白式、职权性的协商控制下,潜在的压服与强制盛行。可见,在实践中,传统职权主义的诉讼构造进一步失衡,在检察官作用难显的情况下,诉权几乎难以有效制约裁判权。

虽然规范层面意在强化职权主义的关键作用,却无法囊括实践中运行广泛的协商样态。实践中的协商,由于表现形式多元、缺少严格的程序限制,往往会与现有的

---

[62] BVerfGE 133, 168 (219).

[63] Mattlias Jahn, Zurück in die Zukunft-Die Diskurstheorie des Rechts als Paradigma des neuen konsensualen Strafverfahrens, GA 2004, S. 280f.

[64] Maike Frommann, Die strukturelle Parteilichkeit des Strafrichters unter besonderer Berücksichtigung des Verständigungsverfahrens, Diss. Universität Bremen 2015, S. 189 f.

程序构造相背离,并表现为一种"非正式协商"(informelle Absprachen)。非正式协商,多发生于涉及复杂证据与法律问题的案件中,并与认罪协商的适用范围相重合。相对于认罪协商中严格的程序规制,私人间的信赖关系是认罪协商得以运行的主要动因。诉讼各方越信赖彼此、共同处理过的案件越多,就越倾向于采取合作而非对抗姿态,使得非正式协商的运行愈发顺利。[65]但是,此种协商形式封闭化、秘密化,不仅使程序进程受到诉讼各方的随意处分,还会僭越本应属于法院的实体裁量空间。[66]因此,现有判例严格禁止法律之外的非正式协商,并强调严格遵守协商的规范要求。

规范与判例层面对诉讼构造的限制,主要是从法官的职权地位入手,其要求在于强化法官的职权介入,通过程序公开与过程透明的方式,将正式协商限制在职权主义的框架内,将非正式协商"拉回"到合法领域。法官主导着认罪协商的程序构造,缺少其参与,认罪协商便可能落入非正式协商的范畴。对于缺乏法官参与的认罪协商,现有规范一概不予承认,将其视为"未曾发生"。而法官的参与并非仅在于推进程序与作出量刑方案,而涉及多种程序性要求,如通知义务、关照义务与记录义务的遵循。程序性要求的存在,实际上是将法官职权控制在相对中立的地位,防止其职权过于扩张而"打破"诉讼构造的平衡。可以说,只有在中立法官的有效参与下,多种形式的认罪协商实践方可脱离非正式协商,被纳入规范的轨道:诉讼各方才能获知关于协商进程、协商内容、结果的信息;被告人可以获得协商风险、权利义务上的指导;协商内容、结果需要被记录在案,并成为上诉的依据。基于对法官职权的强调,协商才不会"沦为"诉讼各方合意的对象,而成为职权主义下的规范产物。[67]由此可见,法官在协商中的职权作用绝非仅限于"独白式"的量刑裁量,而是体现于对诉讼各方尤其是被告人的职权关照以及对最低限度程序正义的坚持。

五、认罪协商对中国的借鉴意义

随着新一轮司法体制改革的启动,我国刑事诉讼开始探索认罪认罚从宽制度的改革。而2018年新刑事诉讼法的出台,意味着这一改革被正式写入立法。作为刑事司法改革的重要维度,认罪认罚从宽制度的引入,不仅仅代表着刑事程序的简易化

---

[65] Regina E. Rauxloh, Formalization of Plea Bargaining in Germany: Will the New Legislation Be Able to Square the Circle?, 34 Fordham International Law Journal 296, 307 (2011).

[66] BVerfG NStZ 2016, 422.

[67] Vgl. Schneider, Überblick über die höchstrichterliche Rechtsprechung zur Verfahrensverständigung, NStZ 2014, 259ff.

处理,更为关键的还在于确立中国式的刑事协商机制。[68] 基于协商因素的引入,中国式协商,与英美法系的辩诉交易、大陆法系的认罪协商一道,产生制度比较与相互借鉴的空间。相对而言,由于我国刑事司法普遍接受实质真实的价值追求,承袭职权主义的构造传统,德国的认罪协商更具有借鉴与启发意义。而且,从实践情况来看,认罪认罚从宽制度与认罪协商,在运行过程中面临着共通的制度困境。因此,考察认罪协商制度对我国的借鉴意义,具有重要的理论与实践价值。

(一)加强法官的司法控制

与辩诉交易相比,德国认罪协商的最大特点在于法官主导,也即法官控制着协商的全过程,与辩方积极进行商谈,提出量刑方案。德国认罪协商的法官控制,根源于其独有的、发现实质真实的诉讼价值,并与其职权主义诉讼构造相契合,具有制度发展的必然性。然而,由法官主导认罪协商可能出现诸多弊端,阻碍制度的顺利运行。正如前文就德国实践展开的分析,法官主导协商会产生诉讼构造失衡的风险:一旦参与协商,法官受其自身利益驱使,可能令公众产生不中立的印象;在协商过程中,法官权威会对被告人产生潜在的压服与强制,难以平等对话;而在协商之后,不论成功与否,法官都会受到先前商谈的影响而无法公正审判。但是,从另一方面来看,法官主导认罪协商相较于控辩协商,同样存在诸多制度性优势。其一,可以强化实质真实的要求。控辩协商最大的制度弊端在于事实查明的形式化趋向,也即自由处分各自的诉讼权利而罔顾真相之发现。法官对认罪协商的介入可以有效缓解这一问题:基于职权调查的职责,法官在协商中将实质真实作为重要标准,可以防止诉讼各方任意曲解案件事实,酿成错案;同时,在协商达成之后,法官也可以基于其先前的参与而对自白、全案证据进行更为严格、实质的审查。其二,可以确保程序的公开性与透明性。控辩协商的秘密性、非正式性,因可能引发暗箱操作、违心认罪等情况,而饱受对其正当性的质疑。法官的有效介入,正如前文程序限制所述,可以有效缓解这一问题:协商由双方变为多方,协商全过程记录在案,重要内容及时通报。可以说,由法官主导协商,足以形成基本的三方诉讼构造,有助于程序的公开与透明,符合最低限度程序正义的要求。其三,使程序进展与结果更具有确定性。以往控辩协商多为私下秘密进行,没有基本的程序保障机制,产生的结果也需要经受后置的审查,具有极大的不确定性。而法官作为司法裁判权主体,在量刑裁量上拥有较大的自主权,能够使产生的量刑方案更具有权威性。在与法官进行协商后,由于具备

---

[68] 陈瑞华:《刑事诉讼的公力合作模式——量刑协商制度在中国的兴起》,载《法学论坛》2019年第4期,第5页。

充分的程序保障机制,被追诉人可以对程序进展与结果产生充分的确定感。[69]

与辩诉交易相同,法官主导的认罪协商也兼具优劣势,形成协商的另一种制度思路。实际上,协商作为刑事程序发展的共通方向,并非仅以控辩协商为制度之圭臬。近年来,在认识到辩诉交易的诸多弊端后,美国部分州也开始借鉴德国经验,提倡法官的主动介入,采用辩审协商的方式。虽介入形式与程度有所差异,但至少法官从协商的"幕后"走向"台前"。[70] 而在英国,在辩诉交易运作的背景下,由法官诱导的被告人认罪答辩却成为实践中的惯常做法。[71] 可见,辩审协商与法官主动介入,基于其独特的制度优势,具有十分广阔的适用空间。

将视线拉回我国,针对我国现有的协商机制,采用的还是控辩协商,而基本排除了法官参与协商过程的可能。在协商机制中,法官主要发挥程序性裁判的功能,也即审查被告人认罪认罚的自愿性与合法性问题。[72] 然而,在实践中,对于被告人认罪认罚的案件,法官大多只是形式上询问被告人自愿性的问题,而极少对其单独作出裁判;而针对刑事速裁程序,只要被告人不提出异议,法官在极为简短的庭审过程中,基本不会对这一问题作出任何审查。由此,对于控辩协商的后置审查,基本上流于形式。另一方面,面对控方裁量权的扩大,法官原本的职权萎缩,难以适应权力流失下的制度安排。在实践中,甚至有法官坦言,其为检察官"绑架",虽不认同检察官的量刑建议但也只能无奈接受。[73] 甚至在近年来的改革中,检察官的"精准量刑"受到高度强调,也即由检察官在被追诉人认罪认罚之后给出确定刑量刑建议,[74] 这实际上与认罪协商中出现的"确定量刑承诺"并无二致。基于此,实有必要弱化现有的控辩协商,加强法官的司法控制,达到控、审之间的合理平衡。

目前来看,要加强法官的司法控制,当务之急在于强化审查的力度,走向实质审查。对此,需要充分借鉴德国关于自白审查的三层次经验。首先对于被告人同意适用认罪认罚的意见,法官需要在庭审阶段进行直接的、言词的审查,同时结合案卷,必要时甚至可以传唤侦查人员出庭。而对于自白的事实基础,不能仅止于比对案卷

---

[69] Jenia Iontcheva Turner, Judicial Participation in Plea Negotiations: A Comparative View, 54 The American Journal of Comparative Law 199, 223 - 232 (2006).

[70] Jenia Iontcheva Turner, Judicial Participation in Plea Negotiations: A Comparative View, 54 The American Journal of Comparative Law 199(2006), at 267.

[71] [英]麦高伟:《英国的刑事法官——正当性、法院与国家诱导的认罪答辩》,付欣,译,商务印书馆 2018 年版,第 142 页。

[72] 陈瑞华:《认罪认罚从宽制度的若干争议问题》,载《中国法学》2017 年第 1 期,第 35 页。

[73] 卢乐云、曾亚:《认罪协商机制中的法官职权——基于 C 市认罪认罚从宽制度试点实践的考察》,载《广东社会科学》2018 年第 6 期,第 85 页。

[74] 参见《最高人民法院、最高人民检察院、公安部、国家安全部、司法部关于适用认罪认罚从宽制度的指导意见》,高检发[2019]13 号,2019 年 10 月 11 日发布,第 33 条。

的审查,还需要结合进一步的举证加以判断。自白审查通过后,法官不能直接定案,还必须综合全案证据加以审查判断。其次,在强化司法控制的第二阶段,法官应主动介入审前协商。在审前阶段,有必要创设专门的协商机制,并为法官提供相应的参与空间。在审前协商中,法官可以有效发挥监督作用,并适时参与讨论强化协商的效果;在审判阶段,法官可以在庭前会议中通报审前协商的具体情况,同时充分听取诉讼各方的意见,为庭审做准备。最后,在第三阶段,现有的控辩协商须走向法官主导下的辩审协商。具体而言,在审前阶段,法官可以通过多种程序商讨机制,与诉讼各方尤其是辩护方展开讨论。此种审前协商,须充分满足透明性、公开性的要求,进行全面记录与充分的告知。在庭前会议阶段,法官可以与诉讼各方进行预备性协商,提前确定协商的具体方案。而正式的辩审协商在于审判阶段,法官须当庭与被告人共同确认协商方案,并在进一步审查判断的基础上,形成判决结果。

(二) 削弱检察官的主导地位

经过多年的改革试点,我国认罪认罚从宽制度已在实践中初步定型,形成具体的框架,并被立法所承认。认罪认罚从宽制度是多种程序简化机制的统称,但不论适用何种机制,量刑协商始终是其中的必要组成部分。对于量刑协商,其在规范层面主要体现为一种检察官主导下的商谈机制。在审前阶段,一旦被追诉人选择适用认罪认罚,检察官都会在审查起阶段主持进行量刑协商;而在审判阶段,检察官也要与被告人进行充分协商,并提交更改后的量刑方案。在量刑协商中,检察官具备主导地位,其主要体现于对协商过程的控制以及对协商结果的控制。对于协商过程,量刑协商一般由检察官发起,侦查机关与辩护方只能发挥建议开启协商的作用。协商开启后,协商主体仅为检察官与被追诉人,二者具有权力(利)上天然的不对等性。加之实践中值班律师的介入形同虚设,所谓量刑协商基本上成为检察官的"一言堂"。而对于协商结果,检察官既可以通过起诉裁量权对案件进行不起诉处理,也可以基于量刑建议权作出相应的量刑建议。由于法官的审查流于形式,检察官的量刑建议便直接决定判决结果,甚至出现判决因有违量刑建议而被上级法院改判的情形。可见,在量刑协商中,检察官居于主导地位,对协商结果与程序均发挥实质影响。然而,这样一种控方主导的控辩协商,已然弊病丛生:第一,检察官不具备司法裁判权,作出的量刑承诺不具有终局效力,使得量刑协商不具有确定性;第二,通过主导量刑协商,检察官往往利用信息的不对称将尚未达到定罪标准的案件纳入协商机制;第三,在目前值班律师作用难显的背景下,检察官主导无异于片面强制被追诉人,平等与自愿更是无从谈起。[75]

对于如何解决现有制度困境,德国协商经验发挥镜鉴作用:作为公诉机关,检察

---

[75] 同前注68,陈瑞华文,第14页。

官在刑事协商中所发挥的作用仅限于特定的起诉裁量，而绝不能侵蚀法官应有的司法裁判权。因此，对于我国现有的控辩协商机制，必须削弱检察官的主导地位，构建与被告人平等协商的基本环境。对此，在协商程序上，应当创设控辩双方平等的启动权，使得被追诉人也能主动提起量刑协商；在协商过程中，被追诉人应当获得辩护律师充分的法律帮助，有效参与协商程序。在协商结果上，检察官所起到的主导作用仅限于不起诉等起诉裁量权范围内的问题，而不能涉及需要由法官作出裁断的事项。换言之，检察官不能提出确定刑期的量刑建议，而只能作出量刑幅度的承诺。对被追诉人最终判处何种刑罚，应当是法官综合全案加以裁量的结果。而对于控辩协商得到的量刑方案，法官应当加强司法干预，发挥平等保护的司法职能。

（三）强化最低限度的程序正义

认罪协商在德国的引入，是对职权主义的最大挑战，但其并未造成诉讼价值与诉讼构造的合意化。在承认合意因素的同时，德国刑事诉讼对认罪协商进行严格规制，强化最低限度程序正义的要求。正如前文所述，认罪协商要在德国运行良好，需要满足如下条件：第一，充分保证程序的公开性与透明性，使协商程序受到外界的监督与控制，使协商结果可以获得应有的救济；第二，对口供进行实质审查，保证被告人具有充分自愿性，防止协商成为程序强制的"借口"；第三，强调协商的对等性即通过法官的实质介入与控制，协助被追诉人参与协商。程序正义的三大方面，体现于诸多制度，从而保证认罪协商在德国刑事诉讼中的有效嵌入。而针对我国的协商性司法——认罪认罚从宽制度，目前而言从制度上仍旧较为粗疏，难以满足最低限度的程序正义要求。尤其是，德国实践中存在的口供审查流于形式的问题，在我国认罪认罚从宽制度实践中同样大行其道。认罪认罚从宽制度改革以来，庭审过程被大幅缩减，仅具有形式而无实质，被戏称为"合法的流于形式"。在这一情况下，法官的审查功能愈发受限，作用几近于无，沦为"橡皮图章"。可见，虽然法域阻隔，但在制度困境上存在共通的规律。因此，以德国经验为镜鉴，我国协商性司法也需要从如下三个方面着手。

其一，强化程序的公开性、透明性。认罪协商需要采用公开、透明的方式进行，否则便可能沦为"私下交易"。可以说，公开性、透明性是德国认罪协商满足程序正义的关键，也是对其加以控制的有效机制。针对我国的认罪认罚从宽制度，协商发生于控辩之间，处在审查起诉阶段，较为隐秘与封闭。对此，不仅法官无法介入，甚至连律师都难以参与，演变为检察官与嫌疑人之间的协商。在这一背景下，强调程序的公开、透明，便显得尤为重要。对于协商过程，须严格记录在案，并在后续程序中向诉讼各方通报。其内容包括但不限于协商的发起时间、控辩双方的观点、协商的方式与过程等。而对于协商结果，也须遵循同样的要求。

其二，对自白进行实质审查。在德国认罪协商中，对自白的实质审查是法官对协商进行有效控制的最重要手段。而在我国,由于协商发生于控辩之间,法官难以介入,对自白的审查便是其发挥司法职权、对协商进行有效控制的关键。正如前文所述,目前的法官审查流于形式上的确认,而未能发挥实质性的作用。未来,我国法官在认罪认罚从宽制度中须发挥更大的作用,对自白进行事实基础、自愿性以及全案事实的充分审查。

其三,协商对等性。德国辩审协商虽然具有协商地位上的不对等,但基于法官的职权作用,能对被告人发挥一定的保护功能。而在我国控辩协商的语境下,形成充分的协商对等性是最低限度程序正义的基本要求。对此,需要从信息对等、量刑明确以及法律帮助三个维度切入。首先,控辩双方在协商之前需要进行充分的证据开示,也即被告人及其辩护律师可以充分查阅案卷,做到信息的基本对等;其次,设定一定的量刑梯度,以强化量刑的明确性。对于可提供的量刑"优惠",不能由检察官任意支配,而必须在一定的制度框架下,通过设定相应的量刑指南,使得控辩双方尤其是辩方,对于结果形成明确的预期。最后,引入充分的法律帮助。目前的值班律师制度,对于强化协商对等性确实有一定的帮助。然而,在实践中,帮助形式化、无效化的现象屡见不鲜,无法满足实践的基本需求。未来,应当强化值班律师在控辩协商中的作用:或是赋予其更多的诉讼权利,使其能够阅卷,发挥更大的协商作用;或是将其作为"中转站",解决程序的"第一公里",确保后续的法律援助及时介入。

(四) 规范与实践的关系

刑事诉讼中,由于涉及诸多程序性的操作规程,规范与实践存在天然的背离。而认罪协商,由于产生于司法实践,被规范不断吸收,其可能存在的制度矛盾便愈发激化。规范与实践的背离不可避免,各国的差别仅在于偏离程度的多少。但如何处理二者关系,却是因地制宜、见仁见智。针对辩诉交易中存在的背离现象,英美法系的做法是尽量减少规范对协商过程、内容与结果的干预,保证其在实践中自由地发挥作用,从而获得诉讼效率的最大提升。相对于此,大陆法系的做法截然不同,其在坚持传统诉讼价值与诉讼构造的前提下,通过不断深化外在限制的方式,确保认罪协商处于法制的控制之下。具体而言,考察德国规范与实践博弈的过程,可以明显地发现,法律传统在德国规范层面举足轻重,而在司法实践中同样无法被断然抛弃。实际上,面对认罪协商的出现,许多德国学者的担心是多余的。难道经年累月形成的职权主义"大厦"会因为协商的出现便轰然倒塌吗?难道久经检验的实质真实主义会因为合意原则的引入便"土崩瓦解"吗?从目前来看,答案显然是否定的。因此,对于司法实践,规范层面遵循了一种渐进性改革路径,即在承认其合宪性的同时,强调对现有的立法规定进行适度的扩张解释,谨慎予以规制。

回到我国,规范与实践更是存在差距:规范层面动辄开展法律移植,进行大规模的制度改革,而对于自生自发的司法实践,却鲜有问津。认罪认罚从宽制度,在其产生之初,来源于司法实践,是制度试点的产物。而在当下来看,关于认罪认罚从宽的规范还过于粗放,实践更是乱象丛生。对此,单纯放任自流绝非上策,对其严加规制更有可能扼杀其原动力。因此,依照德国经验的启示,我国需要遵循一种保守渐进式改革路径,即在坚持法律传统的基础上,承认协商因素的存在并对其谨慎地加以规制。对此,我国刑事诉讼整体上需要提供三种可能:其一,保持诉讼价值的开放化,创设新型价值引入的空间;其二,推动诉讼构造的发展,开辟协商程序构造转型的空间;其三,联结规范与实践,在妥协的同时,规范也需要保持严格限制。当然,此种规制并非对协商本身大刀阔斧地予以改革,而是从最低限度程序正义的角度加以切入。从实体限制的角度来看,需要坚持实质真实主义,并逐步接纳处分权主义,从限制协商内容、调整从宽幅度等方面入手;从程序限制的角度来看,在现有职权主义的框架下,为审前协商提供程序空间,并重点从提升程序的公开性与透明性、严格自白审查等角度切入。总体而言,我国特有的认罪认罚从宽制度,需要在坚持程序正义的基础上构建量刑协商机制。一方面,规范要充分抵制实践的"诱惑",尽量在法律的框架内通过解释以实现规范适用效力的最大化;另一方面,实践也需要进一步影响规范,在充分了解实践情况的基础上,稳步推进制度改革。在规范与实践之间,不仅体现着妥协的艺术,也存在着发展的空间。

(编辑:徐凌波)

德国刑法诈骗罪中的认识错误

喻浩东[*]

摘　要：我国既有研究中有关诈骗罪的认识错误问题未得到足够关注，一方面，脱离诈骗罪的构成要件来理解认识错误，从而与单纯的无意识、物体操纵造成的错误状态无法区分，也使得认识错误与处分意识的关系难以厘清，另一方面，忽视认识错误在诉讼中的具体证明，司法实践中往往由行为人实施欺骗行为或被害人实施财产处分直接默认被害人陷入认识错误，但实际上这一心理性事实并非在任何情形中都能证明其存在。德国相关学理及司法判例对于诈骗罪构成要件的研究较为全面深入，一方面，结合诈骗罪"沟通交流促成财产移转"的本质特征、在具体构成要件中理解认识错误，能够给予其以规范的概念界定，使疑难案件中盗窃与诈骗得到合理的区分，另一方面，在诉讼程序中为认识错误的证明设置参考因素，同时考虑诉讼经济性、区分不同诈骗情形下的证明要求，对于我国今后在诈骗罪等个罪方面的研究更加精细化、规范化有所启示。

关键词：诈骗罪；认识错误；沟通交流；物体操纵；诉讼诈骗

Abstract：In the existing research, the problem of mistake in fraud crimes has not received enough attention. On the one hand, it goes beyond the constituent elements of fraud crimes to understand the mistakes, so that it cannot be distinguished from the wrong state caused by simple unconsciousness and object manipulation, and it also makes it difficult to clarify the relationship between mistake and disposition awareness. On the other hand, the specific proof of mistakes in litigation is neglected. The judicial practice often acquiesces from the offender's deception or the

---

[*] 喻浩东：清华大学与德国波恩大学联合培养博士研究生。本论文受到国家建设高水平大学公派研究生项目资助，项目号为留金发〔2018〕3101。

victim's property disposition directly that the victim falls in a mistake, but in fact, the existence of this psychological fact cannot be proved in any situation. Relevant academic theories and judicial precedents in Germany have a more comprehensive and in-depth research on the constituent elements of fraud crimes. On the one hand, it combines the essential characteristics of the crime of fraud "property transfer via communication" and understands the mistake in specific constituent elements of fraud crimes, which can bring it a standardized definition, and this definition enables a reasonable distinction between theft and fraud in difficult cases. On the other hand, it sets up reference factors for the proof of mistakes in the litigation procedure, while considering the economics of litigation and distinguishing the certification requirements in different fraud situations. It has enlightenment for our future research on crimes of fraud and other crimes to be more refined and standardized.

Key Words: Fraud Crime; Mistake; Communication; Object Manipulation; Litigation Fraud

一、既有研究之不足

近年来随着互联网技术的高速发展、新型支付方式逐步取代传统支付方式,在市场交易中交往主体的意思沟通出现了自动化、即时化的特点,这使得财产犯罪的形态及其教义学研究都受到了影响,[1]尤其以"沟通交流"促成财产移转的诈骗犯罪又一次成为学界热议的话题。在实务中出现了"置换二维码取财案""机票款案"[2]等较为疑难的案件,引发了如何区分诈骗与盗窃的学术讨论,涉及诈骗罪构成要件解释的多方面问题:例如,什么样的行为是适格的欺骗行为,是否存在被害人的财产处分行为,财产处分有无必要具备处分意识,财产损失如何认定,以及当被骗人与被害人不一致时如何区分三角诈骗与盗窃罪的间接正犯,等等。对于这些方面

---

[1] 参见蔡桂生:《新型支付方式下诈骗与盗窃的界限》,载《法学》2018年第1期。
[2] 该案中,行为人假扮成订票网站的客服人员,佯称被害人网银汇款并未到账,需要按照其指示在ATM机上完成付款程序,继而诱导被害人以输入激活码、验证码等方式不知情地将银行存款打入自己的账户中,使得被害人连续遭受数次财产损失。

的研究,国内学者在广度和深度上都有所推进。[3]

然而,既有研究较少关注诈骗罪中的"认识错误"问题。诈骗罪的客观构造典型地表现为,行为人实施欺骗行为引起或者维持对方的认识错误,对方基于认识错误处分财产,行为人取得财产造成对方财产损失。[4] 可见,在诈骗罪构成要件符合性的认定中,被骗方的认识错误在整个归责流程中起到了核心的纽带作用:一方面,认识错误是行为人实施欺骗行为所导致的(中间)结果,没有形成认识错误,则欺骗行为归于失败,另一方面,认识错误是被骗方实施财产处分行为的动因,非基于认识错误而作出的财产处分,其直接造成的损害结果不能归责于行为人的欺骗行为。[5] 而在与盗窃罪区分的意义上,认识错误也发挥至关重要的作用,即盗窃罪中被害人并未经由产生针对财产决策的认识错误而处分财产,行为人是单方面地打破被害人对于财物的占有、尽量回避与被害人产生正面的意思沟通;相反,诈骗罪中行为人必须经由与被害人的意思互动,促使其产生针对财产决策的认识错误,在优势认知的支配下取得被害人交付的财产。因此,诈骗罪中认识错误的研究重要性不言而喻。当前的司法实务和理论研究,对于这种认识错误缺乏足够全面、深入的探讨,存在以下几方面的问题:

一方面,脱离诈骗罪的构成要件来谈论认识错误,将诈骗罪中的认识错误和生活语言中的认识错误以及刑法错误论中的认识错误相等同,简单地理解为人对于事物的想象与客观情形的不一致。由此容易导致非经沟通交流[6]而产生的认识错误,也会被认定为诈骗罪中的认识错误。譬如,在"置换二维码取财案"中,主张成立

---

[3] 相关研究成果可参见张明楷:《论诈骗罪的欺骗行为》,载《甘肃政法学院学报》2005 年第 3 期;张明楷:《诈骗罪与金融诈骗罪研究》,清华大学出版社 2006 版;王钢:《德国刑法诈骗罪的客观构成要件——以德国司法判例为中心》,载《政治与法律》2014 年第 10 期;王钢:《盗窃与诈骗的区分——围绕最高人民法院第 27 号指导案例的展开》,载《政治与法律》2015 年第 4 期;赵书鸿:《意思说明与说明义务违反:论诈骗罪中的欺诈行为》,载《政法论坛》2014 年第 5 期;柏浪涛:《论诈骗罪中的处分意识》,载《东方法学》2017 年第 2 期。相反的立场,见秦新承:《认定诈骗罪无需"处分意识"——以利用新型支付方式实施的诈骗案为例》,载《法学》2012 年第 3 期;蔡桂生:《论诈骗罪中财产损失的认定及排除——以捐助、补助诈骗案件为中心》,载《政治与法律》2014 年第 9 期;张明楷:《三角诈骗的类型》,载《法学评论》2017 年第 1 期。

[4] 参见[日]西田典之:《日本刑法各论》(第六版),刘明祥、王昭武译,法律出版社 2013 年版,第 196 页。

[5] Vgl. Rönnau/Becker, Grundwissen-Strafrecht: Der Irrtum beim Betrug (§ 263 StGB), JuS 2014, S. 504 ff.

[6] 在德语文献中,诈骗罪被称为 Kommunikationsdelikt 或者 Beziehungsdelikt,意即沟通交流型犯罪或关系型犯罪,以存在欺骗他人的行为为前提。Vgl. Hefendehl, in: Münchener Kommentar StGB, Band 5, 2.Aufl., 2014, § 263 Rn. 25.

诈骗罪的学者们几乎一致地默认，顾客在扫码时发生了认识错误。可是，顾客并没有与偷换二维码的行为人取得意思互动，只能说在客观上顾客的主观认识——扫码付款对象为店家的收款账户——与客观真实存在不一致。那么，这种认识错误的状态是否还能被看作诈骗罪中的认识错误，则不无疑问。此外，未能较好区分认识错误与处分意识，将本为认识错误的问题转换成了处分意识的问题，从而使得诈骗与盗窃的区分重点转移到处分意识的有无上。

另一方面，认识错误的诉讼证明问题[7]未得到应有关注。国内判决往往从诈骗行为的成立直接推出被害人陷入认识错误，或以存在处分行为为由默认被害人存在认识错误。可是，认识错误作为诈骗罪成立的一个不成文的构成要素，其存在必须得到诉讼法上的证明，而并非不言自明的问题。诈骗罪中被害人的认识错误作为一个心理性事实，其存在与否可能需要通过间接证据予以肯定或否定的判断。同时，如何在刑事诉讼中证明被害人陷入了认识错误，涉及参考因素与证明方法的问题。

对于诈骗罪的刑法解释学研究，德国刑法学界和司法实务界长期以来一直保持全面、精致的风格，针对上述我国研究的空缺之处也多有着墨，不论是在法律评注、法学专业杂志还是在各种学术专著、文集中都有翔实的论述。本文拟以德国相关学理和判例为镜鉴，解读诈骗罪中的"认识错误"，在本体上予以概念厘清，并介绍德国有关认识错误诉讼证明的方法及要求，以为我国相关研究提供借鉴。

二、认识错误本体论：具体构成要件中的理解

在日常生活语言中，错误乃人主观上的想法与客观的真实情形不一致的现象，包括人对于事实核心部分任何不正确、不符真相的认知或者想象。[8]刑法错误论中的认识错误也是在此意义上，探讨行为人对行为对象、行为方法以及因果流程发生与客观事实不一致的想象时，如何处理故意认定及故意归责的问题。然而，诈骗罪中的认识错误只能在具体构成要件中加以理解，它必须由行为人的欺骗行为所导致，相对人是由于欺骗行为的影响而"信以为真"。[9]诈骗罪中的认识错误承载了诈骗行为及财产损害结果的归责功能，是诈骗罪作为"沟通交流型犯罪"最为核心的

---

[7] 德国联邦最高法院判例中专门有探讨基于欺骗的认识错误的证明。Vgl. BGH NStZ-RR 2017, 375；BGH NStZ 2015, 160.

[8] 参见林钰雄：《论诈欺罪之陷于错误》，载《刑事法学之理想与探索——甘添贵教授六秩祝寿论文集》，(台北)学林文化事业有限公司2002年版，第245页以下。

[9] Krey/Hellmann, Strafrecht Besonderer Teil, Band II, Vermögensdelikte, 14. Aufl., 2005, § 11 Rn. 371.

要素。经由认识错误导致的财产处分行为,也遂而成为诈骗与盗窃相区分的关键。

(一)"沟通交流型犯罪"的核心要素

诈骗罪中的认识错误必须基于"沟通交流型犯罪"(Kommunikationsdelikt)的本质特征加以理解。[10]对于诈骗罪为何被定义为"沟通交流型犯罪",智利学者 Laura Mayer Lux 在其博士论文《诈骗罪中可得推知的欺骗行为》[11]中结合语言分析学和诠释学方法予以了详细论证,简述如下:

首先,她提及维特根斯坦的"语言游戏"概念,[12]引出了言语和行为的等价性,也即将言语看作是身体动静的一种方式,因此日常生活中没有行为就没有语言的使用。这种等价性可以适用到诈骗罪中:谁欺骗了他人,则不仅做出了一个不真实的表达,也同时完成了一个欺骗的言语行为。反过来,只要某个欺骗行为是建立在行为人与被害人交流内容的不真实表达基础之上的,则其成立的前提是一个言语行为的存在。在相似的意义上,作为不真实的信息传递的欺骗,就总是暗含着诈骗罪作为沟通交流型犯罪的概念建构。[13]

其次,她试图借鉴奥斯汀关于言内行为(lokutionärer Akt)、语内表现行为(illokutionärer Akt)以及言后行为(perlokutionärer Akt)的区分理论[14],将之用于解释诈骗行为、认识错误、财产处分等构成要素:言内行为即单纯地表述一个事实。语内表现行为则是在说话的同时完成一个行为,例如人们说太阳在闪耀的同时,也就完成了一个陈述的言语行为,它关系到沟通交流中语言所扮演的角色。言后行为则关系到言语行为所达到的效果,意即必须对于听者产生了(因果性)影响,这种影响可以表现为听者产生了确定的想象、感觉或者行为方式——在诈骗罪中,作为的欺骗必须总是以言内行为的实施为前提,不论采取明示还是默示方式,总是要说点什么(etwas gesagt);完成不真实表述的语内表现行为,则总是要存在因果性的影响,

---

[10] 我国最高司法机关发布的指导性案例,也支持将诈骗罪定义为沟通交流型犯罪。在"董亮等四人诈骗案(检例第 38 号)"中,案例发布方指出:"在网络约车中,行为人以非法占有为目的,通过网约车平台与网约车公司进行交流,发出虚构的用车需求,使网约车公司误认为是符合公司补贴规则的订单,基于错误认识,给予行为人垫付车费及订单补贴的行为,符合诈骗罪的本质特征,是一种新型诈骗罪的表现形式。"参见最高人民检察院检例第 38 号"董亮等四人诈骗案",载《关于印发最高人民检察院第九批指导性案例的通知》。

[11] Vgl. Laura Mayer Lux, Die konkludente Täuschung beim Betrug, 2013.

[12] Wittgenstein, Philosophische Untersuchungen, in: ders., Werkausgabe, Band 1, 1984, S. 23 f.

[13] Vgl. Laura Mayer Lux (Fn. 11), S. 17 f.

[14] Vgl. Austin, John, Zur Theorie der Sprechakte (How to do things with Words), 2002, S. 126 ff.

即相对人必须接收并理解了行为人的表述,且更进一步来说,行为人必须有针对相对方成功实施这一言语行为的意图(bezweckt hat);最后,作为的欺骗还以言后行为的实施为前提,即欺骗行为必须引起了被害人的认识错误,并由此引发后续的财产处分和财产损失。从这个角度来说,欺骗行为需要对于相对方的想象空间施加心理性影响,且从结果上来说,被害人必须对于欺骗内容信以为真,或至少认为其可能为真。不作为的欺骗虽不能直接援引上述理论进行解释,但它的刑事可罚性恰恰在于,行为人未能通过本能进行的上述三种言语行为,履行消除被害人认识错误的义务。[15]

从以上论述中可以看出,诈骗罪的成立一定要求行为人通过言语行为与相对人取得意思沟通,并由此对其主观想象施加心理性影响,使其产生相应的认识错误并基于该错误作出财产处分行为。这样,诈骗罪中的认识错误就必须结合"沟通交流罪"的本质特征加以理解:一是,原则上只能针对自然人实施欺骗行为(机器不能被诈骗),因为欺骗行为的言后效果必须显现,否则相对人不可能接收和理解欺骗内容,也就不会在主观想象中"信以为真"。二是,认识错误必须是欺骗行为这种语内表现行为因果性引起的效果,且欺骗行为须为行为人针对该因果性效果所意图实施的,不在此意义上产生的认识错误不是诈骗罪中的认识错误。[16] 三是,认识错误须与后续的财产处分直接关联,只有与财产处分重要事项相对应的认识错误,才是诈骗罪中的认识错误。

(二) 功能定位与概念厘清

1. 归责功能与区分功能

若认为诈骗罪是一种结果犯(Erfolgsdelikt),则财产损失应能客观归责于行为人的欺骗行为。Roxin的客观归责理论认为,如果行为人制造了一个法不容许的风险,且该风险在结果中得到实现,并未超出构成要件的效力范围,则该结果可以客观归属于行为人。[17] 这一归责原理在诈骗罪中的应用具有特别的形式:诈骗行为人所创设的不容许风险,需要首先实现于被害人的认识错误这一中间结果(Zwischenerfolg)中,然后再由"被害人基于错误处分财产"这一"自我损害"过程最终实现该风险。[18]

在该归责流程中,被害人的认识错误是最核心的要素,这一要素的缺失将导致:

---

[15] Vgl. Laura Mayer Lux (Fn. 11), S. 19 ff.

[16] Vgl. Laura Mayer Lux (Fn. 11), S. 24 f.

[17] Vgl. Roxin, Strafrecht Allgemeiner Teil, Band I, 4 Aufl., 2006, § 11 Rn. 48.

[18] Vgl. Rengier, Problematik der objektiven Zurechnung im Besonderen Teil, FS Roxin, 2001, S. 820 ff.

第一,不存在适格的诈骗行为,或诈骗行为归于未遂;第二,非基于认识错误的财产减损,无法归责于行为人的欺骗行为。没有认识错误的产生或没有基于认识错误作出财产处分,将导致诈骗罪客观归责的溯责禁止:溯责禁止理论的提出者Frank认为,第三者故意的行为会打断由先行为人所启动的因果流程,从而否定先行为人为最终发生的结果负责,至于阻断归责的理由,则是意志自由的后行为开启了新的超越性因果流程。[19]当被害人没有因欺骗行为施加的心理性影响产生认识错误,或没有基于与财产处分相关的认识错误处分财产的,就不能视为意志自由和行动自由遭到了侵害,被害人反而处于答责性优势地位,[20]因为在这种情形下其做出的财产处分所导致的财产减损结果,位于其自我答责的范围,视为其意志自由的表达。该损失结果不能溯及至行为人的欺骗行为。

同时,这样的认识错误及在此基础上的财产处分,也就承载了区分诈骗与盗窃的功能:

一方面,诈骗和盗窃的区别在于,前者必须通过行为人与被害人间的沟通交流进行,而后者则回避或排除两者间的沟通交流、由行为人单方面地实施。只有行为人和被害人间就"财产决策事项"发生了意思互动,才能认定被害人"合意"将财物移转出去。[21]这种通过传递虚假信息使他人"自愿"移转财物的行为,其中的"自愿"并非被害人真实意志的表达,而是在认识错误支配下类型化的无效的被害人同意,[22]因为该行为对财产流转秩序造成威胁,刑法才要明文规定予以处罚。盗窃行为人并未与被害人取得意思沟通,没有通过对被害人施加心理影响使其产生类型化的无效同意,因此被害人也未"合意"移转财物。即便在以欺骗方式实施的盗窃中,行为人也仅是通过欺骗转移被害人的注意力,使其对财物的占有出现松动,或者利用没有财产处分权的第三人,欺骗其交付他人财物(盗窃罪的间接正犯),均避开了与被害人的正面交往,从外部破除被害人对于财物的占有。

另一方面,诈骗罪中的财产减损是由被害人基于认识错误的处分行为直接导致的,只要是在相关认识错误的支配下实施的任何直接导致财产减损的举止形态,都是这里的处分行为。[23]而盗窃罪中的财产移转并非由被害人基于认识错误直接导

---

[19] Vgl. Hruschka, Regreßverbot, Anstiftungsbegriff und die Konsequenzen, ZStW 110 (1998), S. 581 f.

[20] Vgl. Pawlik, Das unerlaubtes Verhalten beim Betrug, 1999, S. 65 f.

[21] 同前注1,蔡桂生文。

[22] Vgl. Guisheng Cai, Zur Täuschung über zukünftige Ereignisse beim Betrug, 2014, S. 159 ff.

[23] 这种处分行为可以是法律行为(民法上是否有效或可以撤销,在所不问),也可以是事实行为。参见张明楷:《刑法学》(第五版·下),法律出版社2016年版,第1003页。

致,最终仍然是盗窃行为人自己不经同意拿走了财物。即便是在以欺骗来实施的盗窃行为,行为人的诈术所引发的被害人行为,也仅是给财产带来危险,而尚未直接带来损失。[24]

2. 概念的规范界定

结合诈骗罪"沟通交流型犯罪"的本质特征,从认识错误的上述功能定位出发,可以将诈骗罪中的认识错误与单纯的无意识、通过物体操纵导致的错误状态加以区分,并且规范地界定其认识对象,以处理其与处分意识的关系。

(1) 与单纯无意识(*ignorantia facti*)的区分

例1:一个由21个年轻人组成的足球粉丝团队登上了由施特拉尔松德开往罗斯托克的列车,去观看在罗斯托克汉莎足球俱乐部举行的甲级联赛。该团队只购买了20张团体火车票,因此有一个成员藏到了车厢的卫生间里。列车检票员清点了车厢里坐着的20个人,并在他们的车票上盖了章。列车员并不知道卫生间里还藏着一个他们的成员。[25]

德国主流学说认为,认识错误须体现为被害人积极地形成了与客观事实不相符的印象(positive Fehlvorstellung),也即,缺乏对某一事物或某复杂事物特定要素的了解,使得想象与客观事物不符。如果只是单纯地没有认识到行为事实的,则不足以构成认识错误。[26] 例如,行为人用商品说明书将一些商品藏匿于购物车中,在通过超市柜台时没有付款,结果被监视到这一事实的两名侦探抓获。[27] 由于柜台收银员根本没有认识到藏匿在购物车中的这些商品,所以欠缺了针对这些财物的处分意识,不是基于认识错误形成的"同意"(irrtumsbedingtes Einverständnis),行为人违背其意志打破对财物的占有,构成盗窃罪。[28] 又如,没有付款意愿的行为人在自助加油站加油,但是加油站管理人员根本没有发现加油行为的,联邦最高法院认定行为人应当因诈骗未遂而受罚。[29] 不过,也有见解认为,要求被害人形成积极的错误印象与客观上存在通过不作为进行的无意识处分的事实不相符合。积极的错误印

---

[24] 同前注1,蔡桂生文。

[25] Mitsch, Strafrecht Besonderer Teil, Teil 2, Vermögensdelikte, (Kernbereich) Teilband 1, 2.Aufl., 2003, § 7 Rn. 56.

[26] Mitsch (Fn. 25), § 7 Rn. 56.

[27] BGHSt 41, 198.

[28] Vgl. Guisheng Cai (Fn. 22), S. 159 ff.

[29] BGH NStZ 2009, 694; BGH NJW 2012, 1092.

象无须具体化,只要被害人感觉到"一切都正常"时,就陷入了认识错误。[30] 笔者不能完全赞同这种看法。

如果被害人根本没有意识到行为人的存在或根本不知道行为人在转移财产,则没有与行为人之间形成"意思互动",难以认为其由于(不作为)受欺骗陷入认识错误。在例1中,若认为列车员由于对行为人在火车上这一事实缺乏认识而也可视作产生了认识错误,则会使得盗窃与诈骗无从区分。德国有学者之所以认为应放宽认识错误的要求、以诈骗罪处罚行为人,是因为《德国刑法》中的盗窃罪不包括针对财产性利益的盗窃,[31] 而我国刑法学者则认为,我国《刑法》分则中所规定的盗窃罪的对象——"财物"也包含财产性利益在内,此案如果发生在我国,(如果不考虑数额)则完全可以盗窃罪论处。在被害人根本没有认识到行为人或其转移财产行为的存在时,难以认为欺骗行为因果性地导致了认识错误的产生,或毋宁说,行为人利用了对方(受骗人)有缺陷的主观认识,排除了其对自己可能的干涉,积极侵害了被害人的财物或财产性利益。

当然也需要将单纯的无意识与行为人通过默示欺骗导致的被害人认识错误区分开来。当被害人意识到了行为人的存在,但由于行为人隐瞒真相而致使对方形成缺陷认识、从而处分财产的,对方也产生了认识错误。例如,列车员路过该车厢时问道:"还有乘客没有买票的吗?"坐在车厢的行为人虽未买票但不予回应的,列车员由于潜意识中形成了"所有乘客都买了票"这种缺陷认识,同样是认识错误。[32] 因为默示的欺骗行为也可以维持或强化被害人既有的认识错误,从而因果性地导致被害人处分财产,如果行为人及时告知实情,则完全可以避免被害人的财产损失。[33]

(2) 与物体操纵导致的错误状态的区分

例 2:2016 年 11 月底,佛山市公安局禅城分局接到曾某报案,称其店铺微信收款的二维码被人更换,6360 余元营业款被窃。接报后,警方展开调查,发现数十家店铺的收银柜台张贴的二维码均是假的。事后查明,犯罪嫌疑人吴某和岳某通过更换商家二维码的方式,作案 320 余宗,获利 90 余万元。

---

[30] Vgl. Kindhäuser, Strafrecht Besonderer Teil, Vermögensdelikte, 4. Aufl., 2005, § 27 Rn. 50.

[31] 《德国刑法》第 242 条规定:以使自己或第三人非法所有为目的,取走他人可移动的物,处五年以下有期徒刑或者罚金。根据条文规定,盗窃的对象只能是"他人可移动的物",不能解释成包括财产性利益。

[32] 参见王钢:《德国判例刑法·分则》,北京大学出版社 2016 年版,第 201 页。

[33] Mitsch (Fn. 25), § 7 Rn. 60.

针对本案中两嫌疑人不法行为的定性，存在构成盗窃罪和诈骗罪两种结论。支持构成诈骗罪的学者认为，顾客得到了商品，但未将货款付至店家的账户，店家对顾客仍然具有债权请求权或不当得利返还请求权，故顾客需要再行支付货款，所以是真正的财产受损人，行为人通过偷换二维码使顾客发生认识错误并基于该错误处分自己的财产，具有处分意识和处分行为。[34]

可是，这种观点忽视了诈骗罪中的认识错误在具体构成要件中的定义，将行为人通过物体操纵造成（Manipulation von Gegenstände）的错误状态（客观上存在的被害人认识与变动后的事实的不一致）不当理解为诈骗罪中的认识错误。德国学者Hefendehl指出，如果被害人作出决定仅仅是因为受到行为人物体操纵的影响，那么行为人的行为也只是一种"作伪"。[35] 诈骗罪构成要件要保护的并非人们对于现实世界正确感知的信赖，而是要保护人们对于通过沟通交流传递的有关现实世界的信息真实性的信赖。[36] 在上述"置换二维码取财案"中，行为人根本没有与顾客发生任何直接的意思互动，而只是通过更换二维码的物体操纵方式，致使顾客在扫码时所拥有的主观想象——我扫的是店家的收款码——与客观事实发生不一致；并且，在店主明示交付渠道的条件下，顾客更无义务对支付渠道之真假予以追查。根据前文所述，这种认识错误不是诈骗罪中的认识错误，而仅仅是由物体操纵所带来的错误状态，是由行为人回避沟通交流的单方面行为所导致。类似的还有，行为人为了不缴或者少缴电费，事先采用不法手段，使电表停止运行的，电力公司的收费人员误以为行为人没有用电，这种情形只宜认定为盗窃罪。[37] 再如，在行为人将商品藏匿于超市购物车，从而在通过柜台时未付款的场合中，并不应以柜台收银员缺乏对于该商品的处分意识为由否定诈骗罪的成立，而应认为收银员根本没有形成认识错误，仅仅是单纯无意识，从而肯定行为人构成盗窃罪。

值得注意的是，通过物体操纵的盗窃行为无法被评价为不作为的诈骗。诈骗罪中的"隐瞒真相"包含默示欺骗和不作为诈骗两种方式，其中不作为诈骗是违反真实信息义务，能够阻止陷入认识错误的对方处分财产而不予阻止，从而造成对方财产

---

[34] 张庆立：《偷换二维码取财的行为宜应认定为诈骗罪》，载《东方法学》2017年第2期，第129页。

[35] 在欧洲中世纪的刑法中，盗窃和诈骗便混合在一种称为"作伪"的罪名之中，理由是两者皆可能在特定条件下使人陷入认识错误。而在现代欧陆刑法中，基于限缩诈骗犯罪成立范围以促进市场经济以及满足将诈骗手段明确化、典型化的需要，诈骗从"作伪"中析出（这也意味着和盗窃相分离），成为利用不真实的手段侵犯财产的犯罪。之后，诈骗罪中的"欺骗"的含义被理解为与他人产生意思互动（交往），从而使对方陷入错误，由此，诈骗罪便以沟通交往作为其特征。参见蔡桂生：《缄默形式诈骗罪的本质及其表现形式》，载《政治与法律》2018年第2期。

[36] Vgl. Hefendehl, in: Münchener Kommentar StGB (Fn. 6), § 263 Rn. 25.

[37] 同前注23，张明楷书，第1013页。

损失,是一种不纯正的不作为犯,以存在保证人地位(或作为义务)为前提。[38] 尽管按照形式的义务论,保证人地位可能来源于危险前行为(pflichtwidrigen Vorverhalten)(OLG Stuttgart NJW 69,1975),但是危险前行为本身已构成盗窃罪,与诈骗罪处于互斥关系,是未经财产权人的财产决策而取得财物的不法类型,因此不可能同时构成诈骗罪的不法类型。否则,几乎所有的盗窃罪都可以被评价为不作为的诈骗罪,因为盗窃行为人在行为前都被期待放弃犯罪行为,而在行为后则被期待告知被害人以真相。德国学界的研究也一再表明,不作为诈骗的边界需要严格地予以界定。[39]

(3) 认识错误与处分意识的关系

被害人基于认识错误而处分财产,是否一定同时意味着他必须对自己处分财产的行为有所认识,即处分意识(Verfügungsbewusstsein)有无必要的问题。一般来说,被害人陷入了有关财产决策事项的认识错误,其做出财产处分时都常常明知自己是在移转对财物的占有。德国学界通说认为,在诈骗有体物的场合,财产处分以被害人具有处分意识为前提,因为(按照德国刑法规定)针对有体物也可以构成盗窃罪,故如此才能将诈骗与盗窃区分开来。相反,在诈骗财产性利益时,由于不存在盗窃罪成立的可能,通说又不要求被害人具有处分意识。[40] 可见,处分意识必要说和不要说在德国完全是围绕着盗窃和诈骗的区分而展开的,且为了避免不必要的处罚漏洞,故而对针对财产性利益的诈骗不要求被害人具有处分意识,从而使行为人受到诈骗罪的刑事制裁。

而在我国刑法学界,越来越多的学者支持可以针对财产性利益成立盗窃罪,[41] 因而似乎可以避免上述处罚漏洞。但这是否意味着,盗窃与诈骗的区分还要以处分意识的有无作为区分标准?国内有学者就对此予以质疑:一方面,"处分意识必要说"认为不要求有处分意识则无法区分诈骗罪与盗窃罪的间接正犯,然而,在三角诈骗无法成立的场合,完全可以通过否定被骗人(不知情第三人)对于他人财物的处分权限否定其客观处分行为,从而认定其构成盗窃罪间接正犯的工具;另一方面,"处分意识必要说"认为不要求有处分意识则会无限扩大处分行为的范围,然而即便在

---

[38] Wessels/Hillenkamp, Strafrecht Besonderer Teil 2, Straftaten gegen Vermögensdelikte, 25. Aufl., 2002, § 14 Rn. 503.

[39] Vgl. Klawitter, Die Grenze des Betruges durch Unterlassen, 1993.

[40] Vgl. Rengier, Strafrecht Besonderer Teil , Teil I, Vermögensdelikte, 6.Aufl., 2003, § 13 Rn. 24.

[41] 参见黎宏:《论盗窃财产性利益》,载《清华法学》2013年第6期;张明楷:《论盗窃财产性利益》,载《中外法学》2016年第6期;陈兴良:《虚拟财产的刑法属性及其保护路径》,载《中国法学》2017年第2期。

行为人通过欺骗使得被害人占有松弛的场合,"处分意识不要说"也不会认为,被害人存在无意识的不作为或容忍类型的处分行为,因此不会肯定被害人存在客观上的转移占有的行为。可见,"处分意识必要说"的这种批评并未切中要害。[42]

新型支付方式的出现也对既有的学理造成了冲击。例如,在"机票款案"中,被害人孙某在汇款时按照行为人的指示输入所谓的验证码,并没有意识到自己的行为是在移转财产,那么,是因为这种处分意识的缺失而否定诈骗罪的成立,还是认为只需要从社会公认的外观上存在财产处分即可肯定诈骗罪的成立,就不无争议。蔡桂生博士指出,结合诈骗罪中被害人认识错误所导致的"类型化无效同意"来看,所谓"自愿交付"("处分意识必要说")也只是表象而已,发生认识错误时无论有无处分意识其同意都无效。[43]不能单纯以诈骗案件属于"自我损害型犯罪"为由,就认为所有诈骗案件中被害人都有处分意识。也有学者批评"处分意识必要说"采用了以偏概全的不完全归纳法,仅从部分有处分意识的案件中就总结出所有诈骗罪成立都需要被害人具有处分意思的结论,难以成立。[44]

不难看出,被害人产生认识错误的同时并不一定就会具有处分意识。按照"处分意识不要说",只要欺骗行为致使被害人发生认识错误并导致其直接作出任何形态的财产减损行为时,诈骗罪就得以成立。认识错误并不一定要引起被害人处分财物的动机,其只要指向与后续财产处分有关的行为,无论被害人是否意识到财产处分,其财产处分行为都是在行为人优势认知的支配下所进行的"类型化无效同意"的举止。只要按照前文所述的标准对诈骗罪中的认识错误予以限定,就足够区分诈骗和盗窃。

值得注意的是,有些案件涉及的不是处分意识,而是认识错误问题:

例3:甲为鱼贩,分篓卖鱼。乙来买鱼,趁甲不注意,将A篓鱼的一半倒入B篓中,并对甲要求买B篓鱼。甲不知情,将B篓鱼卖给乙。[45]

很多人容易将本案的讨论重心放置于被害人甲是否具有处分B篓中多出的那部分鱼的意识。按照这一思路,在默认甲对于B篓鱼的数量发生认识错误后,同时也肯定甲对于B篓中多出的鱼也具有默示的处分意识,从而肯定乙成立诈骗罪。然而,本案中被害人甲是否陷入了由乙的欺骗行为所导致的认识错误,则不无疑问。

---

[42] 参见柏浪涛:《论诈骗罪中的"处分意识"》,载《东方法学》2017年第2期。

[43] 同前注1,蔡桂生文。

[44] 参见秦新承:《认定诈骗罪无需"处分意识"——以利用新型支付方式实施的诈骗案为例》,载《法学》2012年第3期。

[45] 参见马卫军:《论诈骗罪中的被害人错误认识》,载《当代法学》2016年第6期。

根据前文对于诈骗罪中的认识错误与通过物体操纵所造成的错误状态的区分，此处被害人甲主观认识上的错误状态并非由乙的沟通交流行为所引起，而是由乙对于篓中之鱼的物体操纵所导致，故不能谓之陷入诈骗罪中的认识错误。实际上，就多出的那部分鱼，行为人乙正是回避了与甲的沟通，使得甲没有基于认识错误移转这部分财物，甲只是乙实施盗窃行为的工具而已。

三、认识错误证明论：参考因素与证明要求

研究诈骗罪中的认识错误，不能只关注本体而忽视证明问题。作为诈骗罪中不成文的、却承载者重要功能（归责功能和区分功能）的构成要件要素，被害人的认识错误需要在刑事诉讼中加以证明。在我国司法实务中，基本不关注对于这一要素的具体证明问题，要么在大部分案件中由诈骗行为以及被害人处分行为的存在默认被害人陷入认识错误，要么在某些否定诈骗罪成立的案件中简单指出"被害人未基于认识错误处分财产"，[46]均没有证明被害人是否有可能陷入认识错误，或者事实上已经陷入认识错误。德国早先的判例也是极为宽泛地由欺骗行为的存在直接推导出被害人陷入认识错误的结论，但这一做法在当前的判例中得到限制和修正。[47]

认识错误的诉讼证明是心理性事实的证明问题，从德国司法判例和学理讨论来看，主要涉及以下三方面的问题：（1）一般的问题是，主要参考什么因素来间接证明认识错误的存在，即推定被害人陷入认识错误的证据因素是什么；（2）特别的问题是，对诉讼诈骗中，法官或司法辅助官在不同诉讼程序中是否陷入认识错误的判断；（3）在受骗情形不同的诈骗案件中，是需要针对每个被害人具体地认定其陷入认识错误，还是只需证明其中一部分被害人陷入认识错误便可推定其他人也陷入认识错误。

（一）认识错误的间接证明：以被害人存在利益或义务为核心

德国学理和司法判例均认为，在证明被害人陷入认识错误时，法官形成自由心证所能依赖的主要间接证据就是被害人存在经济上的利益，或被害人为了第三人的利益，而在法律上有义务相信交易相对方宣称的事实是真实的。[48]例如某判例指出，行为人持银行信用卡在商家超额透支消费，由于商家事后肯定能够从发卡行获

---

[46] 陈金富等盗窃案，参见江苏省南通市崇川区人民法院(2010)崇刑二初字第33号刑事判决书。

[47] Vgl. Klaus Tiedemann, in: Leipziger Kommentar StGB, Band 5, 12.Aufl., 2012, § 263 Rn. 87.

[48] Vgl. Rönnau/Becker (Fn. 5), S. 504 ff.

取与消费额相应的资金,行为人是否超额透支对商家来说无关紧要,因而商家无义务也无意愿去审查行为人是否透支了信用卡额度,也就难以被认为陷入了认识错误。[49]

但为什么应以被害人有无意愿或义务控制和检查事实真相来作为判断认识错误的参考标准? 笔者认为,正如上述判例所示,当被骗人对于自己所见的事实是否为真漠不关心(gleichgültig)时,也就无所谓陷入了认识错误,因为欺骗行为并没有提升被害人作出"自我损害"行为的风险:在心理性因果关系(psychische Kausalität)的判断中,重要的不是设想"如果被害人了解到了事实真相,那么他会做出何种决定",而是要看实际的因果进程,即行为人虚构的事实是否在被害人作出"自我损害"决定时起到了作用。[50]而被害人是否有意愿或义务了解真相,很大程度上决定了"虚构的事实"是否会影响其"自我决定"的过程,因为被害人有意愿或义务去了解的事实,往往和其切身利益相关联,或与其可能承担某些民事上不利的后果有关,于是在这些情形中可以认为,错误信息会误导被害人发生对关键事实的认识错误:

一方面,当被害人十分关心与自己切身利益相关的关键信息时,对于错误信息的出现其也会"认真对待",尤其当行为人因其专业身份而容易为被害人所信赖时,被害人会因为处于劣势认知地位,而在作出财产处分决定时优先考虑行为人的建议。例如,治疗癌症的医生以过高的价格向病入膏肓的患者兜售一种叫格列卫的药物,这种药品虽在德国为药品法所禁止,但是在跨国药店里能够以远低于被告的要价购买到。被告也借助电视节目欺骗这些病人,声称格列卫在俄罗斯作为一种成功攻克各类癌症的良药已被检测证实。一个演员违背事实讲述了仅通过服用格列卫自己的前列腺癌就被治愈的故事。[51] 在本案中,无疑当患者真的决定购买这种药物时,虚假宣传在其决定中扮演了相当的角色,患者是在其诱导下作出了有瑕疵的"自我决定",从而增高了诈骗罪构成要件实现的风险。

另一方面,当被害人有义务去控制和检查真相时,他会因考虑避免民事上的不利后果而选择对于所见事实作出至少是表面上的真假判断。例如,银行柜台的工作人员往往对于拿存折来取款的客户只进行形式审查,主流观点认为当工作人员对于这种权益证明(Legitimationspapiere)的出示人是否为权益所有人没有做出任何审查就径直提供取款服务时,难以认为其对于对方是否享有权益有所想象。[52] 但也有学者指出,工作人员是出于规避相关民事责任的考虑,并非漠不关心该存折是否为

---

[49] BGHSt 33, 244 (249).

[50] Puppe, Strafrecht Allgemeiner Teil, im Spiegel der Rechtsprechung, 3.Aufl., 2016, § 2 Rn. 50.

[51] BGH NStZ 2010, 88 (89).

[52] Vgl. Perron, in: Schönke/Schröder Kommentar StGB, 29 Aufl., 2014, § 263 Rn. 48.

取款人本人所有,[53]因为当工作人员明知行为人无权取款或者处于重大无知没有认识到行为人无权取款时,民事法律规范并不免除银行对于存折所有人的债务,因此可以认为,工作人员之所以还会为客户办理取款业务,是因为事实上他相信对方是有取款权限的。[54]

此外,在被害人对于诈称事实表示怀疑时,往往也难以否定其陷入认识错误。Tiedemann教授指出,在被害人发生怀疑却仍然做出财产处分行为的场合,这种自损行为本身就表明,被害人克服了自己的怀疑情绪,相信了行为人的话;而在充满风险或不可信的投资事务中,被害人任由资本被支配和使用的事实,也表明其受到欺骗行为的影响而使得怀疑的动机大大地减少。[55]被害人基于实现自主利益的想法,对于诈称事实有认真对待的心态,终归还是信以为真,陷入了认识错误。

(二) 诉讼诈骗中法官和司法辅助官的认识错误

例4:基于一个买卖合同S对H欠下5000欧元的债务。由于S拒绝还债,H就提起了民事诉讼。在口头辩论的程序中S违背事实地宣称,他与H根本没有签订任何买卖合同。因为缺少有力的证据(H应当提供签订合同的证据),H处于证明上的不利地位。法官R由此驳回了H的诉讼请求。[56]

例5:S针对T提起了一桩他明知虚假的债权诉讼。由于T未能出席口头辩论程序,法庭遂根据S的请求做出了缺席审判。判决在没有异议提出的情况下发生了法律效力。[57]

诉讼诈骗(Prozeßbetrug)是指行为人在民事诉讼中,通过做出虚假陈述或提供虚假证据的方式欺骗司法官(可能是法官或司法辅助官)使其做出不利于相对方的民事判决,从而获得相对方的财产,使得相对方遭受财产损失[58](如例4所示)。德国主流学说较一致地认为诉讼诈骗是特殊的三角诈骗类型,应按照诈骗罪论处。[59]

---

[53] Vgl. Mitsch (Fn. 25),§ 7 Rn. 60.

[54] Vgl. Cramer/Perron, in: Schönke/Schröder Kommentar StGB, Band 6, 28 Aufl., 2010, § 263 Rn. 48.

[55] Vgl. Klaus Tiedemann, in: Leipziger Kommentar StGB (Fn. 47), § 263 Rn. 87.

[56] Vgl. Krey/Hellmann (Fn. 9), § 11 Rn. 419.

[57] Vgl. Krey/Hellmann (Fn. 9), § 11 Rn. 419.

[58] Vgl. Rengier (Fn. 40), § 13 Rn. 24.

[59] Vgl. Mitsch (Fn. 25), § 7 Rn. 76.; Rengier (Fn. 40), § 13 Rn. 24; Krey/Hellmann (Fn.9), § 11 Rn. 419.

我国学者张明楷教授也明确支持这一观点。[60] 但国内也有学者提出,法官最后做出判决可能并非被骗,而是基于诉讼程序的技术要求;[61] 或者提出,当事人败诉并非由法官的认识错误而引起,而是基于证据规则产生的不利后果。[62] 因此,虚假诉讼行为不能按照诈骗罪论处,而应根据《刑法修正案九》新增的"虚假诉讼罪"予以惩处。[63] 那么,能否认定虚假诉讼案件中的法官陷入了认识错误,从而肯定三角诈骗的成立,在德国学界也曾是热议的话题。此外,不论在德国还是我国,在常规争讼程序(Streitverfahren)之外还存在特别的督促程序(Mahnverfahren)和缺席判决(Versäumnisurteil)(如例5所示),在这两类场合能否认定司法辅助官或法官陷入认识错误,我国学界几无论述,而德国学说和判例对此都给予了关注。

1. 争讼程序中法官的认识错误

在争讼程序的诈骗中,如果法官在原告所举虚假证据或陈述的误导下信以为真,遂做出不利于被告方判决的,一般认为法官就是陷入了认识错误;即便原告的欺骗行为未能导致法官陷入对决定裁判结果有关事实的错误想象,法官乃是基于证明规则做出了裁决的,也依然认为法官是基于认识错误做出了不利于被告的裁判。[64] 理由在于:

首先,争讼程序中的法官有意愿更有义务去审查证据的真实与否,从而形成内心确信:任何证据都需要法官心证,也就是审查证据能否使法院获得关于真实性的确信,法官的心证可以受固定的法律规则的约束或自由作出。原始的法律规则主要规定特定证据手段的固定证明力,诉讼结果早就确定,法官的责任相对较小。但后来要求法官必须能在个案中对证据手段进行自由心证,因此法官的责任被极大增强,正确的事实确认和裁判经常依赖于证据手段的正确使用。固定的证据规则在今天只在例外情形下才被许可(《德国民事诉讼法》第286条第2款)。[65]

其次,尽管法官在事实不明(non liquet)的状况下难以形成终局性的内心确信,但在具体案件中法律往往已经将负担举证责任一方的利益置于另一方当事人利益

---

[60] 参见张明楷:《三角诈骗的类型》,载《法学评论》2017年第1期。

[61] 参见李林:《"诉讼诈骗"定性研究》,载《中南大学学报》2010年第4期。

[62] 参见姚万勤:《〈中华人民共和国刑法修正案九〉第35条第3款定性之研究》,载《刑法论丛》2017年第1卷,第314—319页。

[63] 根据我国《刑法》第307条之1的规定,虚假诉讼罪是指以捏造的事实提起民事诉讼,妨害司法秩序或者严重侵害他人合法权益的行为。非法占有他人财产或逃避合法债务,又构成其他犯罪的,依照处罚较重的规定定罪从重处罚。

[64] Vgl. Perron, in: Schönke/Schröder Kommentar StGB, Band 5, 29 Aufl., 2014, § 263 Rn. 51.

[65] [德]奥特马·尧厄尼希:《民事诉讼法》(第27版),周翠译,法律出版社2003年版,第261、262页。

之后,很大程度上法官裁决已朝向特定方向有了固定结论,那么实施诉讼诈骗的一方就足以诱导法官相信,接下来的任何澄清都是不可能的。法官虽然是基于证据规则做出了裁决,但并非被认为没有受到欺骗行为的误导:一方面,证据规则也是法律规范,其适用和其他规定法律后果的规则一样"以事实为基础",该事实可能为真,也可能是错认;[66]另一方面,由于《德国民事诉讼法》138条规定"当事人必须完整且真实地做出有关事实情状的陈述"(真实义务),[67]因此只要违反了该义务,欺骗行为与引起错误之间就具有因果关系。[68] 在例4中,S(被告)的口头陈述(根据《德国民事诉讼法》第138条的规定)本身就默示其做出的陈述为真,当法官也相信这种默示陈述的真实性(至少认为不是不可能)时,则法官就陷入了认识错误,正是基于此他才按照证据规则的要求,在原告方难以提出有效证据时,驳回其诉讼请求;若法官没有陷入认识错误,即按照《德国民事诉讼法》第138条的规定,当法庭确信一方当事人连自己的陈述都不相信时,或法庭认为其陈述是没有根据的恣意猜想时,该陈述为不重要的陈述,[69]则法官无论如何也不可能做出有利于实施欺骗行为一方的决定。[70]

2. 缺席审判中法官的认识错误

在德国民事诉讼程序中,对双方当事人而言既不存在应诉义务也不存在出席义务,防御意愿的表示、出席和辩论仅是双方当事人的负担。如果他们未能满足这些负担,则应承担不利后果,法院可以针对沉默、未出席或不愿辩论的当事人作出裁判。在被告缺席的场合,原告所有事实陈述被视为被被告自认,并因而被视为真实而作为判决基础,即拟制自认(Geständigfiktion)。法院不应当只审查主张的真实性,还应审查诉的正当性(Schlüssigkeitsprüfung),即被视为自认的原告陈述能否使他的申请成立。若诉不正当,则依法予以驳回。[71]

根据这一规则,则难以认为例5中的法官没有基于认识错误做出缺席裁判。虽然有学者认为,在缺席程序中法官的决定并非建立在对于奠定裁决结果的相关事实真实性的想象之上,而只是由诉讼参与人的行为所引发,但即便这样(法官在此没有任何关于事实真假的想象),也可以根据第138条的规定认为法官一般都陷入了认识错误:当事人具有完整并真实作出陈述的义务,因此其陈述往往使法官相信,当事人不会故意欺骗自己,因而至少认为其陈述并非不可能真实,欺骗行为与错误形成之

---

[66] Vgl. Perron, in: Schönke/Schröder Kommentar StGB (Fn. 64), § 263 Rn. 51.
[67] Vgl. Zimmermann, in: ZPO Kommentar, 9.Aufl., 2011, S. 322 ff.
[68] Vgl. Krey/Hellmann (Fn. 9), § 11 Rn. 421a.
[69] Vgl. Zimmermann, in: ZPO Kommentar (Fn. 67), S. 323 ff.
[70] Vgl. Krey/Hellmann (Fn. 9), § 11 Rn. 421a.
[71] 同前注65,[德]奥特马·尧厄尼希书,第346页。

间的因果关系得以确立。例5中的S可以成立诈骗罪。

3. 督促程序中司法辅助官的认识错误

根据《德国民事诉讼法》第688条的规定,申请人要求支付一定金钱数额的到期请求权,当该请求权不依赖于对待给付(即原始的支付请求权,或事后的请求权)且非因合同产生的企业家买价请求权时,申请人不起诉而直接向法院递交请求发出督促决定的申请,该决定的发出不经讯问被申请人。相对人可在两周内提出异议。若没有异议,被委托的司法辅助官(Rechtspfleger)就依申请作出执行决定。在督促程序中不能提出任何抗辩和任何驳回请求,因此谁作为申请相对人想提起抗辩和提出异议的,可以将该程序转向争讼程序。督促程序既不经言词辩论也不经证据调查,因此与争讼程序相比更简单、快捷与便宜。[72]

德国联邦法院的判例曾认为,在督促程序的诈骗中司法辅助官依然陷入了认识错误,因为如果司法辅助官认识到了诉讼请求的虚假性,则再签发支付令是不允许的。[73]但这种观点可能与法律规定不符。对于督促程序来说,自1976年起法律(《德国民事诉讼法》第692条第1款第2项)就已不再要求司法辅助官在签发支付令时对诉的正当性予以审查,而仅要求申请人个别提交诉讼请求,且申请人也无须证明诉的正当性;[74]

司法辅助官需要审查是否存在诉讼前提要件,并应确认是否满足督促程序的前提要件,是否申请具有必备内容且是否使用了表格(如果规定了表格的话);在申请人说明的框架内,依照《德国民事诉讼法》第690条第1款第3项只应审查请求权是否足够确定且能否成立,相反,不审查申请人对所主张的请求权是否有权得到。[75]

因此不难得出,在督促程序的诈骗中司法辅助官往往并未陷入认识错误。仅仅是在特殊情形下,即当他认识到了当事人陈述的虚假性时,才有权拒绝签发支付令。此外第689条还允许对督促程序进行机械化的自动处理(automatisiert),这样一来,认识错误形成的前提——即能被欺骗的人——都不存在了,诈骗罪也无从成立。

以上判断结论对于厘清我国刑法中虚假诉讼罪与诈骗罪的关系有一定启示意义。我国通过《刑法修正案九》新增了《刑法》第307条之1"虚假诉讼罪",其第1款规定:"以捏造的事实提起民事诉讼,妨害司法秩序或者严重侵害他人合法权益的,处三年以下有期徒刑、拘役或者管制,并处或者单处罚金;情节严重的,处三年以上七年以下有期徒刑,并处罚金。"第3款规定:"有第一款行为,非法占有他人财产或者逃避合法债务,又构成其他犯罪的,依照处罚较重的规定定罪从重处罚。"张明楷教

---

[72] 同前注65,[德]奥特马·尧厄尼希书,第448、449页。

[73] BGH 24, 257 (260).

[74] Vgl. Klaus Tiedemann, in: Leipziger Kommentar StGB (Fn. 47), § 263 Rn. 90.

[75] 同前注65,[德]奥特马·尧厄尼希书,第450页。

授就认为,第3款属于注意规定,如果行为人通过伪造证据等方法提起民事诉讼欺骗法官,导致法官做出错误判决,使得他人交付财物或者处分财产,行为人非法占有他人财产或者逃避合法债务的,应当以诈骗罪论处。[76] 这样一来,法定刑较高的诈骗罪就与虚假诉讼罪构成想象竞合,应以诈骗罪从重论处。但这里毋宁要先行论证法官可能陷入认识错误。

第一,我国法官在争讼程序和缺席审判中可能陷入认识错误。和德国法官一样,我国法官也是根据当事人提供的证据进行裁判,但除非法官明知是伪造证据而据以裁判(枉法裁判),否则其作出裁判本身就说明对证据信以为真。法官虽然居于中立裁判地位,但并非不关心或不维护被告的财产利益,仍然具有审核证据的意愿和义务。法官在诉讼中面对虚假陈述和伪造证据,也很难超越质证过程本身而作出符合"客观真实"的裁决。[77]

第二,我国法官在督促程序中也可能陷入认识错误。与德国不同,我国民事诉讼中的督促程序并非委托司法辅助官执行,支付令的签发需要经过法院法官的形式审查和实质审查。我国《民事诉讼法》第216条第1款规定:"人民法院受理申请后,经审查债权人提供的事实、证据,对债权债务关系明确、合法的,应当在受理之日十五日内向债务人发出支付令;申请不成立的,裁定予以驳回。"根据这一规定,法院审查分为两部分:一部分为形式审查,即审查债权人是否具有诉讼权利能力和行为能力、申请是否具备签发支付令的条件;一部分为实质审查,即法院一旦决定按督促程序受理后,便转入对申请书的内容进行审查,以决定是否签发支付命令。审查集中在申请人提供的事实、证据是否真实、合法、确凿。事实包括:债权债务关系产生的事实、债务人到期不履行的事实。证据必须足以证明其所陈事实,而且事实证据均须是合法的。[78]

(三)认识错误的证明要求:不同受骗情形中的区分对待

例6:根据州法院的认定,被告人在185起案件中与单个人或多位夫妇签订了无期限的贷款合同,而这些贷款人是他自己或通过拿回扣的中介招揽来的。他有义务按月支付0.5%至3.5%不等的利息。为了使这些贷款人交付款项,他自己或通过中介违背事实地宣称,所集款项已被用于投资并仅仅存在很小的损失风险,该风险只限于利息以及投资额的一小部分。一些投资人被告知,所集钱款被保存在卢森堡的托管账户中,并且一家英国银行将发放额度超过这笔保

---

[76] 同前注23,张明楷书,第1092页。
[77] 参见赵秉志、张伟珂:《诉讼诈骗问题新论》,载《甘肃社会科学》2012年第6期。
[78] 参见冯慧:《督促程序中的法院审查》,载《法律适用》1993年第6期。

证金的贷款,并通过全球证券交易所进行隔夜的货币交易。可事实上,为了赚取高额的利润被告人将钱款中的很大一部分投机地置于股票和外汇买卖中。从2009年12月开始,他不再进行钱款交易的事务,而是直至2010年2月将剩下的合同签订完毕。以这种方式他总共筹集到了高达4 129 800欧元的款项。他保证在解约通知期限到来时返还钱款。[79]

在受骗人为多人的场合,是否需要对被害人逐个确定其是否陷入了认识错误,还是可以从诉讼经济性的角度出发仅选择对其中一部分被害人进行审问,对此,德国司法判例在不同交易形态的诈骗案件中给予了区分对待。

在批量化诈骗案件,即在标准化、大批量完成的结算程序中,德国联邦法院的判例曾创设出"错误比例的估算"(Schätzung einer Irrtumsquote)这种方法,意即不必逐个审问每个被害人以确定其是否陷入认识错误,而是从中挑选出一些代表者加以审问,在确定这些人陷入认识错误后推定出剩余的被害人也陷入认识错误的结论。例如,在投资诈骗(Anlagebetrug)的场合,当被告人声称投资款已经被置于资本投资之中,但实际上正如其一开始所预想的那样,投资款被用于满足其个人的经济目的或者维持一种"滚雪球式机制",那么就总能够推定被害人陷入了认识错误。在这种类型的案件中,事实审法院可以无法律错误地根据对一部分投资者的审问或者从外部情状的推断中确证,所有的投资者都是在认识错误中参与了他们从一开始就注定要失败的投资项目。[80] 汉堡州法院在2014年的一则判决中也曾表明,当存在招股说明书、广告材料以及标准化的销售电话等具有说服力的间接证据时,法院可以就被害人陷入认识错误这一点形成确信,以至于即便每个被害人交付的金额不等,但也只需审问其中一部分代表即可。[81]

相反,在基于个别的动机给行为人提供服务、交付财产的场合,就不能适用"错误份额的估算"这种抽象公式,而应当就每个被害人逐个确定其是否陷入了认识错误。例6中的情形正是如此,按照法院的认定,不仅是有关投资咨询的谈话因人而异,而且每个投资者对于其投资款安全性的考虑也各有差异。在此条件下,法院认为应当根据每个投资者做出财产处分时的主观设想来具体地确定其是否陷入了认识错误。[82]

这种区分的确有其事实上的根据。正如林钰雄教授所说,在大批量、惯常化、定型化的交易中,如果交易主体总是具备特别的意识或高度的警觉,那就根本不是交易的常态;而在一般的交易当中,人们也通常会不自主地、下意识地(sachgedankliches

---

[79] NStZ-RR 2017,375.
[80] NStZ-RR 2017,375.
[81] NStZ 2014,318.
[82] NStZ-RR 2017,375.

Mitbewusstsein)认为一切都正常,否则大家随时都得提心吊胆,而日常生活中不可能长此以往。例如,提供餐点给顾客的餐饮业者,很少特别去考虑顾客可能没有支付能力或支付意愿的问题;点牛排吃的顾客,通常不会特别去联想店家送来的恐怕是袋鼠肉;从提款机提款的小老百姓,往往认为收到真钞那是理所当然的事,很少特别去检验所收受的是否为伪钞。[83] 上述判例中虽然涉及的是充满风险的投资领域,但批量化、定型化、惯常化的投资程序以及充分具有说服力的集资手段,使得在投资日益普遍化的今天,投资者在交付投资款时基本都会下意识地形成一切都正常的印象,因此在这种投资诈骗中不必去通过逐个审问投资人的方式来确定他们是否基于认识错误处分了财产。

四、结语

从以上论述中不难看出,理解诈骗罪中的认识错误必须从该罪的本质特征出发,在厘清其归责功能和区分功能的基础上,给予规范化的界定。过于宽泛地解释这一构成要素,不仅破坏该罪构成要件的定型性、使得此罪与彼罪无法合理地加以区分,而且可能不当扩大刑法的处罚范围。同时,不应忽视这一要素在诉讼中的证明问题,只有构成要件要素在刑事诉讼中得到合理的证明,才能完成罪与非罪、此罪与彼罪的认定,这既是对罪刑法定原则的坚守,也是对被告人合法权利的尊重。我国今后的学术研究和司法实务应当更加注重对于个罪构成要件的精细化、规范化解释,同时将实体和程序两个方面结合起来,在程序正义中实现对犯罪的追诉和惩罚。

(编辑:徐凌波)

---

[83] 同前注 8,林钰雄文,第 245 页以下。

论德国司法实践中一般人格权下血缘知情权的发展
——兼论自然人新型人格权益的司法证成及其发展

边　琪*

摘　要：新型人格权益往往通过持续不断的司法证成而构成一般人格权的新内容。对此，德国模式提供了一种成熟的经验范本。"血缘知情权"（das Recht auf Kenntnis der Abstammung）通过司法证成纳入德国一般人格权的过程表明，该权益的形成和被认可是特定社会背景下法官基于对社会共识的判断而对其人格要素具体论证的结果。血缘知情权获得承认后，其适用主体范围和适用情形不断扩充，并始终面临与等位阶基本权利冲突后的利益权衡问题。同时，它也成为关联权利和法律体系修正发展的重要助推力量。在中国语境下，血缘知情权司法证成带来的观照与思考体现为：新型人格权益创设基于法官所选择和理解的社会共识；其具体适用有赖于司法实践的持续论证与充分的利益权衡，以明确其适用范围、内容和方式，避免其在权利排序上的失衡与"畸重"；权利成本不可避免，但对其估量应立足于当时的可接受性，而非作为新型人格权益被接受的前提条件。

关键词：新型人格权益；血缘知情权；一般人格权；社会共识；利益权衡；权利成本

Abstract：New types of personality rights often constitute new content through continuous judicial justification. In this regard, the German model provides a mature experience model. The right to know his/her own ancestry (das Recht auf Kenntnis der Abstammung) was incorporated into the German general personality right through judicial justification. It shows that the formation and recognition of this right is based on Judges' judgments on social consensus and their specific arguments on personality elements. After the recognition of the right to know his/her

---

* 边琪：柏林自由大学民商法方向博士生。

own ancestry, its scope of applicable subjects and applicable situation have been continuously expanded, and it has always faced the problem of weighing of interests in conflicting fundamental rights. At the same time, it has also become an important driving force for the development of related rights and the revision of the legal system. In the Chinese context, the observations and reflections of the judicial justification of the right to know his/her own ancestry are reflected in the following: the creation of new personality rights is based on the social consensus selected and understood by judges; its specific application depends on the continuous judicial practice and the full weighing of interests, in order to clarify its scope of application, content and methods, to avoid its imbalance and "abnormal weight" in the order of rights; the cost of rights is inevitable, but its evaluation should be based on the acceptability at the time, not as a precondition for the acceptance of new personality rights.

Key Words: New Types of Personality Rights; The Right to Know His/Her Own Ancestry

一、讨论背景

一般人格权在我国司法实践中已经被承认,1999年全国民事案件审判质量工作座谈会中强调了受保护的人格权利既包括物质性人格权、精神性人格权,也包括一般人格权,即直接由宪法所确认的人格尊严不受侵犯的权利。[1] 该座谈会中,司法界对一般人格权的权利来源、基本性质、司法任务等形成了一定共识,即其源自宪法上人格尊严不受侵犯,体现出基本权利的性质,应当在司法中被保护。故此,我国宪法第38条可以作为我国自然人一般人格权条款的更高依据。最新出台的《中华人民共和国民法典》(以下简称我国《民法典》)第990条第1款以列举方式明确了"人格权"这一概念的定义,具体列举了九类法定权利;其第2款规定:"除前款规定的人格权外,自然人享有基于人身自由、人格尊严产生的其他人格权益"。该款也被学者称为我国的自然人"一般人格权"条款。[2] 在该条款背后,理论界多年来围绕我国自

---

[1] 参见《全国民事案件审判质量工作座谈会纪要》(法〔1999〕231号)。
[2] 参见张红:《〈民法典各分编(草案)〉人格权编评析》,载《法学评论》2019年第1期。

然人"一般人格权"问题进行了持续讨论。[3]司法实践中,众多新型人格权益也初露端倪,引起法律学者和实务工作者热议。[4]可以预测,我国《民法典》出台以后,自然人新型人格权益将得到进一步发展,我国《民法典》也将为其司法证成提供更加坚实的法律基础。

如同其他的民事权利一样,人格权并非从学理和法律逻辑中被推导出来,而是源于特定社会背景和司法实践。因为人格权指向的是人内在的自觉性和社会性存在与发展中人格需求的满足,所以人格权的具体内容随着社会发展通常会不断扩充。法定人格权之外,新型人格权益的确立,通常依赖于司法者在一系列个案裁判中的确认与论证。作为一般人格权发展最为成熟的国家之一的德国就提供了许多宝贵经验。围绕着如何确认新型人格权益,司法者不仅要考虑原告的权利保护诉求以及当事人双方的利益平衡和社会背景,也要考虑法律客观目的、现有法律体系的自洽以及具体个案的裁判效果。这对于司法者提出了较高要求,也需要理论上为此有更为充分的准备。而对他国已有司法经验与成熟范例进行探讨分析,从而提取对我国有益的启示内容,无疑也是我国当下构建自然人"一般人格权"条款所需要的。因此,笔者选取德国一般人格权体系中对当下德国社会仍具高度现实意义和还在继续向前发展的"血缘知情权",以其从1989年到2018年的三十年司法实践为例,探讨自然人新型人格权益在司法实践中如何证成与发展、它与同位阶民事权益的冲突和权衡以及其他关涉问题。之所以选取该项人格权益,一方面因当下仍旧在继续推进《德国民法典家庭编》中"血缘"(Abstammung)一章的修订,极富生命力,对我国颇具借鉴意义;另一方面是因为在国内已有研究成果中该项权利的具体情况尚且欠缺,故而本文亦有填补研究国内空白之意义。

二、血缘知情权作为新型人格权益在德国司法实践中的司法证成

血缘知情权,也可以被翻译为"血统知情权"或"血缘知晓权",在德语中表达为das Recht auf Kenntnis der Abstammung,意为对血缘关系的获知权利。起初,其诉求主体主要为家庭关系中的子女一方,权利请求者想要知道自己的身世,确认自己与法律上的父亲或者可能生父之间的血缘关系。但是它从理论进入实践中的历程并不顺利。虽然当时的司法者尚且不能充分估量到该权利被认可后给现有婚姻家

---

[3] 之所以将"一般人格权"条款限制在自然人范围内,是因为《民法典》并未给法人的一般人格权打开道路。鉴于法人的一般人格权是一个更为复杂的问题,本文在此暂时不予以讨论。故而本文中讨论的新型人格权益、一般人格权等均限于自然人范围。

[4] 参见杨卓黎:《民法典背景下新型人格权评析及其保护——基于人格权体系协调的立场》,载《湖南科技大学学报》2019年第3期。

庭领域法律体系带来的冲突,以及所导致的家庭成员关系、抚养、家庭费用承担、遗产继承等方面法律规定的修正,但是在相关案件被提交给联邦宪法法院之前,普通法院通常以缺乏法律依据为由简单拒绝了它。拒绝的主要理由,除了缺乏法律依据外,主要为子女主张血缘知情权通常是为了知道生父身份,这会伤害到母亲的隐私权和家庭关系的稳定。在当时,母亲隐私权关系到母亲的名誉和其现有家庭的宁静和谐,这对于母亲意义非凡。因此,法官在综合考量后,往往拒绝了子女想知道或澄清自己身份信息的诉求。但是,当血缘知情权被作为《基本法》规定的一般人格权对待后,其权利序位随之发生了重大变化。

(一) 1989年德国司法实践关于血缘知情权的重大转变

1989年以前,在一些司法案例中,孩子主张血缘知情权和母亲维护自己隐私权之间产生了激烈冲突。面对冲突,法官通常更多关注母亲的隐私权以及其现有家庭关系的稳定,将其放在满足孩子请求权之前。此时血缘知情或者血缘澄清还只是被视为一项普通诉求,尚未和人格之间产生关联。重大的转变出现在1989年1月31日的联邦宪法法院判决[5]中。

1. 案情简述[6]

该案中,原告提起了一项程序确认之诉,要求确认她并非母亲合法伴侣的婚生子。在法庭正式审理前的口头程序中,母亲和她的合法伴侣解释,他们未曾离婚或分居,也没有离婚的打算。按照当时《德国民法典》第1593条、1598条和1596条第1款第2项的规定[7],初级法院驳回了原告的申请,指出父母婚姻仍旧存续的情况

---

[5] BVerfGE 79, 256ff.

[6] BVerfGE 79, 256ff.

[7] § 1593 BGB

Die Nichtehelichkeit eines Kindes, das während der Ehe oder innerhalb von dreihundertundzwei Tagen nach Auflösung oder Nichtigerklärung der Ehe geboren ist, kann nur geltend gemacht werden, wenn die Ehelichkeit angefochten und die Nichtehelichkeit rechtskräftig festgestellt ist.

§ 1596 BGB

Das Kind kann seine Ehelichkeit anfechten, wenn...

1. der Mann gestorben oder für tot erklärt ist, ohne das Anfechtungsrecht nach § 1594 verloren zu haben

2. die Ehe geschieden, aufgehoben oder für nichtig erklärt ist oder wenn die Ehegatten seit drei Jahren getrennt leben und nicht zu erwarten ist, daß sie die eheliche Lebensgemeinschaft wiederherstellen

3. die Mutter den Mann geheiratet hat, der das Kind gezeugt hat(转下页)

下,孩子无权申请撤销母亲合法伴侣的父亲身份。原告继续上诉,州高级法院认为,初级法院所依据的法律规定有违宪嫌疑,该法律规定需要重新被严肃考虑。因为在非婚生子法律地位与婚生子平等的法律生效之前,非婚生子的权利地位深受生父的影响。《德国民法典》第1596条第1款第2项规定孩子只有在其母亲的婚姻实际解散后,才能有申请撤销母亲合法伴侣父亲身份的权利,是对孩子在人格自由发展上的限制。这种限制是否合适,存在疑问。初级法院在获得了州高级法院的意见后,将相关问题上报联邦宪法法院,请求后者审查,《德国民法典》第1598条和第1596条第1款第2项是否违背《基本法》,成年子女是否只能在其母亲婚姻结束、夫妻分居三年以上或者婚姻关系重建不再受期待的情况下主张撤销其母亲合法伴侣的父亲身份。

联邦宪法法院在对该案件审查后认为,《德国民法典》第1598条和1596条第1款第2项阻碍了《基本法》第1条、第2条和第3条的实现,因此违宪。最终判决为:(1)基于宪法第2条第1款和第1条第1款的一般人格权包括血缘知情权;(2)《德国民法典》第1593条、第1598条以及第1596条第1款就其忽视成年孩子撤销父亲身份权利的内容违宪,它不仅阻碍了成年孩子对家庭法律状态的改变,也阻止了其通过司法手段对自身血缘的澄清。

2. 具体分析——联邦宪法法院论证血缘知情权为一般人格权

(1)论证思路。

该案中的原告提出的是一项要求撤销母亲合法伴侣父亲身份的诉求,依据当时《德国民法典》的规定,该诉求不可能获得支持。但是联邦宪法法院的法官在判决中却创造性地论证,诉求人撤销母亲合法伴侣父亲身份的诉求,是通过司法手段来明确自身血缘的一种方式。明确自身血缘,对自身血缘关系的知情了解,是诉求人基于人格发展以及对自己的身份认知和理解的需求,属于一般人格权。一般人格权作为一项基本权利应当不受到任何限制。所以诉求人撤销母亲合法伴侣父亲身份的

(接上页)4. die Anfechtung wegen ehrlosen oder unsittlichen Lebenswandels oder wegen einer schweren Verfehlung des Mannes gegen das Kind sittlich gerechtfertigt ist

5. die Anfechtung wegen einer schweren Erbkrankheit des Mannes sittlich gerechtfertigt ist

§ 1598 BGB

Hat der gesetzliche Vertreter eines minderjährigen Kindes in den Fällen des § 1596 Abs. 1 Nr. 1 bis 3 die Ehelichkeit nicht rechtzeitig angefochten, so kann das Kind, sobald es volljährig geworden ist, seine Ehelichkeit selbst anfechten; die Anfechtung ist nicht mehr zulässig, wenn seit dem Eintritt der Volljährigkeit zwei Jahre verstrichen sind.

Die Feststellung der Nichtehelichkeit ist Voraussetzung dafür, daß das Kind seine Abstammung vom Vater gerichtlich klären lassen kann (§ 1600 a BGB).

诉求应当被支持。[8] 由此，联邦宪法法院也判定了《德国民法典》中限制该项权利的相关规定违宪。澄清和获知自身血缘的权利，即血缘知情权，也在此论证过程中被联邦宪法法院创设出来。

但是，血缘身世的获知在多大程度上具有人格意义，是否和人格自由及人格发展之间有足够紧密的联系，却是一个无法在法律层面内被解决的问题。对此，联邦宪法法院转而寻求社会共识。寻求社会共识也成为联邦宪法法院论证血缘知情权为一般人格权的最重要手段。在判决书中，法官用了整整一小节来集中论述与该领域相关的各团体组织对血缘知情权作为一般人格权的态度。德国司法部支持联邦宪法法院接受和继续处理该案件违宪的问题；巴伐利亚州州长代表巴伐利亚州政府支持在人格权保护框架内保护血缘知情权；德国法官联盟、德国福音教会、德国主教会议、德国儿童保护协会和家庭法科学协会发表书面支持，并在细节上进一步补充；德国法学家协会、德国律师协会和德国家庭法院会议也表明支持态度，认为对成年子女撤销父亲身份权利的限制不符合其人格权利。

在阐述了该领域相关团体组织的相同立场和支持观点后，联邦宪法法院的法官从法理和法律规则的层面进一步论证，其指出了《德国民法典》在孩子父亲身份确认上的一个重要缺陷，即《德国民法典》中确认孩子父亲身份的方式，是确保最有可能在血缘上为孩子父亲的人在法律上被确认为父亲，但是这并不一定和实际情况完全一致，更广范围的自然科学的调查仍旧不可或缺。《德国民法典》的相关规定，没有为在法律上的父亲和基因上的父亲不一致的情况下子女对父亲身份的撤销，保留必要的缺口。保留必要缺口的重要意义，正在于它和子女人格发展密切相关，法官指出，血缘知情权不仅仅关系到基因信息的知情和遗传疾病的预防，更为重要的是涉及个体的自我理解与发展、个体人格的塑造。在个体对自我身份的寻求和认知中，它处于关键地位。[9] 因此，阻却个体获知其血缘身世，就是阻碍其人格发展。然后，法官进一步指出，《基本法》中人格自由发展是一项不能被限制的基本权利，因此血缘知情权的实现也不能够被限制。而实现血缘知情权的重要途径之一，即赋予个体撤销父亲身份的权利——它也不能够被阻却。血缘知情权在该案中被创设出来的最为直接的目的，实际上是为了解决母亲婚姻仍旧存续的情况下，成年子女对母亲合法伴侣父亲身份申请撤销的问题。在血缘知情权面前，保护母亲婚姻关系和家庭宁静的需求被置后。

（2）产生的影响

如果抛开《德国民法典》相关条款违宪的问题不谈，也暂时将子女撤销父亲身份的权利问题放置在一旁，仅仅集中探讨联邦宪法法院创设血缘知情权的论证方式和

---

[8] BVerfGE 79, 256ff.

[9] BVerfGE 79, 256ff.

理由,我们会发现,联邦宪法法院实际上是将一个具体问题升华到基本权利的问题来处理,然后又回归到具体情境下去解决该具体问题。虽然联邦宪法法院这里主要进行论证的是血缘知情权为不可被限制的一般人格权,但是更为根本的目的是判定民法典中的相关条款违宪。

联邦宪法法院的判决中还有三个方面的阐述对该权利的日后发展产生了重要意义。第一,血缘知情权所实现的是处于隐瞒状况下的可获得信息的"知悉"。[10] 无论是孩子的父母还是第三方,如果不知道孩子的血缘身世信息,那么,没有继续调查相关信息的义务。这是实现血缘知情权最为重要的限制条件。第二,联邦宪法法院要求立法者为诉讼当事人实现血缘知情权制定合适的程序规则,避免现有程序对其造成阻碍。此后的若干年里,立法者一直在为此努力。第三,成年子女有权撤销非生父的父亲身份,现有法律的相关限制条款无效。[11] 该判决推动了父亲身份撤销权及相关程序的发展,这是一个比血缘知情权本身复杂得多的问题,其后续又衍生出如何证明母亲的合法伴侣非生父,继而出现亲子鉴定的证据效力等新问题。

3. 血缘知情权如何适用的论证缺憾

以往各级法院在处理类似案件时,态度上较为谨慎保守。联邦宪法法院创设血缘知情权时,社会相关团体组织对非婚生子女权利诉求抱有极大同情,这和当时实现非婚生子女地位平等化的普遍倾向相一致。当然,通过一个具体案例创设出来的新型人格权益具有天然的局限性,其权利适用边界、内容和方式都不够明确。故而血缘知情权被创设出来以后,对其学理上的批评之声在一段时间内持续存在。[12] 联邦宪法法院只有通过后续的案例持续性对该权利进行论证和丰富,才能逐步使该权利获得学理上的支持。

虽然1989年判决中联邦宪法法院的论证解决了具体涉及的问题,但对其新创设出来的血缘知情权的相关论述仍旧显得薄弱,在该权利如何适用的方面论述不全面,但这种不全面也是可理解的,它也为该权利的后续发展预留了空间。具体来说,在血缘知情权的适用上,至少有四个方面联邦宪法法院的判决尚未涉及:第一,它没

---

[10] Art. 2 Abs. 1 in Verbindung mit Art. 1 Abs. 1 GG verleiht kein Recht auf Verschaffung von Kenntnissen der eigenen Abstammung, sondern kann nur vor der Vorenthaltung erlangbarer Informationen schützen.

[11] 因此,《德国民法典家庭编》的第1593条、1598条和1596条第1款第2项构成的父亲权的撤销和《基本法》中对一般人格权的保护未能一致。联邦法院1989年的判决推动了相关立法的修改。

[12] Elisabeth Koch, FamRZ 1990, S. 569; Stefan Smid, JR 1990, S. 221; Rainer Frank, FamRZ 1992, S. 1365; Thilo Ramm, NJW 1989, S. 1594. Zur Kritik vor 1989 vgl. Peter Gottwald, FS Hubmann 1985, S. 111; Hermann Deichfuß, NJW 1988, S. 113; Rainer Frank, FamRZ 1988, S. 113; Bernhard Hassenstein, FamRZ 1988, S. 120.

有进一步指出如何判断相关主体对孩子血缘信息不知道或者"应当知道"。第二,联邦宪法法院的判决焦点仍旧集中在子女的血缘知情权上,尚未涉及父母或者其他相关第三者对该权利的诉求。第三,未成年子女通过何种途径实现血缘知情权,相关组织的意见存在分歧,联邦宪法法院在判决中未表明立场。第四,血缘知情权和其他等位阶基本权利产生冲突后彼此如何排序,判决中缺乏进一步论述。这些缺失的方面,有的随着其他法律法规的修正而自动消失,有的则长期贯穿在日后的司法实践中,一直缠绕着法官们,成为一种挑战。

(二)血缘知情权确立后的十年司法实践(1989—1998)

在联邦宪法法院1989年判决之后,至1998年德国《儿童权利改革法》(Das Kindschaftsrechtsreformgesetz)出台以前,德国联邦宪法法院和地方法院对血缘知情权提供法律保护历经十年司法实践。十年司法实践推进了该权利的适用,同时继续将另一些问题遗留到下一阶段。

1. 司法实践中面临的三个问题

地方法院在审理血缘知情权诉求的案件中首先遭遇了未成年子女提出诉求的问题。对此,大多数地方法院反对未成年子女自己提出获知血缘的诉求,但在后续处理上呈现出两种态度:第一种态度同意青少年管理局(das Jugendamt)作为未成年子女的代理人提出诉讼[13];第二种态度认为只能由未成年子女成年后亲自提出血缘知情权诉讼,因为它关乎人格,如同婚姻等身份性诉讼,无法被代理。[14] 随后,青少年管理局作为未成年非婚生子女强制保护人的身份被撤销,司法实践中法院逐步倾向于允许未成年人子女的法定父母代理未成年人提出该权利。[15]

地方法院面临的第二个问题是子女血缘知情权无法在《基本法》之外的法律中找到直接依据和支持。地方法院在对该权利进行论证的时候,不能仅仅采用《基本法》中一般人格权的规定,还需要为该权利寻找更近距离的民事法律条款。于是,地方法院首先从《德国民法典》中发展了第1618a条和第242条作为相关诉求的支撑。[16]《德国民法典》第1618a规定:"父母和子女负有相互帮助和体谅的义务。"这一条属于规范家庭成员之间关系的基础条款,不包含制裁内容,仅发挥引导功能。司法实践中,有些地方法院用该条论证子女的血缘知情权,认为它属于父母帮助和体谅子女的义务。有些地方法院拒绝使用该条,认为该条是为了引导家庭共同生活而出台的引导条款,立法者的初衷是用它处理家庭成员彼此关系,故而其不能作为

---

[13] LG Landau DAVorm 1989, 634.

[14] AG Durisburg DAVorm 1992, 1129.

[15] Wellenhofer, Familienrecht, 4. Aufl., 2017, S. 295.

[16] AG Rastatt FamRZ 1996, 1299.

人格权的请求基础。[17] 拒绝采用第 1618a 条的地方法院转而将该权利引入《德国民法典》第 242 条的诚实信用条款。[18]

第三个司法实践中遇到的问题是同位阶冲突权利的取舍。《基本法》中规定了一系列同位阶的基本权利,血缘知情权和它们之间产生冲突后并无能使二者平衡的中间道路,只有非此即彼的关系。在十年司法实践中,和子女的血缘知情权产生冲突的权利至少有两类:第一是生母的隐私权,同样属于《基本法》中规定的被保护的基本权利;第二是可能生父的相关权利,比如维护可能生父现有家庭和谐平静的权利以及其隐私权。在这一阶段的司法实践中,母亲隐私权与子女血缘知情权之间的冲突十分激烈,地方法院对此的态度立场并不都倾向于子女具有血缘知情权。以至于有些评论者认为它是 1989 年判决后的一种倒退。但是,可能的生父的相关权利通常处于被忽视的阶段。生父无权在该类诉求中要求对其身份保密。[19]

2. 1997 年联邦宪法法院的判决

1997 年联邦宪法法院的判决[20]针对以上三个问题都没有给出清晰明确的答案。第一个问题最终在 2015 年的联邦民事法院判决中得到解决,即允许未成年子女的法定父母代理未成年人提出该权利。[21] 1997 年联邦宪法法院的判决给第二个问题提供了一种指引,鼓励地方法院在民事通用条款的运用框架内继续创造相关条款的使用空间,比如已经被使用的《德国民法典》第 1618a 条,该条在司法实践中持续不断地被运用和发挥论证作用后,其学理争议逐渐减少,最终消失。针对第三个问题,联邦宪法法院指出,孩子血缘知情权并非当然优先于母亲的隐私权,需要在个案中具体分析。

尽管在 1997 年案中,联邦宪法法院对子女血缘知情权和其他平行权利发生冲突后持谨慎的立场,但在实际司法实践中,还是呈现出对子女血缘知情权一边倒的趋势。

(三)血缘知情权在德国司法实践中的最新发展

通过一系列司法实践,血缘知情权作为一项一般人格权的地位已经得到确立。司法实践中还发展出了相关制裁措施,当知情的母亲拒绝告知子女其生父信息时,

---

[17] LG Landau DAVorm 1989, 634.

[18] AG Rastatt FamRZ 1996, 1299.

[19] LG Bremen NJW 1999, 729.

[20] BVerfG NJW 1997, 1769. 该判决主要面对的问题是:非婚生孩子要求从母亲这里获知生父的姓名这一血缘知情权和母亲的基本权利产生冲突,法院对此如何权衡,将谁的权利放在前面。

[21] BGH FamRZ 2015, 642.

法院可以强制执行或对母亲处以罚金。[22] 司法实践对该权利的持续肯定和重视反过来也影响了法律的修订,加上1998年出台的《儿童权利改革法》《德国民法典》"家庭法"编"血缘"章被大幅度重新修订,修订范围涉及第1591条至1600e条,第1615a条至1618条。[23] 该修订在《德国民法典》第1600条等条款中确立了无限制的父亲身份撤销(Vaterschaftsanfechtung)制度,可以说是受到前一阶段血缘知情权确立并发展的影响。[24] 此后,血缘知情权与父亲身份的承认和撤销制度之间的关联性所带来的影响日益增大,前者地位的牢固成为一个重要助推,推动后者改变原有法律体系和结构。[25] 此外,不断变化的社会外部环境和日益进步的科技手段也给血缘知情权在司法实践中的新发展提供了契机[26]。

1. 通过捐赠精子出生子女的血缘知情权及相关方的对应义务

通过捐赠精子出生的子女(以下简称"捐精子女")和精子捐赠者并不组成家庭,前者通常不可能知道后者身份。[27] 捐精者也很难被称为传统意义上的"生父",因为他们并无制造子女的自觉。但捐精子女对于捐精者的精神情感寄托是否可以上升到人格发展领域,值得思考。

当下,德国法院在司法实践中已承认捐精子女享有血缘知情权,并逐渐扩展了其父母和帮助进行人工生殖的医生、医疗机构的对应义务。此前,德国司法实践突破了以往"秘密生产"的规定,指出母亲要求生产中保密自己身份信息的权利不足以对抗子女的血缘知情权。[28] 同理,尽管捐精者可能和接受捐精的机构、医生签订了保密协议,要求对自己的身份保密,或者后者单方承诺、规定对前者的身份予以保

---

[22] BGH FamRZ 2008, 1751.

[23] Bundesgesetzblatt, Gesetz zur Reform des Kindschaftsrecht, Nr. 84 vom 19.12.1997.

[24] 这种影响来自血缘知情权的诉求一旦被允许并且血缘关系得到确认后,子女也就知道现有家庭中的父亲并非自己的生父,因此也会继续产生撤销现有家庭中父亲身份的诉求。在《儿童权利改革法》以前,已经获得父亲身份的非生父,子女无权对其父亲身份以血缘原因向法院申请撤销。

[25] 2002年的《儿童权利继续改善法》,2004年的《父亲身份撤销和与儿童有重要关系者和儿童的交往权利修订法》都继续涉及父亲身份撤销的问题。但未和子女生活在一起的生父提出撤销子女现有家庭中父亲的权利的诉求仍旧被拒绝。

[26] 虽然在这一阶段中,代孕母亲相关的法律问题也被广义的血缘知情权所包括,但是从基因上来说,母亲的身份通常明确且唯一,其所引起的血缘知情权的问题是间接性的,故而本文对此不再展开。

[27] 这里指的是通过正规人工生殖技术在人工生殖机构用男性伴侣之外的人的精子使女性伴侣受孕并生下子女的状况。相关研究对此还将进一步细分,但是由于进一步细分和本文写作目的关联不大,故而本文不再对此做细分。

[28] Wellenhofer, a.a.O., S. 296.

密,也仍旧不能对抗捐精子女的血缘知情权。

2013年2月6日位于德国Hamm市的该州高级法院的判决[29]依据德国《基本法》中一般人格权条款和《民法典》第242条诚实信用条款指出:(1)捐精子女有权向进行人工生殖的医疗机构和医生要求获知捐精者身份;(2)父母和医生之间签订的捐精者身份保密协议对捐精子女无效;(3)如果涉及特定捐精者信息的文件已经找不到,相关医生的告知义务得以免除。该判决出现以前,人工生殖中心对记载捐精者身份信息的文件的保存往往较为随意,故而文件常常面临保存时间过短或者丢失的情况。该判决出现后,相关情况开始有所改变。

2015年1月28日的联邦最高法院判决[30]中除了继续肯定位于Hamm市的该州高等法院的判决外,还要求捐精子女的血缘知情权要落实到手术合同中。此外,联邦最高法院进一步指出,通过捐精出生的未成年人的父母可以作为代理人代理其落实此项权利。该判决统一了一个长期以来地方法院操作不统一的方面,即当未成年人提出血缘知情权这一项具有高度人身依附性的权利诉求时,谁应当作为代理人向法院提出申请。

至此,捐精子女的血缘知情权优先于人工生殖中心和父母的保密协议、捐赠精子者的保密要求。为让捐精子女的血缘知情权真正落实,德国从2016年起开始起草《异源精子使用下的血缘知情权调整法》(Gesetz zur Regelung des Rechts auf Kenntnis der Abstammung bei heterologer Verwendung von Samen),2018年7月1日,其正式生效。该法规定,精子捐赠者都需要在德国医疗文献与信息机构(das Deutsche Institut für Medizinische Dokumentation und Information)进行信息登记,[31]相关信息将保留110年。[32]该法还规定了德国医疗文献与信息机构告知义务实现的程序和方式,禁止捐精子女的母亲获得捐精者信息,[33]也拒绝捐精者通过该机构获知捐精子女的信息。对该法中登记义务的违反者,最高可处以3万欧的罚款。[34]该法的出台也意味着国家开始统一规范和管理捐精者的信息,尽可能杜绝医生由于信息采集和文件保存不当而无法履行告知义务的情形。

---

[29] OLG Hamm NJW 2013,1167.
[30] BGHZ 204,54.
[31] 《异源精子使用下的血缘知情权调整法》(2018年7月1日)第1条。
[32] 《异源精子使用下的血缘知情权调整法》(2018年7月1日)第8条。
[33] 《异源精子使用下的血缘知情权调整法》(2018年7月1日)第10、11条。该条实际上突破了OLG Hamm在2014年作出的判决,判决规定孩子母亲必须在精子捐献者要求的情况下告知用其精子所生的孩子的信息,除非后者滥用该权利或此种告知损害孩子利益的情况下,母亲才可以拒绝。参见OLG Hamm NJW 2014,2369.
[34] 《异源精子使用下的血缘知情权调整法》(2018年7月1日)第12条。

因此,在通过捐赠精子生育子女的情形中,血缘知情权实现的对应义务方从家庭特别是母亲身上转移到了第三方机构身上。这一阶段的司法实践中,《德国民法典》第 242 条的诚实信用条款超越了第 1618a 条,开始发挥更为重要的作用。借由司法实践,德国也不断规范了作为第三方的医疗机构和医生相应的告知义务和信息登记保存义务。德国医疗文献与信息机构对捐精者信息登记的管理,也使得捐精子女血缘知情权的实现有了保障。

2. 基因检测技术实现血缘知情权

基因检测技术的发展扩展了血缘知情权的实现方式。子女甚至可以通过基因检测技术确认自己和某位死者之间的血缘关系。但该技术的出现首先冲击了本就不稳定的家庭关系,因为现在心存怀疑的父亲可以将其怀疑付诸鉴定技术来证实。但基因检测行为本身无疑会破坏家庭成员彼此的信任。[35] 因此,秘密基因检测行为为家庭的继续存续提供了缓冲余地。

但秘密基因检测行为因损害被检测人的信息自决权(informationelle Selbstbestimmung)而缺乏证据效力。[36] 2008 年 4 月 1 日,《独立于撤销程序的父亲身份确认法》(Gesetz zur Klärung der Vaterschaft unabhängig vom Anfechtungsverfahren)生效。该法促使《德国民法典》增加了第 1598a 条,以专门规范在实现血缘知情权中对基因检测技术的使用,从而为希望通过基因检测技术确认血缘关系并实现法律效果者开放了一条道路。

《德国民法典》第 1598a 条"允许进行基因检测以澄清血缘的请求权"一共有 4 款,第 1 款规定,提出请求权的主体范围是作为家庭成员中的父母子女中的一方,被请求方负担的义务是容忍提出方进行血缘检测及与此相关的基因抽样;第 2 款规定,如果家庭成员中一方拒绝,家事法院在经过权利人申请后可以给出替代允许,命令拒绝方必须对此容忍;第 3 款规定,如果此举显著伤害未成年子女利益,法院可以中止相关程序;第 4 款规定,容忍基因检测一方可以向申请方要求查阅血缘鉴定结果或者获得副本。第 1598a 条有一个关键性限制,即此项权利的实现不能够显著伤害未成年子女的利益。何为显著伤害未成年子女的利益?一般指,会引起自杀或者某种严重疾病的恶化。[37] 在 Schleswig 州高等法院 2011 年判决[38]中,法官将父母要求进行基因检测而诱发未成年孩子神经性皮炎(Neurodermitis)列入"显著伤害未成年子女的利益"的情形。

---

[35] 在因心存怀疑而进行的秘密基因检测中,80%的结果都证明了检测人和被检测人之间有血缘关系。参见 Muscheler, Familienrecht, 4.Aufl., 2017, S. 351.

[36] BGH FamRZ 2005, 340.

[37] *Muschele*, a.a.O., S. 353.

[38] OLG Schleswig FamRZ 2011, 1805.

值得注意的是,第1598a条仅赋予了血缘关系的确认效果,而不延伸到其他相关权利的变动。但近几年司法实践中也逐步认可将基因检测结果作为一种证据,以支持多年来以为自己是孩子生父的父亲撤销父亲身份以及向母亲寻求相应的经济补偿。[39] 司法实践中也开始支持特殊情况下子女对可能的生父提出基因检测的要求,但排除了可能生父的对等权利。[40] 司法实践中的这种差异对待态度表明,血缘知情权实现与否影响人格的完整性和发展主要针对的是子女,无论其是否成年。

3. 父亲对可能的子女主张血缘知情权

子女有权知道自己的血缘父母身份,那么父母是否同样有权知道自己的血缘子女身份? 1989年判决创设血缘知情权时对此并没有涉及。但从立法和司法实践现有态度看,法律父亲拥有受限制的血缘知情权,可以要求母亲告知,或依据《德国民法典》第1598a条寻求基因检测技术的帮助。可能生父的血缘知情诉求不被保护。[41]

2016年4月联邦宪法法院的判决[42]拒绝了可能生父在《德国民法典》第1600d条规定的父亲身份确定程序之外建立单独申请程序。从德国司法实践构建血缘知情权的历史看,程序的建立往往意味着权利实现大门的打开以及权利保护道路的畅通。不构建单独的程序,也就意味着在此类权利的实现上联邦宪法法院呈现出保守、限制的态度。这是因为联邦宪法法院认为,作为子女一方的血缘知情权可以停留在知情的层面,作为父亲一方对可能子女的血缘获知却不应该通过单独的程序停留在一个欠缺法律效果的结果上,它必须落实到父亲权利的确认或撤销程序上。

事实上,相对于可能生父的血缘知情诉求,法院更加关心的是通过其他方式确认身份后的生父和子女之间关系的处理方式。德国联邦宪法法院在2003年的一个判决[43]中指出,生父和孩子之间已经存在的社会关系受法律保护,生父也可以通过法律程序要求获得自己的父亲身份——在其没有和孩子现有家庭关系产生冲突的时候,但是为了保护孩子的利益它可以被排除。2017年德国联邦法院在判例中也继续延续了2003年德国联邦宪法法院判决的立场[44],指出孩子和法律父亲之间的社会家庭关系优先于生父的相关权利。

各级法院对可能生父血缘知情诉求的处理,表明了对血缘知情权的保护并非绝

---

[39] BGH FamRZ 2012, 200; 2013, 939; 2014, 1440.

[40] BVerfG FamRZ 2016, 877.

[41] BVerfG NJW 2016, 1939.

[42] BVerfG NJW 2016, 1939.

[43] BVerfGE 108, 82.

[44] BGH FamRZ 2017, 1685.

对[45]，其适用主体范围的扩展也需要极其谨慎地进行，必须在和等位阶冲突权利相权衡以后做出决定。对于将血缘知情权从最初的适用主体——子女，扩展到其他主体的过程，尽管立法者对此有续造的空间，但相对比较保守和克制。各级法院也需要考虑血缘知情权主体范围扩展的可能性以及实现后带来的效果。所以，父亲血缘知情权被保护的限制条件远多于子女。

综上，联邦宪法法院差别对待子女和可能生父各自的血缘知情诉求，表明其现阶段只看重父亲身份的承认与撤销程序所产生的更为实际的法律效果。无论如何，生父确认自己与可能的子女之间的血缘关系，当下仍旧只能诉诸父亲身份的承认与撤销程序来实现。

三、血缘知情权作为新型人格权益在德国法中的构建与带来的影响

血缘知情权被创设后，如何以一项基本权利的身份融入整个婚姻家庭法律体系中，以及它和其他等位阶权利冲突后被如何对待，又对关联权利及相关的法律体系带来何种影响，有必要进一步被探讨。

（一）血缘知情权融入的背景探讨

1989年判决中，联邦宪法法院在确认血缘知情权的一般人格权地位的过程中，将寻求社会共识作为了重要方式。它也体现了当时德国特殊的社会背景，"二战"结束后，由于战争的冲击，德国社会中出现了大量非婚生子女。这些非婚生子女在当时保守的社会风气下以及差别性的法律规定中往往遭受歧视对待。这种歧视对待在20世纪70年代以后逐步引起了德国法学界的共同重视。[46] 血缘知情权被提出之前，非婚生子女地位的平等化——其和婚生子女应当被同等看待，逐渐成为法学界共识。立法者也在积极酝酿和准备对相关法律条款进行修正补充。1998年《儿童权利改革法》出台，一系列相关具体规定得到修订。同时，《基本法》第6条第5款明确规定非婚生子女获得和婚生子女等同的法律地位，使得两者地位平等化在法律中被切实贯彻。血缘知情权的提出者在当时多为非婚生子女，许多不知其父亲身份，

---

[45] Enders，NJW 1989，S. 881.

[46] 1969年8月19日德国出台了《非婚生子女权利地位法》（Gesetz über die rechtliche Stellung der nichtehelichen Kinder），1970年7月1日该法正式生效。该法规定，非婚生子女的法律地位和婚生子女完全相同。《德国民法典》中相关条款因此重新修订。在此之前，《德国民法典》中非婚生子女的地位远远低于婚生子女，非婚生子女只有与其生母的亲属有亲属关系。随后非婚生子女法律地位的平等化又促成了1998年《儿童权利改革法》（Kindschaftsrechtsreformgesetz）的出台。在此期间，德国法学界为非婚生子女在法律地位上和婚生子女的完全平等做出了许多努力。

母亲的隐瞒让这种困扰长期存在。在此种背景下,司法界对该群体的同情和关注逐渐积累,故而将其血缘知情权最终纳入一般人格权体系中显得顺理成章。此外,一般人格权体系的发展史,也是司法界积极关注社会和与社会互动的见证,1989年联邦宪法法院的判决中,论述相关团体组织的社会共识构成了整个论述内容的重要部分。最后,一般人格权作为框架性权利容纳新的权利内容,在德国司法界已经被运用得较为成熟。将血缘知情权纳入一般人格权的口袋中,类似的经验、论证理由和司法程序,在德国司法实践中都并不缺乏。

时至今日,血缘知情权在德国社会仍旧是一个具有高度现实意义的关注点,因为现代德国社会中家庭形态和家庭结构更加复杂,父母子女之间基于血缘关系的自然纽带正在逐渐变得脆弱,法律和国家机构介入家庭内部的力度进一步变强。具体表现为:结婚率持续下降,婚姻关系变得更为不稳定,家庭组建方式的多样性被德国社会与法律进一步认同,[47]单亲家庭、重组家庭、同居伴侣家庭(Lebensgemeinschaften)和"彩虹家庭"(Regenbogen Familie)[48]的比例逐年增加。调查数据显示,2016年德国社会中生活在单亲家庭的孩子比例为23%,生活在同居伴侣家庭的孩子比例为8%,两者总数为31%,几乎达到群体总体数量的三分之一。[49]此外,捐精、代孕等现代人工生育辅助技术的发展,收养、认领等传统方式的并存,都使得未能和血缘父母共同组建家庭的孩子比例进一步上升。此种家庭背景下,孩子对自己血缘身世的获知需求随着该群体数量的增加逐渐作为一个跨越国界的社会问题凸显出来。其带来的挑战和引起的关注是国际性和多方面的。

(二)平行权利冲突中的利益权衡与立场选择

当血缘知情权和其他平行权利之间产生冲突后,德国法院强调在个案中对其具体对待。梳理血缘知情权从创设至今的司法实践,我们能够观察到一些处理惯例和基本立场。

1. 产生冲突的平行权利[50]

一般人格权的保护不应当受到任何限制,但是其也并非绝对意义上被保护的权

---

[47] Bundesministerium für Familie, Senioren, Frauen und Jugend. Familienreport 2017 Leistungen, Wirkungen, Trends, S. 7.

[48] 所谓"彩虹家庭"即同性恋家庭,根据德国学者调查,截至2015年,在德国至少有7300对同性恋家庭拥有共计10800个孩子。参见 Dr. Bernd Eggen, Dorothee Ulrich, Ausgewählte Sozialstrukturen und gesellschaftliche Bedeutung dieser Familienform, www. Familienhandbuch. de, 2015(12).

[49] Statistisches Bundesamt. Kinderlosigkeit, Geburten und Familien, 2016, S. 24.

[50] 所谓的平行权利,是在个案权衡中抽象意义上具有同等价值的基本权利。从抽象角度看,它们彼此之间并无绝对的先后次序之分,都具有同等价值位阶。

利。当它和其他平行权利产生冲突以后,选择保护哪一种权利,需要法官进行利益衡量。利益衡量的过程也给法官提供了在审判中发挥造法功能的机会。在司法实践中,与作为一般人格权的血缘知情权曾产生冲突的平行权利主要有:

(1) 母亲、可能的生父的隐私权,两者皆有对自己私人生活保密且阻止他人打扰的权利(基于《基本法》第 2 条第 1 款和第 1 条第 1 款);(2) 信息自决权,落实在基因信息上包括孩子的信息自决权和可能的生父的信息自决权(基于《基本法》第 2 条第 1 款和第 1 条第 1 款);(3) 可能的生父家庭生活稳定、平静的权利,孩子现有家庭生活稳定、平静和其与法律父母关系稳定的权利(基于《基本法》第 6 条第 1 款);(4) 死者安宁与尊严得到尊重的权利(基于《基本法》第 1 条第 1 款);(5) 相关第三方机构、医生的职业自由权(《基本法》第 12 条第 1 款第 2 句)。

以上所有类型的平行权利中,血缘知情权和(1)(2)项中的基本权利实际上都属于《基本法》第 2 条第 1 款和第 1 条第 1 款的一般人格权领域,属于这一广阔领域中不同类别的内容。血缘知情权和第(4)项中的死者安宁权在法律规定的依据上有交叉,都涉及《基本法》第 1 条第 1 款对人的尊严的尊重和保护。此外,第(3)项和第(5)项中所列举的基本权利,依据德国《基本法》的规定,在抽象意义上的适用也都和血缘知情权处于同等地位。

2. 平行权利冲突下的具体权衡与立场选择

由于《基本法》中平行权利的权衡结果引发的效果不可逆转,也缺乏中间调和路线,所以司法中并没有一刀切做法,而是针对个案具体分析。法官在血缘知情权和其他平行权利冲突后,要考虑和比较各个权利的具体状况,以便让综合意义上的每一种权利最大限度地得到发展和发挥效果。[51] 一项基本权利要排在其他平行冲突权利之前,必须经过靠得住的价值和规范层面的合理性论证,从而表明该项权利的保护义务有充分理由置于其他权利之前。[52] 此外,还须论证被伤害的利益之伤害是必要的,没有其他方式可以代替这种伤害。保护一方和伤害另一方的基本权利都要符合比例原则(Verhältnismäßigkeit)。[53] 也即,权衡方法和比例原则是平行权利相冲突后法官进行立场选择的重要方法。但实际上仍旧有一些因素在衡量中会被赋予更大的权重或者具有绝对性影响力。在所有血缘知情权的司法案例中,最具绝对性的因素是判决结果对案例中未成年子女一方人格精神发展的影响。也即,儿童最大利益原则在个案冲突的平行权利权衡中具有最重分量。

此外,还需要注意的是,如果案件是置于民事法院而非联邦宪法法院的程序进行权衡时,不能直接采用《基本法》中的权利衡量方法,而需要在后者间接第三人效

---

[51] Ganaris JuS 1989, S. 161.

[52] Mayer, Auskunftsansprüche betreffend die Identität des biologischen Vaters, 2014, S. 78.

[53] BVerfGE 79, 256ff. = FamRZ 1989, 255.

力(mittelbare Drittwirkung)[54]的辐射下做符合民事法律层面的论证与解读,程序上需要按照《德国民事诉讼法》第138条规定的论证方式进行,《基本法》中的规定只是起到间接的辐射效果,发挥附带协助作用。[55]

实际上,1989年判决中的原告作为成年子女,已经离开家庭独立生活,其和父亲的关系相对已经固定化,撤销父亲身份的主张并不会过多影响到父母关系和母亲的家庭,因此其澄清血缘的诉求对母亲隐私权以及家庭和谐的影响有限。但是在随后的各类复杂案例中,血缘知情权和其他平行权利之间的位序,确实有必要专门探讨。但实际上,在抽离了最初案例的具体案情后,其已经确立的原则被继续使用到类似案例中时,各级法院未再就等位阶权利冲突的问题进行深入讨论,而直接采用第一个案例中已有的论证和原则。这导致绝大部分案例中子女的血缘知情权保护最终几乎置于其他所有基本权利之前。各级法院对此论证的最重要依据是它在个体人格塑造和自我认知中所处的不可替代的地位,而不问作为子女的个体处于何种年龄、身份、家庭状况。故而就血缘知情诉求而言,个体的人格塑造和自我认知并无年龄上之限制。但如此又很难说明,为何司法实践中法院对作为父亲角色的个体提出该类诉求如此"漠视"与保守。当然,从学理探讨看,父亲获知自身和子女之间血缘关系的诉求以及附带获得赔偿,也在被探讨和逐步认可。[56]所以,不排除未来血缘知情权向父亲开放的可能。

由此推出,对血缘知情诉求的回应在司法实践中逐渐形成两类情况:如果主张为子女针对父母或者第三方作出,它几乎作为一种绝对性权利在所有基本权利序列中排列在第一位,超过上一小节中列举的其他五项平行权利;如果主张者为其他人,司法实践中主要是法律父母、可能生父等,该权利在基本权利序列中处于未成年子女的重要利益保护之后。但是司法实践中尚且无法具体说明未成年子女的重要利益包括了哪些内容,只能在个案中具体裁量。目前可见的重要利益有子女的身体健康、精神利益、家庭关系的稳定等,它需要法官在司法审判中根据具体情况做出具体判定,并符合比例原则。理论上来说,子女的身体健康、精神利益、家庭关系的稳定等并非绝对处于优先地位,但是在司法实践中它们实际上几乎处于绝对优先地位。

---

[54] 参见许瑞超:《德国基本权利第三人效力的整全性解读》,载《苏州大学学报》2017年第1期。

[55] Mayer, a.a.O., S. 81.

[56] Philipp M. Reuß, BVerfG: Anspruch des Scheinvaters gegen die Mutter auf Nennung des wahren Erzeugers hat im deutschen Recht keine ausreichende Rechtsgrundlage, URL: www.abstammungsrecht. de/bverfg-anspruch-des-scheinvaters-gegen-die-mutter-auf-nennung-des-wahren-erzeugers-hat-im-deutschen-recht-keine-ausreichende-rechtsgrundlage/. (abgerufen am 19. März 2018).

3. 对其他主体隐私权的置后

在血缘知情权相关案例中，当平行权利之间存在冲突后，联邦宪法法院对其具体权衡的过程往往明确或隐含地包含三个步骤：(1) 确认优先条件；(2) 确认基本权利、价值或利益的通常优先地位；(3) 设定相应的法律后果。[57]而和血缘知情权之间冲突最厉害的始终为母亲的隐私权及维护家庭的安宁。但是在相关系列案件中，该方面的权衡论证过程始终不够清晰。虽然德国司法实践中强调血缘知情权和其他主体的隐私权相比并无绝对优先的权利，需要具体权衡，但经过最初十年司法实践的争论后，在后续司法实践中，冲突权利的胜利方几乎都为血缘知情权。其他相关主体的隐私权在和诉求方的血缘知情权产生冲突后，无一例外地被置后。

笔者认为，1989 年判决之后的许多类似情况的案件中，母亲和其他主体的隐私权价值面对血缘知情权被低估。特别是当个案中母亲隐私权被置于子女血缘知情权之前时，理论界的批评声音和社会上的反对风潮，导致此类个案的出现成为个别情形。因此，相关个案中隐私权合理限制血缘知情权的因素未能够发展起来。后续案件中，当地方法院对血缘知情权惯性使用后，不可避免地导致了平行权利冲突中血缘知情权在权利序列中的"畸重"局面。如何克服司法实践中惯性使用的局限性，将理论上冲突的平行权利的客观权衡标准更好地贯彻到司法实践中，使得司法实践的结果更为客观、司法论证过程更为充分，也是在血缘知情权相关案件的司法实践中需要继续探索的。

（三）民事法律规定对应的扩充解释

民事法院在司法实践中一直通过扩充解释的方式为血缘知情权寻找合适的请求权基础。[58]能够作为一项新被落实权利的请求权基础，被寻找的法律条款本身要具备一定的模糊性和可扩充解释性，从而满足推导出一定义务且其具备可诉性的可能。[59]

寻找到的最为常用的请求权基础是《德国民法典》中的第 242 条"依诚实及信用提供给付"，该条款从字面意义看仅规范给付方法和方式，不涉及具体的给付义务内容，故而具有大量可拓展的空间。德国法律界通过长期判例和学说从该规范中推导出支配整个法律生活的基本原则，即任何人行使权利和履行义务时要依照诚实信用

---

[57] 参见冯威：《基本权利的紧张关系与权衡裁判——以德国雷巴赫案对一般人格权的保护为例》，载《交大法学》2017 年第 4 期。

[58] 当然，新增入的第 1598a 条，从某种意义上来说，并不是为了解决血缘知情权的法律依据问题，而是在该权利已经被认可的情况下用以规定基因检测，从而更好地规范基因检测以确认血缘关系的方式，杜绝秘密基因检测带来的危害。

[59] Erman/Kroll-Ludwigs §1353 Rn.33；Palandt/Brudermüller §1353 Rn.8.

做出行为。[60] 从家庭法的角度,司法实践还为血缘知情权的落实寻找到了《德国民法典》第 1618a 条和第 1353 条作为依据。如前面章节已论述,第 1618a 条规定了父母和子女负有相互帮助和体谅的义务,是引导家庭关系的基础性条款。第 1353 条以一般性方式设置了夫妻双方负有的婚姻共同生活义务,构成婚姻存续期间夫妻行为的基本规范。这两条同样需要符合诚实信用原则。从不严谨的意义上也可以说,第 1618a 条是诚实信用原则在家庭关系中的通用条款,而第 1353 条是诚实信用原则在夫妻关系中的通用条款。第 1618a 条和第 1353 条叠加在一起,为婚姻家庭关系中的知情请求权提供了稳定的法律依据,加上第 242 条在其上的统摄,为血缘知情权提供了直接而有效的请求权基础。此外,《德国民法典》中第 1686 条和第 1686a 条也间接受到影响而被修正,第 1686 条规定了父母之间子女个人情况的告知义务,第 1686a 条规定了非法律父亲的生父与亲生子女的交往权利。

血缘知情权的司法实践中,法院往往依据上述条款直接推导出父母对子女的告知义务或夫妻之间的告知义务,从而使得一种基于通用条款的普遍道德义务直接转为一种基于彼此法律关系而赋予的具体法律义务。比如,判决中常常采用的表达方式为:"依据民法典第 1686 条,父母一方负有义务对另一方告知共同孩子的个人血缘关系……"[61] 当然,涉及具体的案件情况时,还会适用其他法律规定。比如,当涉及基因鉴定问题的时候,第 1598a 条也常常出现在判决中。在适用具体的民事法律规则外,法院在判决中也会引用相关的基本法条款增强辅助证明力,主要涉及的是基本法中的一般人格权条款。

(四)对关联权利的影响与后者的应对——Vaterschaft 的承认与撤销程序

与血缘知情权关联最紧密的是《德国民法典》"家庭法编""血缘"一章中的"Vaterschaft"。不仅仅因为它在 1989 年联邦宪法法院判决中就是和"Vaterschaft"的撤销权关联在一起,同时也是因为后续的各种案例中,它们彼此仍旧常常关联。"Vaterschaft"宜翻译为"父亲身份",该身份本身意味着一系列权利义务的集合。它在法律概念中特别强调一个个体作为父亲这一角色和家庭关系中的其他个体之间的关联。血缘知情权之所以和父亲身份关系紧密,是因为请求权人绝大多数情况下请求获知的是父亲的身份信息。

1989 年判决创设血缘知情权的目的之一,是赋予子女撤销法律父亲的父亲身份的权利。实际案例中,许多请求权人诉之以血缘知情权的目的,也并非单纯出于实现人格发展或人格圆满,而是为了通过撤销和确认父亲身份获得经济利益。血缘知情权之诉为下一步通过确认或改变父亲身份而向经济能力更好的父亲要求抚养费

---

[60] Stürner, Bürgerliches Gesetzbuch Kommentar, 17.Aufl. 2018, S.218, 219.

[61] OLG Hamm, NJW 2014, 2369.

用或者希望获得遗产中应有的份额打开了道路。许多父亲确认和子女的血缘关系，也是为了随后通过撤销父亲身份、免除父亲义务或要求母亲返还自己多年支付的子女养育费用以报复不忠的伴侣。因此，血缘知情权的实现和父亲身份的承认与撤销常常伴随，后续产生的法律效果常常也并不美妙。

德国法院在司法实践中试图将两者区分开来，努力保持血缘知情权之诉本身的独立性和纯粹性。在司法界的推动下，伴随《德国民法典》第1598a条规定而构建起来的血缘知情权诉讼程序就是独立于父亲身份承认和撤销的单独程序。该程序也被视为缺乏法律效果的程序，德国法律界称之为"ins Blaue hinein"，意指缺乏目的。也即，血缘知情权诉讼程序所带来的效果仅仅为请求权人有权利实现获知自身血缘关系的诉求，至于实现血缘知情权之后的效果，在所不问。如果请求权人要对父亲身份进行撤销或者寻求承认，必须重新通过父亲身份确认或撤销程序提出。但不可否认，德国法院试图将两者分开的努力效果不佳，血缘知情权的结果实际上在司法实践中逐渐成了父亲身份承认和撤销程序得以提起的一个重要依据。

四、自然人新型人格权益在中国语境下司法证成的思考

德国司法实践中对一般人格权保护范围的扩展至今仍在持续进行。基于一般人格权构建上的开放性，许多自然人新型人格权益得以在司法实践中被创设并逐步成熟，从而不断给德国法注入新的生命力。自然人新型人格权益如何通过司法证成而融入现有法律体系并发挥其价值功能，也是当下我国构建民法典"人格权编"中自然人"一般人格权"条款时必然需要思考和探索的重要问题。本文以上部分对血缘知情权在德国司法实践中的证成过程进行梳理分析，目的是为我国提供一种观照和范本。自然人新型人格权益的司法证成是一个连续性过程，所带来的影响也是持续性和多方面的，故而对其考察和思考都要放在一个广阔的时空维度下，不仅仅着眼于它被创设之初的案例，还要看到其后续影响。

（一）新型人格权益的创设：基于社会共识的法官造法

我国实际上已有新型人格权益创设的司法经验，德国的新型一般人格权无一例外经过司法塑造而产生与成熟。我国也有新型人格权益经过司法实践塑造而被确认的经验，比如我国曾为新型人格权的隐私权即始于司法确权，人格权精神损害赔偿制度也始于司法实践对当时成文法的突破。[62] 在新型人格权益的创设过程中，法官对一项新型人格权益的选择与论证，背后的基础是社会共识。但更值得关注的问题是，在具体个案中，法官如何对新型人格权益背后的社会共识进行选择、认知与

---

[62] 参见徐钝：《新型人格权价值共识度的司法判断》，载《重庆大学学报》2019年第1期。

理解。

现代社会奉行多元主义价值观,因此绝对共识只不过是一种幻想,寻求不同价值观之间完全重叠的努力,也很难达成。[63] 就司法层面所寻求的价值共识,很多时候是法官就特定群体所体现的价值认知、评判和选择所达成的幅度和范围的认定。[64] 它在不同的时空条件下是动态变化的。在特定时空环境中,基于法官造法的活动,它得以固定下来,并在整个价值体系中占据一个重要位置。新型人格权益在一定范围的群体内受到肯定性评价,是法官评价其形成社会共识的重要标准。此外,新型人格权益能够得到肯定性评价,它还需要契合当时社会的主流价值观,但它最初可能仅仅是少数利益关联主体或者学者提出的主张,因此这种主张从局部到普遍、从个别主张到社会认同,也需要一定的时间和其他助推因素。比如在我国,贞操权、祭奠权等新兴的人格权益在司法实践中逐步被认可,就是这样一个过程的呈现。[65] 所以,一方面,社会共识的形成并非一蹴而就的事情,而是一个动态变化的过程;另一方面,对代表群体的选择主要在于法官。德国的血缘知情权在获得司法实践支持以前,已经有众多被拒绝的案例,恰恰是在这种拒绝过程中,相关社会共识被培育和凸显出来。而在血缘知情权的司法证成过程中,联邦宪法法院的法官对判断该项新型人格权益形成社会共识的相关群体的选择,仍旧主要立足于法律人群体和与人格塑造有所关联的社会团体的态度,其具体包括了拜仁州政府、德国法官联盟、德国福音教会、德国主教会议、德国儿童保护协会和家庭法科学协会、德国法学家协会、德国律师协会和德国家庭法院会议,通过书面问询和回复的方式,使得法官评价社会共识的形成具备了必要的范围和幅度。

此外,新型人格权益的形成中,法官自身的论证工作实际上也发挥着同样重要的作用。法官需要在司法实践中展现新型人格权益所承载的人格要素,后者作为新型人格权益的客体,也是此权利区别于其他权利的符号,和接受法律调整方式、程度的基础。[66] 对于论证新型人格权益在人的尊严、人格自由和人格发展中的地位、意义、必要性和可行性,只有法官能够提供权威观点和论证过程。特别是涉及某个新型人格权益的第一个司法案例,通常会具有特殊重要的意义,法官有必要根据具体案情,并考虑该新型人格权益未来的具体适用,而尽可能充分进行论证。如果在之后的具体案例中,该新型人格权益的适用出现了新的条件和变化,法官也需要再次

---

[63] 参见秦子忠:《交互共识理念——达成共识的困境与出路》,载《上海交通大学学报》2017年第6期。

[64] 参见徐钝:《新型人格权价值共识度的司法判断》,载《重庆大学学报》2019年第1期。

[65] 参见徐钝:《新型人格权价值共识度的司法判断》,载《重庆大学学报》2019年第1期。

[66] 参见马骏驹:《从人格利益到人格要素——人格权法律关系客体之界定》,载《河北法学》2006年第10期。

对其进行充分论证,重申已有原则的同时论证新的条件和变化对该新型人格权益适用的影响,而不应当基于惯性继续使用。

(二) 新型人格权益的适用:持续论证与利益权衡

新型人格权益被司法实践认可后,还需要在司法实践中被持续论证,特别是在出现新的条件和变化时,从而让该人格权益变得更加丰腴。实际上,通过一般人格权模式,新型人格权益并未取得和真正的法定人格权利平等的地位,而是被涵盖在一种人格法益概括保护的模式中,呈现出一种有权利之名而实为某种利益的形式。[67] 它和法定人格权相比,相对弱化并且具有不稳定性,其适用的范围、条件和具体内容,也只有等待司法实践进一步揭示。因此,新型人格权益的司法证成中包含了法官在具体个案中对其持续论证的过程。新型人格权益司法证成的过程,也是其适用范围、内容和方式不断更加明确的过程。

如前所述,血缘知情权最开始被创设出来时,实际上遗留了若干关键性问题,特别是血缘知情权的适用问题,这些问题都是在后续的相关司法案例中才被进一步明确,并被持续论证,这是关于"血缘知情权"问题的讨论活跃至今的重要原因。其中若干关键性规则逐步凸显,也避免了该权利的泛化,使其适用有了确定的空间。这种持续论证的过程,作为大陆法系的我国,尚且缺乏成熟经验。和德国不同,我国并不存在一个联邦宪法法院可以创设新型人格权益,然后由各级法院在此定调基础上继续充实一项新型人格权益,我国的司法实践中往往是由各地法院对新型人格权益具体作出处理,而且处理中各地法院会呈现不同倾向和立场。以贞操权为例,有学者对贞操权各地裁判结果进行搜集,发现上海、广东和浙江地区的法院倾向于支持贞操权精神损害赔偿,北京、四川等地法院倾向于否定,两者案件各占50%。[68] 这导致新型人格权益的走向往往不够明确,也是其在我国司法实践中发展困难的重要原因之一。如何在司法实践中为新型人格权益的发展构建一种持续论证的环境,从而能合理"催熟"部分新型人格权益,也是当下我们需要继续思考的。

就新型人格权益和其他平行权利冲突后的利益权衡问题,无论是德国还是中国,理论上已经有许多探讨,大多数探讨停留在公法的相关理论上,因此笔者这里不予具体展开。司法实践中对利益权衡方法的运用是否充分合理,在德国依然也有学者表示疑问,比如具体到德国的"雷巴赫案"中,有学者对联邦宪法法院是否合理进行了平行冲突权利的利益权衡持有异议:联邦宪法法院是否真正认为相关的基本权利处于紧张关系中? 是否对它们真正进行了权衡过程? 还是只是对不同基本权利

---

[67] Matin, Das allgemeine Persönlichkeitsrecht in seiner historischen Entwicklung, 2007, S. 287.
[68] 参见徐钝:《论新型人格权司法证成的基本准则》,载《法商研究》2018年第3期。

保护领域和/或事实构成的具体化？以及是否真正运用了狭义的比例原则？[69] 在血缘知情权的司法证成过程中，血缘知情权和母亲的隐私权及维护家庭的安宁之间存在较为激烈的冲突，但是相关案例中笔者未看到清晰的权衡论证过程。血缘知情权和其他主体的隐私权相比，在理论上并无绝对优先的地位，但是在实际效果中却几乎处于绝对优先地位。这种绝对优先地位的产生，也是司法实践中对平行冲突权利权衡论证不足而惯性使用的后果。我国如何在司法实践创设新型人格权益的过程中构建成熟而实用的司法利益权衡方式，使其不停留在理论中，从而确保在各项新型人格权益适用上避免失衡和"畸重"情况，也需要进一步思考。

（三）新型人格权益的正面影响和权利成本

新型人格权益通过司法证成而进入法律体系中，体现了法律对现实社会的关怀和回应，它能够为现有法律体系带来新的活力，增强现有法律体系的生命力。具体到诉求个体身上，它为权利个体提供了更加充分的保护。通过这种方式，法律体系通常滞后于社会生活的局限性将被尽可能缩小。这是新型人格权益司法证成后的正面影响。但是新型人格权益的创设如同一把双刃剑，也将动摇现有法律体系的稳定性，有时候会带来较大的权利成本。

新型人格权益通过司法证成后进入法律体系中，并且真正获得法律的保护，需要投入的权利成本通常包括义务主体履行民事义务、承担民事责任的私人成本和国家投入的立法、司法和配套设施的公共成本。[70] 这些成本的投入，是必然的，而且一定程度上很难在事先充分预估——因为它在未来的投入成本很难被充分预估。但是如果其权利成本在当下处于可接受的范围内，实际上该新型人格权益被保护的权利成本就不应该成为法官权衡的阻碍因素。

从德国血缘知情权的司法证成过程可知，1989年联邦宪法法院的判决中对于义务主体履行血缘知情权对应义务的限度给予了说明，指出血缘知情权所实现的是对处于隐瞒状况下的可获得信息的"知悉"。义务主体的对应义务是告知血缘信息诉求人自己所知道或应当知道的信息，但不需要通过继续调查来履行义务。这主要体现为：家庭成员中的父母本身对孩子的身世信息知晓，第三方机构留存了孩子身世信息的相关档案。当然，为了确保血缘知情权得以实现，德国也逐步完善了掌握个体血缘身世信息的第三方机构的信息档案规范和档案保存时限等相关制度，这导致相关第三方机构履行对应义务的私人成本增加。

血缘知情权实现的公共成本则相对较高，而且呈现为一个持续的进程。在当时，联邦宪法法院也很难对此预知和明确估量。联邦宪法法院要求立法者为血缘知

---

[69] 参见冯威：《基本权利的紧张关系与权衡裁判》，载《交大法学》2017年第4期。

[70] 参见徐钝：《论新型人格权司法证成的基本准则》，载《法商研究》2018年第3期。

情权的实现排除现有的程序障碍,设定合适的程序规则,从而使得血缘知情权的实现畅通无阻,这种努力在此后若干年中一直未曾停止,并且发展成一个创设之初未曾想象到的庞大工程。《德国民法典》中直接被影响的条文有:增入第1598a条以规范"允许进行基因检测以澄清血缘的请求权",扩大了第242条诚实信用给付条款和第1618a条父母子女互付帮助体谅义务条款的适用范围。间接被影响的有:扩充了第1353条婚姻共同生活中夫妻互负义务的情形,修正了第1686条(规定了父母之间子女个人情况的告知义务)和第1686a条(规定了非法律父亲的生父与亲生子女的交往权利)。此外,父亲身份承认与撤销权及相关司法程序也受到了影响而有重大改变,导致民法典"家庭编"整个"血缘章"被重新修订。为实现子女的血缘知情权,秘密生产法被废除,捐精过程中签订保密协议阻碍血缘知情权实现的部分被禁止。2018年7月出台的《异源精子使用下的血缘知情权调整法》为实现捐精子女的血缘知情权还特别创设了精子捐赠者在德国医疗文献与信息机构进行信息登记的全套制度。而血缘知情权在其他相关主体中的扩展,比如法律父亲和可能生父的血缘知情权,在司法实践中都仍在继续发展。德国法院想要对其建立差别性的申请程序和法律效果,仍旧面临着重大挑战。

因此,一旦一项新型人格权益在司法实践中被创设,其权利成本,特别是公共权利成本,面临着很大的不确定性,很难在其创设之初被充分估量。在考虑其权利成本的时候,只能立足于当下的可接受性。否则,如果过分考量权利成本,甚至将权利成本尽可能小作为新型人格权益被接受的前提条件,就属于舍本逐末,并不可取。

五、结语

在德国血缘知情权司法证成的道路上跋涉了很久,最终仍旧要回归到我国当下自然人新型人格权益司法证成所面临的实际情况中。对德国血缘知情权司法证成过程的考察,目的不仅仅是尽可能呈现其动态过程的真实面貌,以及对德国相关法律体系的影响,更为重要的是从中总结出某些经验和规律,将其作为一个完整的范本,为我国未来通过司法实践证成自然人新型人格权益提供观照。德国各级法院对于一般人格权保护的重视,宪法中所提供的相关依据以及司法实践中已形成的完整的扩充一般人格权内容的运作模式,是促成血缘知情权司法证成的重要外部因素。而德国社会婚姻家庭生活中涌现的新变化影响了法律人团体和其他相关团体所代表的社会共识,推动了联邦宪法法院在新型人格权益创设上的活动。联邦宪法法院在权利创设上的社会关怀立场也积极影响了社会婚姻家庭关系的发展。应当看到,血缘知情权背后,是寻根情结深植于人类本性的彰显,也是司法者对于新的人格权益内容主动挖掘的结果。在我国,自然人新型人格权益的司法证成,同样离不开这样的过程,需要成熟的司法运作模式提供支撑,也需要司法工作者更积极主动的作为,从而改变当下司法实践中新型人格权益发展无序、分歧众多和始终停留在初级阶段的局面。

（编辑：冯洁语）

违约损害可预见性规则的历史嬗变

——英国法和德国法比较考察

李 亮[*]

摘 要:在可预见性规则的发展历程中,英国法占据重要的位置。可预见性规则属于英国法判例生成的产物。英国法以 Hadley v. Baxendale 案为基础,通过系列判例,确立了相对成熟稳定的可预见性规则体系。然而,在可预见性规则的发展过程中,对该规则的质疑与反思也不断,以 The Achilleas 案为代表。在 The Achilleas 案中,英国上议院提出将责任承担规则作为可预见性规则的补充。至此,可预见性规则和责任承担规则共同担当合理限制违约损害赔偿范围的功能。责任承担规则强调合同当事人的意思决定损失赔偿范围,这与德国法的规范保护目的理论趋同,为我国可预见性规则的完善提供了一个有益的实践范本。

关键词:可预见性;责任承担;判例;英国法

Abstract: In the history of the rule of foreseeability, British law occupies an important role. The foreseeability rule is a product of the generation of British case law. Based on Hadley v. Baxendale, British law has established a relatively mature and stable system of foreseeability rules through a series of precedents. However, during the development of the rule of foreseeability, the rule has been challenged and rethought, represented by The Achilleas case. In The Achilleas case, the British House of Lords proposed the assumption of responsibility rule as a complement to the foreseeability rule. So far, the foreseeability rule and the assumption of liability rule have shared the function of reasonably limiting the scope of damages for breach of contract. Assumption of responsibility emphasize the contractual inten-

---

[*] 李亮:南京大学法学院博士研究生。

tion of the parties to determine the scope of damages, which converges with the German law of normative protection theory and provides a useful model for the improvement of foreseeability of damage in China.

Key Words: Foreseeability; Assumption of Responsibility; Precedents; British Law

一、问题的提出

可预见性规则的发展以法国法和英美法为代表。法国学者 Molinaeus 首次提出违约损害赔偿的可预见性限制观点,在此基础上,法国学者 Pothier 建立了独立可预见性理论。[1] 受到 Pothier 的影响,1804 年《法国民法典》第 1150 条首次规定了可预见性规则。随着《法国民法典》的传播,法国法的可预见性规则被许多欧陆国家所借鉴,如意大利、比利时、西班牙等。[2] 在英美法中,可预见性标准是限制违约损害赔偿范围的重要工具,其中以英国法和美国法为代表。在英国法中,可预见性规则属于判例生成的产物。英国 Hadley v. Baxendale 案最先运用可预见性标准来限制违约损害赔偿范围,并且通过一系列判例实践,英国确立了相对成熟稳定的可预见性规则体系。[3] 受英国法判例的影响,美国法也普遍采纳可预见性规则。[4] 通过英国法和美国法的发展推动,可预见性规则得到了国际统一法的认可。[5] 据此,英国法的可预见性判例实践对可预见性规则的发展起到重要作用。借鉴《联合国国际货物销售合同公约》(CISG)第 74 条可预见性规定,我国《合同法》第 113 条第 1 款规定了可预见性规则,《民法典》第 584 条延续了这一规定。本文目的在于通过梳理英

---

[1] See Reinhard Zimmermann, *The Law of Obligations: Roman Foundations of the Civilian Tradition*, Oxford University Press, 1996, p.829; Franco Ferrari, *Comparative Ruminations on the Foreseeability of Damages in Contract Law*, 53 Louisiana Law Review 1257, 1264 (1993).

[2] 参见《意大利民法典》第 1225 条、《比利时民法典》第 1150 条、《西班牙民法典》第 1107 条。

[3] See Hadley v. Baxendale (1854) 9 Exch. 341. Court of Exchequer; Victoria Laundry (Windsor) Ltd v. Newman Industries Ltd [1949] 2 K.B. 528. Court of Appeal; Koufos v. C. Czarnikow Ltd (The Heron Ⅱ) [1969] 1 A.C. 350. House of Lords.

[4] 参见美国《统一商法典》第 2-715 条、美国《第二次合同法重述》第 351 条。

[5] 例如《海牙国际货物买卖统一公约》第 82 条、《联合国国际货物销售公约》第 74 条、《国际商事通则》第 7.4.4 条都规定可预见性规则。

国法的判例实践,〔6〕把握可预见性规则的发展脉络和最新动向,为我国可预见性规则的适用与完善提供比较法经验。比较法经验表明,英国法的责任承担规则与德国法的规范保护目的理论趋同。

二、基于 Hadley v. Baxendale 案形成的可预见性规则

(一)"损害遥远性"的判断标准

"损害遥远性"(remoteness of damage)是英国法特有的损害赔偿限制规则,即在违约事实上导致损失发生的情况下,如果损失被认为与违约之间的距离过于遥远,则该损失无法获得赔偿。〔7〕如何判断损失与违约之间的距离是否过于遥远,法院为此进行不断的探索,形成了以 Hadley 案为基础的可预见性规则。

1. 创始判例:Hadley v. Baxendale 案(简称"Hadley 案")

(1) 基本案情

原告 Hadley 在英国的格洛斯特(Gloucester)经营蒸汽磨坊业务,被告 Baxendale 经营格洛斯特到格林威治(Greenwich)的普通货物运输。1853 年 5 月 12 日,原告磨坊蒸汽机上的曲轴突然断裂,导致磨坊停止工作。原告派人与位于格林威治的蒸汽机原产商 W. Joyce 公司商量购买新曲轴事宜,原厂商告知须将断裂的机轴送回位于其在格林威治的工厂作为样本以便换回一个新的曲轴。5 月 13 日,原告雇员来到被告办公处,请被告将曲轴运至格林威治,并告诉被告的职员,这个曲轴须立即送走。被告的职员回复称,如果曲轴能在接下来的某天中午 12 点之前送来,第二天就能送达格林威治。原告将曲轴在 5 月 14 日中午 12 点前送至被告,并向被告支付运费 21.4 英镑。然而,由于被告的疏忽,曲轴没有马上被送往格林威治,最终直到 5 月 21 日才送达。由于迟延送达,最终致使该磨坊不必要地多停工 5 天。原告提起诉讼,要求被告赔偿因其疏忽所致的停工利润损失。被告辩称该损害与违约过于

---

〔6〕 国内对英美法可预见性规则的梳理考察,参见叶金强:《违约损害中的可预见性规则——英美法的理论与实践》,载《南京大学法律评论》2001 年春季号,第 214—222 页;范在峰、张斌:《英美法违约损害赔偿可预见性规则运用研究》,载《法律适用》2003 年第 3 期,第 20—22 页;张金海:《可预见性规则的价值取向与制度安排》,载《经贸法律评论》2019 年第 6 期,第 87—99 页。

〔7〕 See H. G. Beale (ed.), *Chitty on Contracts*: *Volume I*, *General Principles*, 31th ed., Sweet & Maxwell, 2012, p. 1823; Edwin Peel, *Treitel on The Law of Contract*, 14th ed., Sweet & Maxwell, 2015, p.1173; Jack Beatson, Andrew Burrows & John Cartwright, *Anson's Law of Contract*, 29th ed., Oxford University Press, 2010, p.543.

遥远(too remote),不应获得赔偿。[8] 原审法院判决原告胜诉,英国财税法院则推翻原审判决,判原告败诉,其理由是被告在签订合同的时候,并不能正常、合理地考虑到其延迟送达会导致原告整个磨坊无法开工的情况,因此被告就不应该承担因为整个磨坊无法开工而导致的利润损失。

(2) 判例要旨

阿尔德森法官(Baron Alderson)代表法院发表判决意见。阿尔德森法官认为,"……当双方当事人订立了合同而其中一方违约时,另一方当事人因违约而应获得赔偿的损害,应被公平合理地认为因违约自然发生(arising naturally),即依事物发展的通常进程(the usual course of things)因违约而发生的,或者是可以被合理地认为当事人在订约时就已预见(in the contemplation of both parties)的可能导致的后果。如果原告告知被告缔约时的特殊情事(special circumstances),双方对此情况都知晓,他们能合理预见(reasonably contemplate)因违约而导致的损害赔偿,那么依据的就应该是双方已知的和已经被告知的特殊情事因违约而正常发生的损害数额。然而,如果这些特殊情事完全不为违约方所知,则对于违约方最多只能认定其应该预见到通常会发生的损害,且大部分情况下不受特殊情事影响……"[9] 根据阿尔德森法官的论述,可将违约损失分为两类:一是因违约自然产生,即依事物发展通常过程产生的一般损失;二是当事人在订约时就已预见到的特殊情况导致的特别损失。前者属于通常违约损失,应当赔偿;后者属于超出事物发展通常进程的损失,只有在当事人缔约时已预见的情形下,才能纳入赔偿范围。[10]

(3) 判例意义

Hadley案是英国合同法的经典判例,该案首次提出利用可预见性标准来限制违约损害赔偿范围,受到英美法普遍认可。美国法在借鉴Hadley案的基础上,确立了可预见性规则。[11] 此外,Hadley案成为CISG第74条可预见性规则的理论来源之一。[12]

2. Hadley案之后续判例发展

在Hadley案的基础上,法院对于损失是否可预见的判断进行了全面的诠释与发展,主要包括以下判例:

(1) Victoria Laundry (Windsor) Ltd v. Newman Industries Ltd案(简称"Vic-

[8] Hadley v. Baxendale (1854) 9 Exch. 341, p.342-345.
[9] Hadley v. Baxendale (1854) 9 Exch. 341, p.355.
[10] See Jill Poole, *Case on Contract Law*, 13th ed., Oxford University Press, 2016, p.417.
[11] See Restatement (Second) of Contracts (1981) § 351, comment b.
[12] Ingeborg Schwenzer (ed.), Schlechtriem & Schwenzer: Commentary on the UN Convention on the International Sale of Goods (CISG), 4th ed., Oxford University Press, 2016, p.1058.

toria Laundry 案")

原告 Victoria Laundry 公司从事经营洗染业务,为了扩大经营业务,于 1946 年 4 月 26 日向被告 Newman Industries 公司订购了一台大型二手锅炉,该锅炉已经安装在被告经营场所内,故约定于 6 月 5 日交货。被告为了在 6 月 5 日履行交货义务雇用了第三人拆卸锅炉以便运送,但该第三人在 6 月 1 日拆卸过程中导致锅炉损坏,被告迟延至 11 月 8 日才顺利交货。被告知悉原告经营洗衣业务,在缔约时,原告向被告表达了计划将该锅炉在最短的时间内投入使用。因此原告无法按期扩大经营业务,并失去了与国防部的一笔高额利润业务。[13] 原告诉请法院判决被告赔偿 6 月 5 日至 11 月 8 日之间的利润损失,包括:(1) 每周 16 英镑的利润损失——如果被告的锅炉如期运到,原告将会获得这些利润;(2) 原告因失去与国防部的合同而遭受的利润损失,每周 262 英镑。原审法院以原告所受利润损失非被告缔约时所能预见为由,判决原告败诉。原告被告不服,向上诉法院上诉。上诉法院支持原告的正常利润损失赔偿请求,驳回了原告失去特定合同的利润损失赔偿请求。上诉法院认为,被告不知晓原告与国防部之间的合同,所以原告因失去该合同而造成的利润损失与被告违约之间过于遥远,不可赔。但原告的正常业务利润损失属于被告合理预见范围,应当得到赔偿。[14]

在该案中,阿斯奎斯法官(Asquith L. J.)对于判断损失是否可预见进行了详细阐述,并提出可预见性判断的依据在于当事人的知识,特别是违约一方当事人的知识。当事人的知识包括实际知识(actual knowledge)和可推定知识(imputed knowledge)。对于通常事物发展中的、自然产生的一般损失的认识,推定为当事人知晓的知识;而对于超出通常事物发展进程导致的特殊损失的认识,需考察当事人是否实际知晓。[15] 通过对当事人知识的分类,法院将一般损失和特殊损失的赔偿问题统一在可预见性判断的框架下。一般损失属于当事人应当合理预见的损失类型,应得到赔偿;而特殊损失,如当事人实际已预见,才能获得赔偿。Victoria Laundry 案进一步诠释和发展了 Hadley 案规则,奠定了 Hadley 案规则在现代发展的基础。

(2) Koufos *v.* C. Czarnikow Ltd (The Heron Ⅱ)案 (简称"The Heron Ⅱ案")

1960 年 10 月 15 日,原告租用被告的货船 The Heron Ⅱ 从康士坦沙(Constanza)运送 3000 吨糖到巴斯拉(Basrah)或杰登(Jeddah)进行售卖,实际运送目的地由原告决定,倘若原告未决定,则直接运至巴斯拉。货船于 11 月 1 日自康士坦沙出发,整个航程合理估计需要 20 天,按计划货船应于 11 月 22 日到达目的地巴斯拉,但实际上直

---

[13] Victoria Laundry (Windsor) Ltd *v.* Newman Industries Ltd [1949] 2 K.B. 528, p.528-529.

[14] Jill Poole, *Case on Contract Law*, 13th ed., Oxford University Press, 2016, p.418.

[15] See Victoria Laundry (Windsor) Ltd *v.* Newman Industries Ltd [1949] 2 KB 528, p.539-540.

到12月2日才到达巴斯拉，使得货物晚到了9天。然而，目的地交易市场的糖价格在11月到12月期间大幅度下跌，有证据显示12月2日至12月4日期间，该市场糖的平均价格为每吨31英镑，比11月22日至11月28日每吨32英镑，降低了1英镑。原告最后于12月12日至12月22日，以每吨31英镑出售该批糖，如果未迟延运送，原告本可以每吨32英镑的价格出售。故原告请求被告赔偿两者之利润差价损失约3000英镑。而被告只同意赔偿迟延9天内糖价的利息172英镑。法院另查明，原告本打算在巴斯拉立即出卖该批糖，此事被告并不知晓，但被告知道巴斯拉有一个糖交易市场。[16]

初审法院（trial judge）认为，尽管被告知悉巴斯拉有糖交易市场，但被告并不知道原告意图出售糖，因此，不能认为被告应合理预见到迟延到达目的地引发此种利润损失。上诉法院推翻了初审法院判决，认为市场价格下降导致的损失并不遥远（not too remote）。上议院（House of Lords）全体无异议地维持了上诉法院的决定，支持了原告的请求。[17] 上议院认为违约损害赔偿的计算的唯一规则是，受害方有权要求赔偿被告能合理预见的违约损害。由于市场上糖价是波动的，被告应该有理由能够预见到，当原告的船航期迟延时，船上的货物价格很可能（not unlikely）下跌。因此，当原告不当迟延送达货物，损害的计算为糖在预期到达时和实际到达时之间的差价，原告有权主张对上述差价的损失赔偿。[18]

在该案中，英国上议院全面检讨了可预见性规则的判例发展，并且重点讨论了可预见损失发生的可能性程度要求。大法官们对于如何精确描述符合规则要求的"损失发生可能性程度"（the degree of probability）产生了不同意见，但都一致认为合同可预见性测试对损害发生可能性程度的要求高于侵权。例如，Upjohn法官认为，合同赔偿范围仅限于因违约自然发生的或在当事人意料之中的后果，但在侵权，侵权人需要承担其能合理预见的所有损害，无论这种损害发生的可能性有多大，除非这种损害能够被远远排除在外。"contemplation"和"foreseeability"应予以区分，前者适用于合同领域，后者用于侵权领域。[19] 又如，Reid法官认为，"与合同法相比，现代侵权法规则施加了更广泛的赔偿责任。被告需要为合理预见范围内可能发生的任何损害负责，甚至是发生在极不寻常的情况下的损失。除非该损失风险发生的可能非常低，以致一个理性人都会正当地忽视。合同和侵权相区分具有合理性。在合同中，如果一方当事人意图保护自己利益，可以直接在缔约时提醒对方注意此类

---

[16] Koufos v. C. Czarnikow Ltd (The Heron II) [1969] 1 A.C. 350, p.350-351.

[17] Ewan McKendrick, *Contract Law: Text, Cases, and Materials*, 6th ed., Oxford University Press, 2014, p.867.

[18] Koufos v. C. Czarnikow Ltd (The Heron II) [1969] 1 A.C. 350, p.351.

[19] See Koufos v. C. Czarnikow Ltd (The Heron II) [1969] 1 A.C. 350, p.422.

风险。然而在侵权中,受损害方并没有机会通过上述方式来保护自己,即使侵权人不得不赔偿一些不同寻常的、但可合理预见的、因其不法行为引起的损害。"[20]合同可预见性规则对损害发生的可能性程度要求更高,在于鼓励当事人交流异常损失的信息,而侵权可预见性规则的目的在于保护被告免于对极低概率损失风险负责。[21]

3. 可预见性规则体系成型

经过英国上议院对 The Heron II 案的权威确认,合同"损害遥远性"的判断可以总结如下:如果合同当事人在缔约时能合理预见(reasonably contemplate)因违约很可能(not unlikely)产生某类损失,那么该类损失与违约之间并不过于遥远(not too remote)。[22]

然而,在 The Heron II 案后,法院并没有结束对该规则适用的进一步完善。例如,在 Parsons 案中,原告经营一家饲养场,向被告订购了一个储存猪饲料的大型圆柱形金属容器。被告在安装过程中忘记打开上面的通风盖。因容器通风不足,储存在容器内的饲料已发霉。原告饲养的猪因吃了发霉的饲料而患上了严重肠道病,最终死亡。原告起诉要求赔偿损失,被告辩称损失与违约之间过于遥远,无须赔偿。法院认为,被告在缔约时能够合理预见不适合储存饲料的容器可能导致猪吃了饲料会生病即可,不要求合理预见猪死亡这一后果。可预见性规则仅须预见损害的类型即可,而对损害的程度不作要求。[23]

(二)可预见性规则的体系构成

通过对英国法典型判例的梳理,英国法上的可预见性规则体系总结如下:

1. 可预见性的判断视角

判断损失是否可预见,需要从违约方的视角出发。尽管在 Hadley 案中,法院使用了"当事人可预见"(in the contemplation of both parties)的表述,但后续 Victoria Laundry 案在引用 Hadley 案时,对此做出了补充,认为只有违约方的预见是决定性的。[24] Hadley 案之所以提出"双方当事人的预见",目的在于强调仅仅有原告的预

---

[20] See Koufos v. C. Czarnikow Ltd (The Heron II) [1969] 1 A.C. 350, p.385-386.

[21] H. G. Beale (ed.), *Chitty on Contracts*: *Volume I*, *General Principles*, 31th ed., Sweet & Maxwell, 2012, p. 1830.

[22] H. G. Beale (ed.), *Chitty on Contracts*: *Volume I*, *General Principles*, 31th ed., Sweet & Maxwell, 2012, p. 1826.

[23] See Parsons (Livestock) Ltd v. Uttley Ingham & Co Ltd. [1978] Q.B. 791. Court of Appeal.

[24] See Victoria Laundry (Windsor) Ltd v. Newman Industries Ltd, [1949] 2 K.B. 528, p.539.

见是无法满足"损害遥远性"判断的。[25] 因此,基于可预见性规则的限责功能,违约方的视角更为重要。

2. 可预见性的判断时间点

可预见性判断的时间点为合同成立时,而非违约时。在 Hadley 案中,法院明确提及,损失的可预见时间点为"合同成立时"(at the time they made the contract)。[26] 在后续判例中,上议院强调可预见性判断的时间点为合同成立时,非违约时。[27] 在合同成立时,双方当事人有机会确定相应的价格或免责条款。[28] 因此,在被告受合同约束后,再通过提供有关其潜在责任的事实来增加被告的负担,被认为是不公平的。[29]

3. 可预见的对象

通说认为,可预见的对象仅包括损失类型,不涉及损失范围。[30] 在 The Heron II 案中,上议院讨论可预见性标准时,明确使用了"损失的类型"(type/kind of loss)的表述。[31] 之后,上诉法院在 Parsons 案[32]和 Brown 案[33]中明确了可预见的对象仅要求是损失类型。

4. 可预见性判断标准

在可预见性规则体系构成中,可预见性判断标准尤为重要。判断损失是否可预见,英国法判例普遍采用理性人标准。例如,在 The Heron II 案中,Reid 法官认为,判断损失是否可预见,关键问题在于:"根据合同订立时被告人可获得的信息,他应该意识到或处于相同地位的理性人已经意识到,损失很可能是由于违约造成的,从而得出该损失类型是从违约中自然产生的,或应属于被告预见范围之内。"[34] 有学

---

[25] G. H. Treitel, *Remedies for Breach of Contract: A Comparative Account*, Clarendon Press Oxford, 1988, p.159.

[26] Hadley *v.* Baxendale (1854) 9 Exch. 341, p.355.

[27] See Jackson *v.* Royal Bank of Scotland, [2005] UKHL 3, [2005] 1 W.L.R. 377, p.387.

[28] Adam Kramer, *The Law of Contract Damages*, Hart Publishing, 2014, p.296.

[29] G. H. Treitel, *Remedies for Breach of Contract: A Comparative Account*, Clarendon Press Oxford, 1988, p.160.

[30] See H. G. Beale (ed.), *Chitty on Contracts: Volume I, General Principles*, 31th ed., Sweet & Maxwell, 2012, p.1828-1829; Edwin Peel, *Treitel on The Law of Contract*, 14th ed., Sweet & Maxwell, 2015, p.1176-1177.

[31] See Koufos *v.* C. Czarnikow Ltd (The Heron II) [1969] 1 A.C. 350, p.385-386.

[32] See Parsons (Livestock) Ltd *v.* Uttley Ingham & Co Ltd, [1978] Q.B. 791. Court of Appeal.

[33] See Brown *v.* KMR Services Ltd, [1995] 4 All ER 598. Court of Appeal.

[34] Koufos *v.* C. Czarnikow Ltd (The Heron II) [1969] 1 A.C. 350, p.385.

者认为,违约损失是否属于当事人缔约时可以合理预见的范围之内,应根据被告实际知道的事实来推定。这种推定需要依理性人标准来判断。因此,在 Hadley 案中,由于被告缺乏对特殊环境的任何认识,所以不能合理推断出被告能够预见迟延送达曲轴会导致磨坊停工,因为有可能磨坊主还有一个备用曲轴。而在 Victoria Laundry 案中,有一个备用洗衣设备是不切实际的。[35]

(三) 可预见性规则的不足

1. 理论上的质疑

经过一系列判例的发展,可预见性规则承担了"损害遥远性"判断的任务。然而,对于可预见规则是否能够胜任,理论上存在质疑。这种质疑主要表现为,"损害遥远性"判断应以合同为中心,通过对合同的解释来确定当事人的默示责任分配。可预见性标准只是当事人的默示责任分配的推定,该推定是可反驳的。"损害遥远性"判断本质上涉及确定当事人之间默示风险分配。可预见性规则应被理解为一种发现当事人合意的框架,而不是在合意阙如时适用的默认规则。[36] 所以,损害遥远性判断的基础并不取决于损失是否可预见,而是当事人对损失风险的默示分配。另有学者指出,可预见性标准作为"损害遥远性"判断的标准已经"过时",应该被"工具性允诺理论"(Instrumental Promises Theory)所取代,该理论强调以当事人的协议和被违反的允诺的目的为基础确定损失与违约之间是否距离遥远。[37] 此外,在美国法中,Melvin Aron Eisenberg 认为,可预见性规则偏离了合同法的期待利益损失赔偿原则以及近因原则。无论是最低成本理论、抑或效率违约理论,还是信息传递激励理论,都无法正当化可预见性规则。因此,该规则应被一个由损失的合同分配、近因原则以及利益均衡原则组成的法律制度所替代。[38]

2. 司法判例的挑战

在 Hadley 案之后,少数法院判决认为,对于特别损失的赔偿需要适用更为严格的测试,即不仅需要被告预见到该损失可能发生,而且将被告同意对该损失负责作

---

[35] Edwin Peel, *Treitel on The Law of Contract*, 14th ed., Sweet & Maxwell, 2015, p.1175 - 1176.

[36] Adam Kramer, *An Agreement-Centred Approach to Remoteness and Contract Damages*, in Nili Cohen & Ewan McKendrick (eds.), Comparative Remedies for Breach of Contract, Hart Publishing, 2005, p.250.

[37] See Andrew Tettenborn, *Hadley v. Baxendale Foreseeability: a Principle Beyond Its Sell-by Date?* 23 Journal of Contract Law 120, 134 - 147 (2007).

[38] See Melvin Aron Eisenberg, *The Principle of Hadley v. Baxendale*, in Melvin Aron Eisenberg, Foundational principles of contract law, Oxford University Press, 2018, p.239 - 254.

为合同的条款,称为"默示协议"(tacit agreement)测试。[39] 这些案件涉及对承运人的索赔,例如 Nettleship 案及 Horne 案。

在 Nettleship 案中,被告运输公司未能及时运送一个机器配件,导致原告锯木厂的施工活动延迟,进而发生利润损失。法院认为该利润损失与违约之间距离过于遥远,仅仅知晓事实是不够的。例如,Bovill 认为,被告是承运人而不是为特定目的供应的货物制造商,他不应对超出在缔约时公平推定为当事人预见范围之外的损害承担赔偿责任。可赔偿的损害必须是可以被预见和合理期待的,并且被告通过订立合同予以明示或默示接受的损害。Willes 认为:"仅仅知晓事实不能增加赔偿责任。在这种情况下,必须让违约方知道与他签订合同的人合理地相信他接受了附有特殊条件的合同……承运人的知识只有成为合同的一部分时才是重要的。"[40]

同样在 Horne 案中,原、被告签订军用鞋运输合同,原告告知被告必须在约定日期之前送达目的地,否则军用鞋将"留在他们手上"。被告未能按时送达军用鞋,因此导致原告失去与法国军队签订一份利润丰厚的合同的机会。原告主张,被告赔偿延迟损失之外,还须赔偿与该具体合同有关的利润损失。法院认为该利润损失过于遥远,被告需要被通知并接受赔偿责任。例如,Kelly 认为,需要"明示或默示的合同才能承担这些损害赔偿",Martin 要求"必须有相当于承担此类损害赔偿责任的合同",Blackburn 倾向于认为"为了使通知可能产生影响,必须在被告承担特殊损失的合同产生的情况下给予"。[41]

然而,Nettleship 案和 Horne 案中提出的"严格适用"测试普遍遭到法院拒绝。例如,在 The Heron II 案中,上议院认为没有必要超越 Hadley 案确定的需要合理预见的损失发生可能程度,Upjohn 法官明确否认需要在"合理预见"测试之上有进一步的"明示或默示条款"测试。[42] 尽管这种尝试失败,但其提出考虑默示责任的承担,为后续对可预见性规则的修正指明了方向。

---

[39] 美国法涉及默示协议测试的典型判例,参见 Globe Refining Co. v. Landa Cotton Oil Co., 190 U.S. 540 (1903).

[40] See British Columbia Saw Mill Co Ltd v Nettleship (1867—88) L.R. 3 C.P. 499.

[41] See Horne v. Midland Railway Co (1872—83) L.R. 8 C.P. 131.

[42] Koufos v. C. Czarnikow Ltd (The Heron II) [1969] 1 A.C. 350, p.422.

三、The Achilleas 案对可预见性规则的冲击

(一) The Achilleas 案的概述

1. 基本事实

被告租船人 Transfield Shipping 公司自 2003 年 1 月起一直租用原告船东 Mercator Shipping 公司的 The Achilleas 船运货,其间租金有所调整,自 2003 年 9 月起,租金调整为每日 16750 美元,约定最迟于 2004 年 5 月 2 日返航交船。自 2004 年 4 月,租船市场租金价格一直在成倍上涨,与 2003 年 9 月的价格相比,涨了两倍多。2004 年 4 月 20 日,被告通知原告交船时间预计将在 2004 年 4 月 30 日至 5 月 2 日期间。4 月 21 日,原告与第三人 Cargill 公司签订了后续的定期租船合同,按照最新的市场价格,租金为每日 39500 美元,租期 4—6 个月;同时约定原告如果 5 月 8 日不能按时交船,Cargill 公司有权终止合同。被告航期因故被延,无法按照约定时间返航,直到 5 月 11 日才返航。5 月 5 日,原告了解到船已经无法在 5 月 8 号返航。此时航运租金价格大幅度下跌,原告为了使 Cargill 公司同意将终止合同的时间延迟至 5 月 11 日,不得不接受 Cargill 公司提出的将租金降到每日 31500 美元的条件。另查明,被告在返航前任何时间都未被告知,原告与 Cargill 公司已签订了后续的定期租船合同的事实。原告请求被告赔偿因违约迟延交船造成的损失 1364584 美元,该损失额基于原告与 Cargill 公司签订的后续定期租船合同,租期 191 天,每天损失 8000 美元。原告主张只应当赔偿延迟 9 天期间使用船舶的费用,即市场租金和原、被告租船合同租金之间的差额损失 158301 美元,且认为后续定期租船合同的利润损失,仅在被告于违约时清楚地注意到此类损失的风险的,才能获得赔偿。[43] 被告申请仲裁,仲裁庭支持了原告请求,被告不服仲裁向法院起诉,初审法院以及上诉法院维持仲裁裁决,被告继续不服向上议院上诉,上议院推翻了上诉法院的裁决。

2. 裁判要旨

仲裁庭认为,本案原告后续租船合同的利润损失,属于 Hadley 案中的一般损失,即因被告违约行为自然导致的,被告在缔约时应该认识到因其迟延交船行为极有可能(not unlikely)产生的损失。仲裁庭承认在海运行业存在限制迟延交船赔偿责任的通常认识(general understanding),即租船方未按合同约定迟延交船,仅须赔偿迟延期间合同租金和市场租金的差价损失,但仲裁庭认为该事实与本案无关,不

---

[43] Transfield Shipping Inc v. Mercator Shipping Inc (The Achilleas) [2008] UKHL 48, [2009] 1 A.C. 61, p.65-66.

影响被告在法律上对原告后续租船合同的利润损失承担赔偿责任。[44]

初审法院及上诉法院维持仲裁裁决,但上议院推翻了上诉法院的裁决。上议院认为,被告只需赔偿原告在迟延期间的市场租金和原、被告的合同租金差价损失。根据海运行业的通常认识,推迟交船的损害赔偿应当是推迟期间的实际租金与市场租金的差额,不能合理地认为租船人应当承担后续船舶出租可能获得的更大利润损失。但上议院的大法官们所主张的理由并不一致,可以归纳为两种路径:

第一,传统路径。Rodger法官和Baroness Hale法官适用传统可预见性规则来判断损失是否与违约之间距离过于遥远。例如,Rodger法官认为被告在缔约时不能合理预见且不应当预见原告的利润损失。因此,此类利润损失与违约之间距离过于遥远,不能得到赔偿。原告主张的利润损失主要是因为极端不寻常的市场行情变化引起的,不是通常情况下可能发生的违约损失。[45]

第二,新路径。Hoffmann法官和Hope法官认为,该案不适用传统的可预见性规则,而应适用责任承担规则(assumption of responsibility)。责任承担规则强调被告只应对他意图承担的损失负责。当事人的目的必须通过客观的方式来确定。例如,Hoffmann法官认为,在大多数案件中,损害与违约之间距离是否遥远,取决于损失是否可预见。然而在某些案件中"可预见性"测试受到质疑,即根据缔约背景、周围环境或相关市场通常认识,当事人对可预见损失不承担责任。[46] The Achilleas案中存在当事人不应承担责任的考量因素:一个因素是损失性质不可预测以及损失不可计算,被告对此无法控制,例如与下一个公司的租船合同的期限和条款。另一个因素是海运行业的通常认识,即承租人的迟延交船赔偿责任仅限于迟延期间的租金差价损失。[47]

尽管Walker法官明确表示都赞成Rodger、Hoffmann和Hope法官的理由,但Walker法官认为,本案租船人不应当为其不可知且不可控制的损失负责。[48]

---

[44] Transfield Shipping Inc *v.* Mercator Shipping Inc (The Achilleas) [2008] UKHL 48, [2009] 1 A.C. 61, p.66.

[45] Transfield Shipping Inc *v.* Mercator Shipping Inc (The Achilleas) [2008] UKHL 48, [2009] 1 A.C. 61, p.79-81.

[46] Transfield Shipping Inc *v.* Mercator Shipping Inc (The Achilleas) [2008] UKHL 48, [2009] 1 A.C. 61, p.67.

[47] See Edwin Peel, *Treitel on The Law of Contract*, 14th ed., Sweet & Maxwell, 2015, p.1182.

[48] Transfield Shipping Inc *v.* Mercator Shipping Inc (The Achilleas) [2008] UKHL 48, [2009] 1 A.C. 61, p.88.

（二）The Achilleas 案的效应

1. 损害遥远性判断的新标准？

在 The Achilleas 案中，Hoffmann 法官提出了"损害遥远性"判断的新标准：责任承担理论（assumption of responsibility）。该理论认为，损失是否遥远，需考虑被告在缔约时是否应对损失承担责任。如何判断被告是否应当承担赔偿责任，需要对当事人合同目的进行客观解释来确定。[49] 责任承担理论背后的正当性基础在于，合同当事人的意思决定损失范围。因此，传统以可预见性为基础的"损害遥远性"标准需要重构。"损害遥远性"判断标准为责任承担理论，而可预见性作为通常当事人默示责任分配的法律推定。[50] The Achilleas 案引发了对传统以可预见性为基础的"损害遥远性"制度的反思，形成了坚持传统"合理预见性"测试和支持"责任承担"理论两大阵营。[51] The Achilleas 案试图让人们接受可预见性标准不是判断"损害遥远性"的唯一准则，即在某些例外情况下，通过排除可预见损失责任或包含不可预见损失责任的方式，可预见性标准将被推翻。但是，将例外情况解释为被告承担或不承担损失责任的情况本身就非常模糊。

然而，The Achilleas 案的判决并未撼动可预见性规则的地位。[52] The Achilleas 案后续的法院判决实践表明，可预见性规则依然作为"损害遥远性"判断的一般标准，仅在非常特殊的情况下，责任承担规则将取代可预见性规则成为"损害遥远性"判断标准。例如，在 Sylvia Shipping 案中，Hamblen 认为："传统的可预见性测试依然普遍适用于绝大多数案件中。然而，在特殊情形下（例如 The Achilleas 案）适用传统可预见性测试可能导致一个不可计算、不可预测、不可控制式比例失衡责任，或有明确证据表明可预见性测试后果与相关市场惯例不一致，因此，有必要考虑是否存在根据特定的合同背景及相关市场惯例而假定的责任承担，这种特殊情形可能是非常罕见的。"[53]

2. 责任承担理论对可预见性规则的影响

责任承担理论认为，判断损害是否与违约之间距离遥远，需要判断该损害是否

---

[49] See Lord Hoffmann, *The Achilleas: Custom and Practice or Foreseeability*, 14 Edinburgh Law Review 47 (2010).

[50] See Adam Kramer, *The New Test of Remoteness in Contract*, 125 Law Quarterly Review 408 (2009).

[51] See David McLaughlan, *Remoteness Re-Invented*, 9 Oxford University Commonwealth Law Journal 109 (2009).

[52] See Edwin Peel, *Remoteness re-visited*, 125 Law Quarterly Review 6, 11–12 (2009).

[53] See Sylvia Shipping Co Ltd v. Progress Bulk Carriers Ltd [2010] EWHC 542 (Comm.), [2010] 2 Lloyd's Rep 81, p.85–86.

属于违约方在缔约时意图承担的责任。逻辑上,责任承担理论可能对可预见性损失范围进行进一步限制,也存在对不可预见损失的救济可能。前者称为责任承担理论的排除效果,后者称为责任承担理论的包含效果。[54] 例如,在 Supershield 案中,Toulson 认为,虽然 Hadley 案规则仍然是标准规则,但如果在审查合同和商业背景时发现相关损失在合同义务保护范围之内或之外,那么该标准规则会被推翻。换句话说,The Achilleas 案中采取的责任承担理论在某些情况下将得出与可预见性规则相反的结论,即可预见损失不赔偿("排除效果")或者不可预见损失可赔("包容效果")。[55]

(1) 排除效果:对可预见损失的拒绝赔偿

某类损失对于合同保护目的而言非常特殊,被告在缔约时可合理预见的唯一理由是索赔人告知被告存在该特殊风险。例如,在经典出租车司机案[56]中,A 以 50 英镑的价格与出租车司机 B 达成运输协议。A 在预订时向 B 解释说,他必须按时到达他指定的目的地,因为他要在那里跟一个商业客户会面,以获得高利润的交易。B 违约采取错误的路线,使得 A 晚到达目的地。结果,A 失去了有利可图(估计价值 1000 万英镑的净利润)的交易。A 是否有权向 B 请求 1000 万英镑的损害赔偿,如果不能,理由是什么? 此案关键问题是:被告单纯地知道特殊情况(进而可以采取限制责任措施)是否足够将损失风险分配给被告。在此,应进一步考虑其他因素来公平合理地确定风险分配,例如是否存在价格调整空间、损失和支付的运输价款如何不成比例、当事人实际通过保险分散风险的范围、当事人应该通过保险分散风险的范围等。如果将这些因素应用于该案,得出的结论是,由于损失与支付的运输价款完全不成比例,并且因为人们不能指望出租车司机为此损失赔偿责任投保,所以损失被认为与违约行为之间"距离过于遥远",除非,例如价格已经显著调整来反映该类风险。因此,正是这种平衡各种因素达到公平的风险分配,为责任承担理论的排除效果提供了真实的解释。[57]

此外,尽管损失被认为可以合理预见,但根据合同的性质和商业背景,或者其他

---

[54] See Andrew Burrows, *Lord Hoffmann and Remoteness in Contract*, in Paul Davies & Justine Pila (eds.), The Jurisprudence of Lord Hoffmann, Hart Publishing, 2015, p.258 - 259.

[55] See Supershield Ltd *v.* Siemens Building Technologies FE Ltd. [2010] EWCA Civ 7, [2010] 1 Lloyd's Rep 349.

[56] 这是一个学术讨论假设案例,参见 Andrew Burrows, *Lord Hoffmann and Remoteness in Contract*, in Paul Davies & Justine Pila (eds.), The Jurisprudence of Lord Hoffmann, Hart Publishing, 2015, p.254.

[57] Andrew Burrows, *Lord Hoffmann and Remoteness in Contract*, in Paul Davies & Justine Pila (eds.), The Jurisprudence of Lord Hoffmann, Hart Publishing, 2015, p.264.

相关的特殊情况,违约方不会默示承担该损失。例如 The Achilleas 案。

(2) 包容效果:对不可预见的损失予以赔偿。

当被告约定合同义务的全部目的就是了防止某类损失的发生,那么即使损害发生可能性较低,让被告承担此类损失风险是公平的。例如,在 Supershiled 案中,原告为建筑转包商,为大楼办公区安装消防洒水系统。然后,原告将其工作分包给被告。消防洒水系统中有一个储水箱,该水箱在洒水系统工作后,具有自动填满水的功能,并且带有可浮动的阀门防止水箱里的水溢出。作为备用,水箱周围一片区域安装了排水管道,保证溢出的水能正常排出去。不幸的是,当洒水系统开始工作时,不仅阀门坏了,而且排水管道也堵了,水箱周围区域存在的大量积水无法排出去,导致大楼发生了严重的电力事故。原告作为洒水系统的承建商,向发包方赔偿损失后,向被告追偿。被告辩称此损失"过于遥远",拒绝赔偿。因为正常情况下溢出来的水会通过排水管道排出,而所有排水管道都堵塞,是非常意外且一般不可能发生的事件。法院认为,被告未正确安装消防洒水储水系统浮动阀门的情况下,不太可能发生水浸损失,因为通常排水管会带走溢出的流水,但这里排水管堵塞了。适用 Hadley 案规则,损失可能"过于遥远"。但根据责任承担理论,损失并不"过于遥远",因为该损失属于安装人员应承担的合同风险。[58]

四、责任承担理论与德国法规范保护目的理论的比较

(一)违约损害赔偿范围限制:德国法模式

在德国法上,违约损害赔偿范围的限制主要通过相当性因果关系(Adäquanztheorie)和规范保护目的(Schutzzweck der Norm)来实现。[59]《德国民法典》未规定可预见性规则,理由在于可预见性规则不符合损害归责的本质。[60] 相当性因果关系最初是由弗莱堡生理学家 von Kries 提出的。Kries 认为,如果一个必要条件使实际遭受的损害的客观发生可能性大大增加,那么这个条件就是损害的相

---

[58] See Supershield Ltd v. Siemens Building Technologies FE Ltd. [2010] EWCA Civ 7, [2010] 1 Lloyd's Rep 349.

[59] 参见[德]迪尔克·罗歇尔德斯:《德国债法总论(第 7 版)》,沈小军、张金海译,中国人民大学出版社 2014 年版,第 324—327 页。

[60] 参见徐建刚:《规范保护目的理论下的统一损害赔偿》,载《政法论坛》2019 年第 4 期,第 83 页。

当性原因。[61] 德国联邦最高法院判例对相当性因果关系进行经典论述,要点如下:第一,相当性因果关系理论并不是真正的因果关系理论,而是对"引起损失发生条件一方对其后果负责的"公平限制。第二,如果一个条件增强了发生特定后果的客观可能性,那么它就是一个"充分条件",即某事件在一般情况下容易引起争议损失的发生(而不是在非常特殊的、不可能的或意料之外的情况下)。相当性因果关系的判断以"最佳观察者"为标准,即考虑到事件发生时一个"最佳观察者"可以认识到的所有情况,以及行为人所知道的其他情况。法院所采"最佳观察者"涵盖了"在作出决定时可获得的全部人类经验"。[62] 然而,"最佳观察者"标准使得因果关系的判断较为宽松,无法真正限制赔偿责任,因而遭到批评。因此,出现了试图修正或取代相当性因果关系的理论学说,其中以规范保护目的理论为代表。

规范保护目的理论是以批判相当性因果关系为目的,最初由 Ernst Rabel 在论述违约损害赔偿时提出,其认为:"合同中约定的义务对应的是债权人的利益范围;违约方不需要对所有违约后果都承担责任,仅限于合同所保护的利益。"[63] 经过学者的努力,规范保护目的理论成为德国法上损害赔偿范围限制的重要理论。规范保护目的理论基本思想是,确立义务的法律规范具体保护范围将决定某种损失是否属于可赔偿范畴。如果相关规范的保护目的不能涵盖该损失,则不属于赔偿范畴。规范保护目的理论认为,就违约责任而言,须重点考察当事人合同义务的性质和合同允诺的目的。[64]

(二)规范保护目的的功能与适用

规范保护目的理论将违约损害赔偿范围止于被违反的合同义务的保护范围。如何判断合同义务的保护范围,需要通过对合同义务的解释来实现。规范保护目的理论的运用,需要从规范保护的主体、规范保护的范围、规范所欲避免的损害方式三个方面展开,结合具体个案确定责任。规范主体是指主张损害赔偿的人,即合同当事人;规范保护范围,是指所主张的损害必须处于合同义务的保护范围;损害发生方

---

[61] A.M. Honore, *Causation and Remoteness of Damage*, in K. Zweigert and K. Drobnig (eds.), International Encyclopedia of Comparative Law, Volume11, Ch7, Martinus Nijhoff Publishers, 1971, p.40.

[62] BGHZ 3, 261. See Basil S Markesinis, Hannes Unberath & Angus Johnston, *The German Law of Contract: A Comparative Treatise*, 2nd ed., Hart Publishing, 2006, p.474.

[63] 参见徐建刚:《规范保护目的理论下的统一损害赔偿》,载《政法论坛》2019年第4期,第85页。

[64] See Stefan Leible & Matthias Lehmann (eds.), *European Contract Law and German Law*, Kluwer Law International, 2014, p.538.

式是指风险发生的路径,如果该路径不在合同义务保护范围之内,也应排除损害赔偿。[65]例如,律师委托代理合同主要是律师接受当事人委托参加诉讼活动,因律师失职而产生的损害赔偿,不包括因律师失职造成的身体惊吓损害,因为该损害不在规范保护目的范围之内。[66]

(三)责任承担与规范保护目的趋同

如前所述,在 The Achilleas 案中,Hoffmann 法官提出了责任承担理论。该理论基本思想是:通过对当事人合同目的进行客观解释来确定违约方在缔约时的假定责任范围。在可预见性判断中,须考察合同中的分配风险、合同的目的以及具体合同义务的保护范围等规范因素。而责任承担规则将上述规范因素独立出来,作为可预见性规则的补充。通过对比规范保护目的发现,两者都通过考察合同当事人义务范围来确定赔偿责任,呈现趋同现象。正如 Ingeborg Schwenzer 所言:"英国最高法院(The Achilleas 案)通过违反合同义务的保护范围来补充可预见规则。这符合德国法律的长期传统,最早可追溯到 Ernst Rabel 的著作。"[67] Zimmermann 甚至认为:"通过 Ernst Rabel 和 Ernst von Caemmerer,透过合同保护范围的风险归责理论,可预见性测试甚至进入了德国的教科书和评论中。"[68]通过责任承担理论,我们可以发现,在违约损害赔范围的限制上,英国法与德国法趋同,这种趋同反映了英美法系与大陆法系之间的相互借鉴与融合。英国法可预见性规则发展与德国法规范保护目的理论趋同,为我国可预见性规则的完善提供了一个有益的实践范本。

五、结语

在英国合同法中,Hadley 案首次提出运用可预见性标准来限制违约损害赔偿范围,后续 Victoria Laundry 案在 Hadley 案基础上对可预见性标准进行重要阐述,最终 The Heron Ⅱ 案确立了相对成熟稳定的可预见性规则体系。然而,在 The Achilleas 案中,可预见性规则的适用遭受挑战,上议院对可预见性规则功能进行了反思。

---

[65] 参见徐建刚:《规范保护目的理论下的统一损害赔偿》,载《政法论坛》2019 年第 4 期,第 86—88 页。

[66] BGH NJW 2009, 3025. See Stefan Leible & Matthias Lehmann (eds.), *European Contract Law and German Law*, Kluwer Law International, 2014, p.538.

[67] Schlechtriem & Schwenzer (eds.), *Commentary on the UN Convention on the International Sale of Goods (CISG)*, 4th ed., Oxford University Press, 2016, p.1078.

[68] Reinhard Zimmermann, *The Law of Obligations: Roman Foundations of the Civilian Tradition*, Oxford University Press, 1996, p.830.

这种反思表现为:在特定情形下,可预见性规则无法合理限制违约损害赔偿范围,需要采用责任承担规则(assumption of responsibility)加以补充。经过 The Achilleas 案,可预见性规则通常承担合理限制违约损害赔偿范围的任务,例外情形中需要责任承担理论的补充。[69]

  英国合同法损害遥远性涉及合同损害风险如何分配。可预见性规则一般能够代表公平合理的风险分配方案。但是它可能要受到责任承担规则限制,即当被告约定合同的义务全部目的在于保护另一方免受某种损失风险时,那么即使该损失发生概率低,不符合传统可预见性规则要求,也应扩大赔偿;当某种特殊损失属于合同义务的标准目的之外,即使被告知悉该特殊情况,但是该损失与价款完全不成比例,或被告没有针对该损失风险进行价款调整的可能,该损失赔偿受到限制。

(编辑:冯洁语)

---

[69] *See* Andrew Burrows (ed.), *A Restatement of the English Law of Contract*, Oxford University Press, 2016, p.128-130.

法学经典

[奥]汉斯·凯尔森 著　雷　磊 译
正义问题

[德]罗伯特·阿列克西 著　杨　贺译　张　龑译
宪法性法律与一般性法律
——宪法诉讼与专业法院诉讼

正义问题

[奥]汉斯·凯尔森* 著　雷　磊** 译

目　录

Ⅰ. 正义原则***

1. 正义与道德
2. 作为原则与人类行为之评价标准的正义
3. 对规范的评价
4. 公正的法与不公正的法
5. 正义规范的一般性；规范与概念
6. 规范三段论
7. 通过高位阶规范来证立低位阶规范的效力；基础规范
8. 各种正义原则
9. 理性的类型与形而上学的类型
10. "各得其所"

---

*　汉斯·凯尔森（Dr. jur. Hans Kelsen, 1881—1973）：奥地利公法学与法理论学家，20世纪最具有世界影响力的法学者之一，代表作为《纯粹法学说》（1934年第1版、1960年第2版）、《法与国家的一般理论》（1945年）。本文译自：Hans Kelsen, Reine Rechtslehre, 2.Aufl, hrsg. v. Mattias Jestaedt, Wien: Oesterreich Verlag 2017, S.611ff.

**　雷磊：中国政法大学教授，博导，钱端升学者。

***　原文为"正义规范"，凯尔森另于1965年7月20日修正表述为"正义原则"。为阅读方便，这里以及以下一些表述已根据原文注释中的修正要求作出相应修正——译者注

文中的黑体字为原著作者加黑，译文予以保留。——译者注

11. 黄金法则:"己所不欲,勿施于人"

12. 绝对命令

13. 行善避恶

14. 作为正义价值的习惯

15. 作为正义价值的节制;"中庸"论

16. 报复

a) 报复原则与平等原则

b) 行动与回应的同等性

c) 劳有所值

d) 行动与回应的合比例性;价值的程度化

17. 按绩分配、公正的酬劳、公道的价格

18. 给付与酬劳的合比例性

19. 共产主义的正义原则:按能力分配、按需分配

a) 按能力分配

b) 按需分配

c) 保障经济条件的理念

20. 邻人之爱的正义

21. 完全颠倒既存事物的正义原则

22. 自由的正义理念

23. 民主的正义

24. 平等的正义原则:所有人都应被平等对待

a) 不平等的正义原则:每个人都应当被不同对待;法的灵活性与法的安定性

b) 只有相同者才应被相同对待

c) 等者等之;任何正义规范之一般性的逻辑后果

d) 正义的一般概念

25. 绝对善观念中的正义

26. 上帝之爱的正义

27. 绝对正义与相对正义

Ⅱ. 自然法学说

28. 理念主义的法学说与现实主义的法学说

29. 法律实证主义

30. 作为理念主义—二元论法学说的自然法学说

31. 自然法学说的逻辑错误

32. 内在价值及其神学起源

33. 作为自然法渊源的人类本质

34. 人类的本质:其天性

35. 利己的与利他的、糟糕的与良善的天性

36. 自然的与非自然的、理想的与现实的本质

37. 作为"正常"行为的自然行为

38. 人类的本质:其理性;作为理性法的自然法

39. 实践理性的概念及其神学起源

40. 托马斯·冯·阿奎那:作为自然法渊源的实践理性

41. 善与恶的知识之树

42. 正义价值的客观可认知性

43. 康德的实践理性概念

44. 作为自然法渊源的法感

45. 各种自然法学说之间相互冲突的结论

46. 可变的自然法

47. 具体的自然法

48. 基于不可变之自然法的可变自然法

49. 自然法学说的辩护

50. 自然法学说的保守性

a) 实在法对于自然法学说的必要性

b) 自然法与实在法之间冲突可能性的排除

c) 斯多葛学派的双重自然法学说

d) 教会的双重自然法学说

e) 实在法与自然法的等同

f) 实在法权威对解释的垄断

51. 自然法学说与法律实证主义

52. 自然法学说与纯粹法学说

Ⅰ. 正义原则

1. 正义是一种针对不同对象说出的属性。首先是针对人类。人们说,一个人,尤其是一位立法者或法官是公正的或不公正的。在此意义上,正义被描述为人类的一种美德。就像一切美德那样,正义的美德也具有道德性;就此而言,正义位于道德的领域之内。

但人类所拥有的正义属性或美德,表达在他的行为之中,表达在他相对于他人的行为也即他的社会行为之中。当与某个规定此类行为(即被制定为应然)的规范

(故而它构成了正义价值)相符时,某人的社会行为就是公正的。当与某个规定特定行为的规范不符时,某人的社会行为就是不公正的。某人的正义就是其社会行为的正义;而其社会行为的正义体现为,它与某个构成正义价值并在此意义上公正的规范相符。这一规范可被称为正义规范。由于道德规范是社会规范,也即调整人们相对于其他人之行为的规范,正义规范就是一种道德规范;故而在此角度下,正义的概念也落入了道德概念的领域。

但并非每个道德规范都是正义规范,并非每个道德规范都构成正义的价值。只有规定他人如何以特定方式来对待某人,尤其是规定立法者或法官如何对待某人时,这一规范才能作为正义规范起作用。"不得自杀"这一规范可以是某种道德规范,它出于其对于共同体的邪恶效应而禁止这一行为,但这一规范不可能是一种正义规范,因为它并没有规定他人如何对待某人;这意味着:自杀可以被判断为不道德,但不能被判断为不公正。但人们不将自杀者安葬于公墓,而是隔离安葬,或者对未遂的自杀行为进行惩罚,这可以被判断为公正的或不公正的,也即根据这样一个规范加以判断,它规定了(也即要求或禁止)对人类的特定对待方式,故而构成某种正义价值,具有正义规范的性质。

2. 故而正义是某种特殊的人类行为的属性,这种行为体现在对待他人的方式之中。这一行为是公正的抑或不公正的判断是对这一行为的评估或评价。行为,也即在时空中存在的实然事实,被与规定了某种应当的正义规范相对比。结论是这样一个判断:它说的要么是,这一行为如其——根据正义规范——应当所**是**,也即这一行为是有价值的,即具有某种积极的正义价值;要么是,这一行为并非如此,因为与之相反的行为才如其——根据正义规范——所是,也即这一行为是反价值的,即具有某种消极的正义价值。这种评估或评价的对象是某个实然事实。只有实然事实(当与某个规范相对比时)才能被判断为有价值的或反价值的,才能具有某种积极的或消极的价值。换言之:被评价的,可以是有价值或反价值的、可以具有积极价值或消极价值的,是现实。

3. 这看起来与这一事实是矛盾的:正义——以及非正义——也被说成是规范的属性,当人们谈论好的或糟糕的、公正的或不公正的实在法时,人们同样将规范判断为好的或糟糕的、公正的或不公正的。看起来人们由此将实在法规范与某个正义规范相比较,也即以一个规范来评价另一个规范,并由此得出这一判断:如果实在法规范与这一正义规范相符它就是公正的——只要它规定了这一正义规范所规定的内容,或者,如果它与这一正义规范不符时它就是不公正的——只要它规定的内容与这一正义规范所规定的内容相反。这里的前提在于,正义规范与实在法规范同时被视为有效。但当这两个规范相互矛盾,也即彼此冲突时,这就是不可能的。[1] 如此一来,就只能将两者中的一个视作是有效的了。与某个被预设为有效的正义规范相对,某个与之相悖的实在法规范不能被视作是有效的,与某个被预设为有效的实在法规范相对,某个与之相悖的正义规范不能被视作是有效的。这里的"效力"要被理解为客观效力。某个实在法的也即由人类行为制定之法的规范"有效",意味着,"人类应当以特定方式行为"这一行为的主观意义也被诠释为它的客观意义。每种命令行为都具有这一主观意义:此一命令所指向的每个人都应当以特定方式来行为。但并非每个命令行为的主观意义都被诠释为它的客观意义,即有拘束力的规范。由此,某个劫匪的命令行为就得以区分于法律机关的命令行为。前文中已然指明,在何种条件下某个命令行为的主观意义要被诠释为它的客观意义,被诠释为有拘束力的规范。

将实在法评判为公正或不公正的做法主要来自自然法学说的立场,据此,只有当实在法与构成某种绝对之正义价值的规范相符时,它才是有效的。如果假定这一点,那么违反自然法的实在法规范就不能被视作是有效的。只有与自然法相符的实在法规范才有效。如果实在法规范只有符合自然法时才有效,那么在实在法规范中有效的就只是自然法了。事实上,这就是自然法学说的结论,它主张自然法拥有实在法之外的、甚至超越实在法之上的效力,由此认为实在法的效力基础在于这种自然法。但这就意味着:按照这一理论,实际上只有自然法而非实在法**本身**才能被视作是有效的。

故而这里压根就不存在用自然法来评判实在法的问题,也即通过一个有效的规范来评判另一个规范的问题。就像规范也构成了一种价值(每个有效的规范都构成某种价值),某种价值如何能被评价?!某种价值如何能具有某种价值甚或某种消极价值?!有价值的价值是一种赘语,违反价值的价值则是自相矛盾。

4. 从这一观点出发必须来检验这一事实:当人们谈论公正的或不公正的实在法时,当人们主张正义或不正义是有效的实在法规范的属性时,当人们说,人们根据某个正义规范来评判实在法规范,将某个正义规范作为评价其公正或不公正的标准,但同时假定,这些实在法规范的效力独立于它们与正义规范之间的关系时,就出现了这一事实。实在法规范的效力相对于其与某个正义规范间关系的独立性,体现了自然法学说与法律实证主义的根本差别。

正义规范规定了人对人的特定行为。这一行为可以存在于规范的制定之中。

---

[1] 由于规范不可能有真假,而只可能是有效或无效,所以规范冲突并非严格意义上的逻辑矛盾。当我们谈论彼此"矛盾"的规范时,指的是相互冲突的规范,也即一个规范规定人们应当以特定方式来行为,另一个规范规定人们不应当如此行为。一个规范的效力与另一个规范的效力不相容。因此,两者不可能同时有效。在此意义上,康德同样运用"矛盾"一词。

只要正义规范涉及实在法，它就会要求对其规范进行特定的内容塑造；它规定要**制定**具有特定内容的规范。但这就意味着：它指向了实在法的创设。它所规定的行为，即它的对象，是制定规范的行为。这些行为可能与正义规范相符，也可能与之不相符。当它们制定的规范具有正义规范规定要制定的内容时，它们就与正义规范相符；当它们制定的规范具有相反的内容时，它们就与正义规范不相符。由于正义或非正义体现为制定行为的相符或不相符，故而是这些制定实在法规范的行为，是制定实在法规范之人的行为，也即实然事实，构成了通过正义规范进行评判的对象，用这一正义规范的标准来衡量，它们被评价为公正的或不公正的，具有某种积极的或消极的正义价值。但规范制定行为的这种正义价值明显区别于法的价值，后者是由实在法规范构成的。从法律实证主义的立场来看，这类规范之所以构成某种积极的法的价值，不是因为它是由某种具有积极的正义价值的行为制定的，即便当它由某种具有消极的正义价值的行为制定时，它也构成某种积极的法的价值。如果实在法规范的制定与正义规范相符，那么由前者构成之法的价值就与由后者构成之正义价值相一致。如此，人们就会说，实在法的规范是公正的。如果实在法规范的制定与正义规范不相符，那么正义价值与法的价值就将相分离；如此，人们就会说，实在法规范是不公正的。但正义以及非正义——它被说成是实在法规范的属性，这种实在法规范的效力独立于它的这种正义或非正义——并不是，至少并非直接是，这一规范的属性，而是制定它的行为的属性（这一规范是这一行为的意义）。例如，如果某个被预设为有效的正义规范规定，所有人都应当被相同对待，那么某个立法行为——由此制定出要对人作不平等对待的这类规范，因为它们规定，法院只惩罚从事某类违法行为的人，但不惩罚其他人，并且应当剥夺小偷的自由、剥夺谋杀者的生命——以及法院适用这一制定法的行为就是不公正的。如此，人们就会说，制定法的一般规范和适用制定法之司法裁判的个别规范都是不公正的。它们的不公正体现在，制定它们的行为与某个正义规范不相符，这意味着，根据正义规范就不应当被制定。但依据实在法秩序它们应当被制定。但某事同时既应当又不应当，这是不可能的。因此，人们可以从某个被视为有效之正义规范的立场出发，不将某个与之相悖的实在法规范视作是有效的；而从某个被视为有效的实在法规范的立场出发，不将某个与之相悖的正义规范视作是有效的。当某个实在法规范的效力存疑时，不必考虑某个与之相悖的正义规范的效力；当某个正义规范的效力存疑时，不必考虑某个与之相悖的实在法规范的效力。因此，没有任何被视为有效的实在法规范，可以从某个同样被视为有效的正义规范的立场出发被评判为不公正。因此，无论从哪种立场出发，不公正的实在法规范都不可能是有效的。因此，某个有效的实在法规范无论从哪个角度出发都不可能被视作是不公正的。尽管可能某个行为的主观意义是一种应当，而这一行为从某个被视为有效之正义规范的立场出发可以被判断为不公正，但是这一行为的主观意义（如果这一正义规范被视作是有效的话）不能被视为这一行为的客观意义,因而也不能被视为客观有效的规范。从某个被视为有效之正义规范的立场出发,某个与之不符的实在法规范是无效的;而如果这一行为的主观意义(因为这一行为的准则是根据法秩序的基础规范制定的)被视为其客观意义,也即被视为客观有效的规范,那么这一正义规范就不能被视作是有效的。如果从某个被视为有效的正义规范的立场出发,没有任何不公正的实在法是有效的,因为从这一立场看,不公正的法不可能是有效的法,那么从这一立场出发,同样没有任何公正的法本身是有效的。当从某个被视为有效的正义规范的立场出发,只因为某个实在法秩序的制定符合这一正义规范它才有效时,就出现了这一情形。因为如此一来(就像已经评论过的),实在法秩序的效力就只是正义规范的效力,实在法**本身**就没有任何自己的效力了。而如果从某个被视为有效的实在法规范的立场出发,与这一规范相悖的正义规范都不能被视为有效、故而从这一立场出发也没有任何不公正的实在法规范能够有效时,那么也没有任何与某个实在法规范相符的正义规范可以被视作是有效的。但是,当实在法规范的效力存疑时,人们不必考虑与某个实在法规范相悖之正义规范的效力;当实在法规范的效力存疑时,人们也不必考虑与之相协调的正义规范的效力。假定实在法可能是公正的,但不可能是不公正的,这或许毫无意义。如果实在法不可能是不公正的,那么它也不可能是公正的。它只能要么是公正的、要么是不公正的,或者,既不可能是公正的、也不可能是不公正的。不考虑那种正义规范——既包括与某个实在法规范相悖的、也包括与某个实在法规范相协调的正义规范——的效力,也即假定实在法规范的效力独立于正义规范的效力,或者说人们不将这两类规范同时视作是有效的,是**法律实证主义**的原则。

通过这一分析可知,"某个实在法规范是公正的或不公正的"只能意味着:当人们将某种特定的正义规范预设为有效时,制定特定实在法秩序之规范的行为,也即其主观意义为这一规范的行为,是公正的或不公正的,衡量的标准是,这一行为是否与正义规范相符。这一行为的存在与正义规范的效力并非是不相容的。即便是与某个规范不符的行为也能存在。但如果某个实在法秩序之规范的效力存疑,也即,如果这一行为的主观意义是否也能被视为其客观意义存疑,且如果它(行为的主观意义)之所以被视为其客观意义,不是因为这一行为与正义规范相符,而是因为它(行为)的准则是根据法秩序的基础规范制定的,也即如果它(行为)的主观意义与正义规范不符,那么这一正义规范就不能与这一实在法规范同时被视作是有效的。

5. 正义规范,或——正如我们将看到的那样,更正确的表述是——诸正义规范具有一般性。如果某个规范并非——像个别规范那样——对个别情形有效,而是对事先无法确定数量的同类情形有效,也即在事先无法确定数量的同类情形中被遵守或适用,那么它就是一般性的。在这一方面,它类似于抽象概念。然而,一般规范不能与抽象概念相等同,就像偶尔——基于随后再来讨论的理由——会发生的那样。抽象概念确定了具体对象的要素或质,如果它落入这一概念之下的话。概念并没有规定,这一对象应当具有这一属性。概念并不——像规范那样——构成某种价值。如果某个对象具有由某个概念所确定的属性,它并不因此拥有积极的价值,如果它不具有这种属性,也不因此拥有消极的价值;就像个人的行为,如果与某个规范相符(这意味着就像规范所规定的那样,也即按照规范应当如此),它就拥有积极的价值,某个行为,如果与某个规范不相符(这意味着并非像规范所规定的那样,也即按照规范并非应当如此),它就拥有消极的价值、无价值。因此,人们无法像所谓概念法学所错误尝试的那样,从概念推导出规范。一个规范只能从另一个规范中推演出来,一种应然只能从另一种应然中推衍出来。

6. 假如人们着手进行这种运算,即将某个个别规范的效力回溯自某个一般规范,那么这里同样会出现一种实然判断,对某种事实的主张。例如,"个别规范'我应当说真话'的效力"只有借助于某种实然,借助于主张某种事实的命题"我是人",才能从"一般规范'所有人都应当说真话'的效力"中推断出来。结论句"我应当说真话"推断自大前提"所有人都应当说真话",这意味着,结论句已被包含于三段论的大前提之中。但结论句只可能被包含于大前提之中,不能被包含于小前提"我是人"之中,因为只有大前提才像结论句那样是一种应然语句和关于说真话的命题,而小前提是一种实然语句和关于是人的命题。两个前提:大前提和小前提,都是结论句的条件;如果所有人都应当说真话,且如果我是人,那么我就应当说真话。但在这两个前提之间存在着刚才说过的那种差异。只有通过大前提陈述出的一般规范才是通过结论句陈述出的个别规范的效力基础。〔2〕

"规范三段论"(das normative Syllogismus)的逻辑结构与"理论三段论"(das theoretische Syllogismus)是一样的:大前提:所有人都会死;小前提:我是人;结论句:我会死。结论句推断自它已被包含于其中的大前提;而且它只能被包含于大前提之中,不能被包含于小前提之中,因为只有前者而非后者才是关于会死的命题。规范三段论与理论三段论之间的差别只体现在,在前者那里大前提与结论句都是应然语句,而在后者那里所有三个语句都是实然语句。

7. 规范的效力无法建立在实然事实的基础上,这一逻辑原则也适用于这一情形,也即当这一事实是某种意志行为(其主观意义是,人们应当以特定方式来行为)时。这种十分流行的论证——人们应当以特定方式行为,因为立法者或上帝意欲也即命令人们应当如此行为——是一种谬误。只有当人们预设了这一规范,即人们应当像立法者或上帝所意欲人们应当行为的那样去行为时,这一推断才是有效的。我

---

〔2〕 参见 Ch. Perelmann, *De la justice*, Bruxelles, 1945, S.57ff. 佩雷尔曼称之为"命令三段论",其中大前提和结论句都是应然语句,小前提是实然语句。它有别于"理论三段论",其中大前提、小前提和结论句都是实然语句。

已经在其他地方指出过，[3]我们从这一事实，即某个劫匪命令我们将我们的钱交给他，完全无法推断出，我们应当将我们的钱交给他，应当服从他的命令；之所以不能，是因为我们并没有预设任何规范，据此劫匪之行为的主观意义也是其客观意义。某个实在的即通过意志行为被制定之规范的效力基础，并不在于制定这一规范或某个高位阶规范的行为（也即这样的行为，其客观意义是这一低位阶或那一高位阶的规范），而在于那一被预设为客观有效的高位阶规范，它恰恰由此对这一低位阶规范提供了证立：它将制定这一规范的行为的主观意义正当化为其客观意义，也即正当化为客观有效的规范。

但规范效力证立的程序必然导向某个终点，导向某个最高的、最一般的、不再能被证立的规范，导向所谓客观效力被预设的基础规范——如果作为任意行为之主观意义的应然要被正当化为其客观意义的话。假如并非如此，假如规范效力证立的程序就像因果说明的程序那样（根据因果的概念）没有终点，无法导向任何终极的原因，无穷无尽，那么我们应当如何行动这一问题就将得不到回答。我们将某人对待他人的方式判断为公正的——如果这种对待方式与某个被我们视为公正的规范相符的话。我们为什么将这一规范视为公正的问题最终将导向某个被我们所预设的基础规范，它构成了正义价值。

8. 事实上，有大量彼此大相径庭且相互间部分对立的正义规范被预设为有效。我们必须从这些正义规范、从人们事实上在今天和过往所拥有的称为"公正的"、称为正义的观念或概念出发，来对正义问题进行科学处理。它的任务在于，对人们（当他们将它们评价为"公正"之物时）事实上视为有效的不同规范作客观分析。作为科学，它无须来决定什么是公正的，也即规定人们应当如何行动，而是要去描述事实上被评价为公正之物，同时自己并不去认同这些价值判断中的一种。它可以尝试去确认不同正义规范的共同要素，以便获得关于正义的一般概念。[4]但这——正如我们将会看到的那样——就是本质上一般性的规范的概念，它规定了特定条件下对人类的特定对待，却没有陈述出关于这种对待的方式方法，也即在这一方面完全留白了。

9. 要区分两类正义规范：形而上学的和理性的。形而上学的正义规范的特征在于，它根据其本质被装扮成来自某个超验的、超越一切合乎经验（基于经验）之人类认知而存在的层级，也即本质上预设了对这类超验层次之存在的信仰。它们不仅就其来源而且就其内容来说都是形而上学的，只要它们无法为人类理性所理解。人们

---

[3] Vgl. supra S.346-349.

[4] 佩雷尔曼对"最流行的"正义概念作了出色的分析，并试图界定一种"形式的"或"抽象的"正义概念，它包含一切"具体的"正义概念的共同要素。他说："对正义概念的逻辑研究要想真正对澄清其混淆有所贡献，就必须指出正义的不同构造之间有何异同。"

必须信仰它们所构成的正义(就像对它们所来自的那个层级的信仰那样),但人们无法理性把握这种正义。这种正义的理念就像它所来自的层级那样是绝对的;根据其固有的意义,它排除了其他正义理念的可能。这里被称为——与"形而上学的"相对的——"理性的"正义规范的特点在于,它在本质上并不预设任何对某种超验层级存在的信仰,它被认为是由经验世界中实施的人类行为所规定的,并可以为人类理性所理解,也即可以被理性所把握。但这并不意味着,这些规范可以由人类理性——作为所谓的"实践"理性——所制定,或可以在这种理性中被找到。即便当它被那些人——他们将这些规范预设为可直接有助于回答"什么是公正"这一问题——所主张时,这也是不可能的。[5]

虽然在此被称为理性的正义规范,也可以被设想为是由某个超验的层级所制定的;且它们中的一些,尤其是"报复"这一正义规范,被描述为上帝的意志,但这对于它们来说并不是本质性的,而它们在内容上也可以保持理性,也即它们可以被人类理性所理解、把握。

如果对于正义问题,我们从某种科学理性的、非形而上学的立场出发,并认识到,存在着大量不同的、彼此矛盾的正义理念,其中没有任何一个可以排除余者的可能性,那么就只能让这些理念构成的正义价值作为相对的价值来起作用。

我们的分析应当从理性的正义规范开始。

10. 被最频繁地使用的正义公式是著名的"**各得其所**"(*suum cuique*),也即这样一个规范:应当分配给每个人他"该当的"(Seine)、他所应得的(他对此有请求权或拥有权利)。很容易就可以发现,对于适用这一规范而言关键性的问题:什么是"该当的"(这是每个人应得的、他的权利),并没有被这一规范所确定。由于每个人所应得的就是应当分配给他的,所以"各得其所"的公式导向了这样一种同义反复:应当分配给每个人他应当被分配的。对这一正义规范的适用预设了某个规范秩序的效力,它规定了每个人"该当的"是什么,也即他所应得的是什么、他对什么拥有权利,因为根据这一秩序,其他人拥有相应的义务。但这就意味着,每个这类秩序都是要规定义务和权利,尤其是每个与"**各得其所**"这一正义规范相符并因而被判断为公正的实在法秩序。这种保守的功能体现了它的历史意义。这一规范所构成的正义价值等同于由这一秩序尤其是法秩序的规范所构成的单一或诸种价值,这是在它们适用时被预设的。

11. 所谓黄金法则也是同样的:"己所不欲,勿施于人"。(通过)积极地表述,它描述了这样一个正义原则:人们应当像希望自己被如何对待那样去对待他人。如果从此字义上去理解这一公式,马上就可以发现,它会导向使用它的那些人显然无意得出的结论。如果人们应当像希望自己被如何对待那样去对待他人,那么对为恶者

---

[5] Vgl. Infra S.708 ff.

的任何惩罚都将被排除在外,因为没有任何为恶者希望遭到惩罚。没有人希望被责备。没有责备的可能性,就没法进行教育。许多人希望他们被人恭维;对于大多数人来说,都不希望面对令他们尴尬的真相,他们希望被欺骗。由此可推出,他们有义务或是仅仅有权利去恭维他人或欺骗他人吗?**人乐于受骗**(*Mundus decipi vult*)。由此推出:**那就让他被骗**(*ergo decipiatur*),这不是很讽刺吗?从道德或法的立场来看,被禁止的一些事情,对于一些人来说尽管不被希望,但也不是不被希望的。故而不足以提出这样的要求:不要像自己不希望被如何对待那样去对待他人。例如:道德要求不撒谎。但某人并不介意被别人欺骗,因为他自认为足够聪明,可以看穿他人的谎言,也自认为足够强大,可以保护自己免于遭受不利的后果。如果同样在这里运用黄金法则,那么他就可以此来为对他人撒谎的做法进行辩护,因为他乐于被他人欺骗。大多数人都热爱他们的生命,因而希望人们不会要求他们采取威胁自己生命的行为。但如果对他们提出了这样一种不被希望的要求,他们却可能因为克服了他们的恐惧而与之相符。根据黄金法则(如果从字义上理解的话),一个自己并不见得比大多数人更无畏的立法者,不会制定将这类不被希望的行为规定为义务的道德或法律规范。如果黄金法则要求,每个人都应当像他主观上希望他人对待他那样去对待他人,那么这里很显然预设了,他人也希望这样被对待。这是理所当然的(人们如此假定),因为每个人都希望被恰当对待。假如黄金法则被遵守,那么人们就其相互行为而言就会达成一致,故而也就不存在冲突了;社会和谐就会实现。但这终归是一种幻象,因为人们在判断什么是主观上认为是好的事情即他们希望的是什么时,绝无法达成一致。一个人在主观上认为是恰当的对待方式,希望自己被如此对待,因而根据黄金法则去如此对待他人,但他人主观上却可能视其为糟糕的对待方式,也即他不希望被如此对待。一个人希望被恭维和欺骗,另一个人却不希望如此。但如此一来,就会在两者之间产生冲突。如果黄金法则被从字义上加以理解,如果每个人都应当,也只应当,像他希望被他人如何对待那样去对待他人,也即,如果对于证成某个社会秩序而言,某个主观标准是绝对性的,那么道德和法秩序都将变得不可能。如果黄金法则(根据其意图)被用作某个社会秩序的基础规范,那么它就必须被理解成这样一个规范:不是像人们事实上希望自己如何被对待那样去对待他人,而是像人们应当希望自己同样如何被对待那样去对待他人,也即像人们应当根据某个一般性的(不仅适用于某人自己,同样也适用于他人的)规范被对待那样去对待他人。但人们应当如何被对待呢?这个一般规范的内容是什么?对于这个关键性的问题,黄金法则基本没有给出答案,就像"**各得其所**"这一公式也几乎没有对这一问题给出答案那样:对于每个人来说"该当的"是什么。前者与后者一样都预设了某个规范性秩序,它作出了关键性的决定,它规定了人们应当被如何对待。与"**各得其所**"公式一样,任一社会秩序,尤其是每个实在法秩序,都符合黄金法则。

12. 与黄金法则具有近缘性的是康德的绝对命令(kategorischer Imperativ)。在它诸多不同版本中最流行的表述为:"只应当这样来行为,使你的意志所遵循的准则能同时成为一条普遍的法则。"〔6〕这一命令原本并非被设想为正义问题,而是被设想为道德的普遍和最高原则,正义原则被包含于其中。〔7〕

绝对命令要求特定的行为。它是对这一问题的回答:我应当如何行动才算是道德上恰当的行动?答案在于:当你依照一个你意欲它成为一条普遍法则的准则来行动时,你就在道德上采取了恰当的行动。在此,"准则"指的是这样的规则,人们事实上想要据此去行动,自己决定据此去行动;"普遍法则"指的是这样的一般规范,他应当据此来行动。〔8〕如果关键真的(就像根据前面所引的公式看起来的那样)在于,人们是否**可能**意欲,人们自己使之成为其行动规则的东西变成一个普遍的法则,那么绝对命令就不必然会导向某种道德上恰当的行动。因为一个人可能事实上意欲使任一准则成为一个普遍法则。这可能在一些情形中——从某种已被预设的道德立场来看——应受谴责,但这并不是不可能的。康德相信能够以此来证明,人们并不会意欲某些准则成为普遍的法则:他试图指出,将不道德的准则(也即康德从一开始就已预设为不道德的准则)提升为普遍法则的意志,或者由这一准则提升而成的

---

〔6〕 Kant, *Grundlegung zur Metaphysik der Sitten*. Kant's gesammelte Schriften, herausgegeben von der Königlich [...] Preußischen Akademie der Wissenschaften, Bd. Ⅳ, S.421. ——下文所引康德的著述同样来自这一版本。

〔7〕 康德在其伦理学中并没有对作为道德的一个特殊原则的正义原则进行进一步论述。他有时说(*Die Metaphysik der Sitten*, Ⅵ, S.490):"正义的概念无须进一步确定。"在《纯粹理性批判》(Ⅲ, S.372/3)一书中可以发现这样一个表述,它可以被诠释为,康德认为正义原本就不可能存在于经验世界之中。众所周知,康德的伦理学以此预设为出发点,即,只有当人是自由的时候,也即当他的意志不由因果决定时,道德归责才有可能。但由于康德必须承认,经验意义上的人、意义世界中的人及其意志,就像这个世界中的所有事物那样,要由因果决定,所以他只能以此来挽救自由,即他用自由来指涉作为物自体的人、指涉知性的人。但由于恰恰是经验意义上的人可被道德归责,他的行为可从道德上被判断为贡献或罪过,而康德也明确说,"鉴于何种经验性,故而不存在自由",康德就必须承认,"因而行为固有的道德性(贡献或罪过)一直与我们同在,即便对于我们自己的行为来说它完全是看不见的。我们的归责只可能指涉这种经验性。但其中有多少是单纯是自由的效果,有多少可被归属于纯粹的自然以及秉性的无辜错误或其幸运状态(*merito fortunae*),没人能够探查清楚,因此也没人能指向完全的正义"。在《道德形而上学》的"结语"部分(Ⅵ, S.488ff.),康德谈到了正义,但只涉及了上帝的正义,对此他说,它"对于我们来说是必不可少的"。关于这一原则:一个人的自由应当与所有他人的自由相容(康德并没有称之为正义原则,而是称之为"法原则")。

〔8〕 Kant, *Grundlegung zur Metaphysik der Sitten*, Ⅳ, S.420:"准则……是主体据此行动的原则;但法则……是他应当据此来行动的原则,也即命令"。——*Metaphysik der Sitten*, Ⅵ, S.225:"准则是行动的主观原则,它是主体自己当作规则的东西(就像他自己想要行动那样)。相反,义务原则(法则)对他来说是绝对的理性,故而是客观的要求(就像他应当行动那样)。"

法则,"将与其本身相悖"[9]。例如,对于通过自杀来结束生命(如果它面临更多的恶而不能保证舒适的话)这一准则,他说:人们不会因此而意欲这样一个准则变成一条普遍的自然法则,因为"自然——它的法则或许在于通过相同的感受(它的规定性在于设法提升生命)来摧毁生命本身——与它本身相悖,故而不会作为自然存在,由此那一准则就不可能作为普遍的自然法则出现,继而与一切义务的最高原则(即绝对命令)相悖"[10]。某人事实上会意欲,自行结束不可忍受的生命这一准则成为一条普遍的法则,认真说来这是无可置疑的。如果这样一条法则有效,那么生命应当得到维系这条法则的效力就会受到前一条法则的限制。这种矛盾并不是必然的。只有在这一准则与康德所预设的道德法则——在任何情形中都禁止自杀(据此上述准则不应当被意欲,尽管可能被意欲,成为一条普遍的法则)——之间才会出现这种矛盾。

康德用绝对命令来检验其相容性的另一个准则是:在作出承诺时就意图不去遵守它。康德说,人们会马上注意到,人们不会意欲这一准则成为一条普遍的法则,"因为根据这样一条法则,压根就不存在任何承诺"[11]。但为什么一个品德低劣的人就不会意欲这种状态呢?如果他意欲他的准则成为一条普遍的法则,那么他的意欲(如果预设了这一道德规范,即人们应当信守承诺的话)就将被评判为低劣的,但它不能被视为不可能。如果一个人既不愿意遵守承诺,也同意所有人都不应遵守承诺,那么他所意欲的就是某种恶劣的事,即他不应意欲而非他不能意欲。他的被当作一条普遍法则的准则不必然会像康德在这里所说的那样"自我摧毁",只要"自我摧毁"被理解为自我矛盾。因为向他人承诺做特定行为,意味着宣告人们意欲在将来如此行为。只有当承诺实施特定行为不仅意味着人们意欲在将来如此行为,而且意味着人们应当在将来如此行为——也即,当人们应当信守承诺这一规范被预设为有效——时,"人们不应当信守其承诺"这条普遍法则才会自相悖。这一规范被康德预设为理所当然的,因为他主张,人们不会意欲不信守承诺的准则成为一条普遍的法则。因为由此一来,康德就只能认为,人们不应当意欲这样一个准则成为一条普遍的法则。

对于明知道无力偿还也要借钱这一准则,康德说,人们不会由此意欲它,即这个法则,会成为一条普遍的法则,因为将这个准则当作普遍的法则"必然自相悖"。这个准则所变成的法则必然"使得承诺(偿还借到的钱)和人们这么做时可能拥有的目的本身变得不可能"[12]。故而不可能存在任何借款合同。想这么做无疑是可能的;

---

[9] Kant, *Grundlegung zur Metaphysik der Sitten*, Ⅳ, S.424.
[10] Op. cit. S.421/2.
[11] Op. cit. S.403.
[12] Op. cit. S.422.

只是人们不应当这么想。只有当在这条法则之外还有一条法则(它要求偿还借款)被视为有效时,矛盾才可能会出现。但这一法则在此情形中并不被意欲。康德认为,这里的准则"与一切义务的最高原则相悖",也即与绝对命令相悖。但只有当人们能够由此推导出这一规范,即借款应当被偿还时,才会出现这一情形。但实情并非如此。这一规范被康德预设为理所当然。而只有基于这一预设,而非基于绝对命令,他才能作出这样的假定:人们不会意欲(而这意味着:不应当意欲)上述准则。

关于某人的这条准则,即他"宁愿随波逐流地享受,也不愿努力扩展和善用他出色的天赋",康德的说法十分有意思。人"不可能意欲"这条准则成为普遍的法则,"因为作为理性的生物,他必然意欲他的一切能力都得到发展,因为它们有益于、也能满足他各种可能的意图"〔13〕。一个宁愿享受其生活也不愿培养其能力的人,可能会意欲他的准则成为一条普遍的法则,这完全是有可能的。作为理性生物的人在意欲他所有的才能得到发展时所既有的"必然性"显然不是因果必然性,而是一种规范必然性。人应当发展其才能。无论是随波逐流享受生活的准则,还是这一准则被提升为的法则,都不自相悖。但这一准则违背了一条道德法则,据此人们应当发展其所有的才能;而只有相对于这条道德法则,这一准则才是不道德的。但康德将这条道德法则预设为理所当然的。

对于某人的这条准则——它认为只要为自己的福祉而无须为他人的福祉做出贡献即可——也完全是一样的。康德说:"毕竟不可能意欲这个原则作为自然法则普遍生效。因为决定这么做的意志是自相冲突的",因为此人"通过这一来源于其自己意志的自然法则将剥夺自己获得帮助(这是他自己所希望的)的一切希望"〔14〕。显而易见的是,一位利己主义者会意欲一条普遍的利己主义法则,由此合乎逻辑地放弃获得他人的帮助,因此他意欲他的准则成为一条普遍的准则也不会产生任何矛盾。这里所出现的矛盾是这个准则与康德所预设的一条道德法则(据此,人们应当为他人的福祉做出贡献)之间的矛盾。只有从这一预设出发,而非从绝对命令出发,才会推出,人不"可能会"意欲(而这就意味着:不应当意欲)利己主义的原则成为一条普遍的法则。

故而很清楚的是,对绝对命令的"可能会意欲"指的是"应当意欲",绝对命令的真正意义是:应当这样来行为,使你的意志应当遵循的准则同时成为普遍的法则。但我应当意欲哪些准则、又不应当意欲哪些准则,来使它成为一条普遍的法则?绝对命令没有对这一问题给出回答。此外,有时康德在表述绝对命令时并没有采纳"可能会意欲"这样的语词。例如,"应当依照某个同时能作为普遍法则来起作用的

---

〔13〕 Op. cit. S.423.

〔14〕 Op. cit. S.423.

准则来行为"[15]。但由于绝对命令并没有说,什么样的准则能作为普遍法则起作用,所以它就导向了这一公式:应当依照一条普遍法则来行为。它所要求的不外乎是行为的合法则性,也即行为与某个一般规范的相符性。康德自己也说:"由于法则之外的命令只包含这一准则的必要性,也即合乎这一法则,但这一法则并不包含任何它受到限制的条件,所以留下的终归就只是某个法则(行为的准则应当要符合它,并且它认为只有命令[与它]的相符性才原本就是必要的)的一般性了。"[16]相符性的"必然性"属于应然,而这就是每个规范的意义。绝对命令在此之外说出的就只有,这一规范具有一种一般性,必然是一条普遍的法则。但对于一切伦理学而言关键性的问题,即这一准则应当符合的这条普遍法则的内容是什么,仍然留而未决。从依照一条普遍的法则去行为这一命令(其内容未被陈述出来)出发,同样无法推导出对特定行为作出规定的道德规范。

但康德的绝对命令学说致力于进行这样的推导。在他给出的、在前文中已经分析过的例子的引言部分,康德说:"故而绝对命令只是一条……如果现在可以从这一条命令出发推导出所有作为来自其原则的义务性命令,那么我们至少可以指明我们由此所想的是什么,这一概念想要说出的是什么,即便我们不去确定它,即便人们称为义务的东西终归只是一个空洞的概念。"[17]这恰好意味着,从道德的最高原则出发(且不论其空洞性,它至少不能被否定)可以推导出具体的道德法则,如这样的规范:不得撒谎、不得自杀、应当偿还借款,等等。而这恰恰也是康德在他所给出的例子中所试图去做到的。但正如所说明的,如此尝试进行的推导建立在谬误的基础上。唯一的可能是去检验某个被预设为有效的具体道德法则与绝对命令是否相容;而任一这类法则都是与绝对命令相容的,因为后者所要求的不外乎,行为的准则应当符合某个一般法则,因为对于这些道德法则来说,不外乎,它们必须具有一般规范的性质。就像"各得其所"原则或黄金法则那样,绝对命令同样将对此问题——人们应当如何行为才算是恰当的或公正的行为——的回答预设为由某个既有秩序规定的。这一点不仅来自康德自己所给出的那些例子,而且也为他——至少是间接地——所承认,因为他宣称:"故而不需要科学和哲学就可以知道,人们必须做什么才算是真诚的和恰当的,甚至是明智的和有节操的""知道应当做什么,故而也知道每个人包括每个即便是最普通的人的职责是什么";也因为康德去严肃地追问,"将道德之事交由普通的理性判断,最多只是用哲学来更完整和更易于理解地描述道德体系"[18],这是不是更适当一些。换言之:善恶自可理解。这一问题无须道德科学

---

[15] Kant, *Metaphysik der Sitten*, Ⅵ, S.226.

[16] Kant, *Grundlegung zur Metaphysik der Sitten*, Ⅳ, S.420/1.

[17] Op. cit. S.421.

[18] Op. cit. S.404.

来回答。在康德认识论(他当然没有在其伦理学中维系它)的意义上,逻辑一致的说法或许是,道德**科学**压根就无法回答这一问题,它只能来确认,在什么逻辑条件下关于善恶的判断是可能的;而这一条件在于:将一般规范(它规定了特定的人类行为)预设为有效的。

13. 某个已然存在的道德或法秩序(它规定了什么是善、什么是恶,也即人们应当为的任何行为)被预设,相比于康德的绝对命令,在一些道德哲学家尤其是托马斯·冯·阿奎那[19]所使用的公式那里体现得更为明显,它说的是:行善避恶;作为正义规范的是:人应当为善,不应当作恶。由于人行"善"只能意味着,人应当像他们依照某个被预设为公正的规范那样来行为,而非意味着像他们希望被对待的那样来行为,这一公式本身同样完全是空洞的;终归只有在某个既有的或有待确立的规范秩序的前提下才能被适用;但如此一来,就可以在每个此类秩序的前提下被适用了,只要人们并没有——像托马斯·冯·阿奎那那样——将某个绝对的、由上帝规定的善、某种上帝的正义秩序预设为有效。

14. 按照一种尤其是在相对原始的共同体内占支配地位的观念,相对于他人采取像共同体成员一直以来或长久以来彼此行为的方式那样,也即像他们曾彼此对待的那样来行为,是对的也是公正的(如果考虑到对待人的方式的话)。这里预设了,共同体成员一直以来或长久以来都以特定方式来行为,因为人们应当如此行为。正义规范:人们应当像共同体成员习惯上彼此对待的那样对待他人,这并非将任一秩序,而是将特定规范秩序(它与共同体成员迄今为止习惯上的行为相符),预设为公正的。它构成了作为正义价值的习惯,它是对习惯法的辩护。

15. 作为正义规范,也即在适用于对人的对待方式时,也会出现节制这个一般性的道德规定,即这样一种观念:要不多不少地,也即体现为"黄金"中道的方式,来坚守正确的行为。但什么是过多的"善"、什么是过少的"善",就像人们习惯上说的那样,也即人们应当如何为善呢?确定这一点的规范被预设为理所当然,但它绝不是理所当然的。亚里士多德伦理学的分析说明了这一点。它的目标在于建立一种美德的体系,其中正义是首要的美德,是完满的美德。[20]亚里士多德确信,他已经找到了一种科学的即数学-几何学的方法来确定美德,也即回答这一问题:什么是"在道德上善的"?道德哲学家——亚里士多德如此主张道——能够以相同的或者十分相似的方式去发现各种美德(他试图去确定它们的本质),就像几何数学家能够找到

---

[19] Thomas von Aquino, *Summa theologica*, I-II, 94, Art.2:"故而制定法的首要诫命为:创造和追求善,并避免恶。所有其他自然法则的诫命都建立在此之上"。[凯尔森在脚注中附上了引文的德语翻译,并指明出处:Thomas von Aquino, Summa theologica(Anm.21), I-II, 94, a.2(Bd.13, S.74)——译者注]也可参见II-II, 79, Art.1.

[20] Aristoteles, *Nikomachische Ethik*, 1129b.

距一条直线的两个端点距离相等、将这条直接对半分成两部分的那个点一样。因为美德是两个极端,也即两种坏事情(过多和过少)之间的中点。[21] 例如,勇敢这一美德构成了胆怯这一坏事情(勇气过少)与胆肥这一坏事情(勇气过多)之间的中点。这就是著名的**中庸**(*Mesotes*)学说。为了能对这一学说进行评判,人们必须怀疑,只有在此前提下一位几何数学家才能将一条直线分为相同的两部分,即那两个端点先前已被给定。但假如这两个端点被给定,那么中点也就被同时给定了,也即已经被预先确定了。如果我们知道什么是坏事情,我们就也已经知道了什么是美德,因为美德是坏事情的对立物。如果好说谎是一种恶习,那么好真理则是一种美德。但亚里士多德将关于坏事情的知识预设为关于某些理所当然之事的知识的前提;而他将他那个时代的传统道德所尖锐批评的事情预设为坏事情。这意味着,**中庸**学说的伦理学只是假装解决了它的问题,即什么是恶的问题、什么是坏事情,从而解决了什么是善和美德吗?因为什么是善的问题要通过什么是恶的问题来回答;而亚里士多德伦理学将这一问题留给了实在道德和实在法(即既定的社会秩序)去回答。是这一社会秩序的权威性——而非**中庸**公式——决定了什么是"过多"、什么是"过少",也是它确定了两个极端即两种坏事情,从而确定了位于两者之间的美德。这种伦理学将既定社会秩序预设为有效的。同义反复的**中庸**公式导向了这样一种确认:根据既存的社会秩序是好的东西就是好的。这完全是一种保守的功能:对既存社会秩序的维系。

中庸公式的同义反复性特别明显地体现在它被运用于证立正义美德的过程中。亚里士多德教导我们:公正的行为是不法的作为与不法的忍受之间的中点。因为前者意味着拥有得过多,后者意味着拥有得过少。[22] 在此情形中,"美德是两种坏事情之间的中点"就不是一种有意义的隐喻;因为人们所为的不法以及人们忍受的不法压根就不是两种坏事情或恶,它是同一种不法,它是一个人所为而另一个对于此人所忍受的。而正义就是这种不法的对立面。什么是不法这一关键问题无法通过**中庸**公式来回答。答案是被预设的;而亚里士多德十分理所当然地将依照实在道德和实在法是不法之事预设为不法。**中庸**学说的固有作用不是来确定正义的本质,而是来强化既存的、通过实在道德和实在法建立的社会秩序的效力。这里,它的这种保守的功能体现了它的政治作用。[23]

16. 或许历史上最重要的正义原则是报复原则。它要求对罪行或不法进行惩罚,就此而言在心理学上的根源在于人类的复仇本能。只要法是一种规定制裁的秩

---

[21] Op. cit. 1107a, 1106a, 1105b.

[22] Op. cit. 1133b.

[23] 对此也可参见我的论文:Aristoteles' Doctrine of Justice, in: Hans Kelsen, *What is Justice*? California University Press, Berkeley, 1954, S.110ff.

序,而制裁又体现为对于不法强制施加某种恶来作为回应,法——每种法——就与报复原则相符。但报复原则也要求劳有所值,故而是对感激这一道德命令的运用。如果它被表述为:按功劳分配,那么只有当功劳同样被理解为无功劳,不仅被理解为积极的价值,也被理解为消极的价值时,这一公式才是完整的。故而报应规范规定了,对为善者应施予善,对为恶者应施加恶。但这一公式就像"人们应当为善、不为恶"这一公式那样是空洞的,并且向后者那样预设了一种规范秩序,它规定了什么善、什么是恶,也即人们应当做什么、不做什么,人们应当如何行为。而如果人们用"各得其所"这一公式指的是"给每个人他所应得的、他所值得的",那么报复原则也就同时被包含在内了。

a) 通常可以在报复原则中看到平等原则的运用,后者被许多人看作是绝对的正义原则。对此随后再来讨论。这里首先只是来确认,如果平等这一正义规范说的是:所有人都应被平等对待,那么报复原则就恰好是平等原则的对立面。因为它并不要求对人的平等对待,而要求对人的不平等对待,因为它对为恶者规定了惩罚,对为善者规定了奖赏。但人们或许能在这里瞥见平等的理念:根据报复这一正义规范,在罪行相同的两种情形中惩罚也应当相同,在功劳相同的两种情形中奖赏也应当相同。这意味着,人们可以在报应规范中看出对这一原则的运用:相同事物相同处理;或者,更一般性的表述为:在相同条件下应当发生相同的后果。这一原则要与平等这一正义原则联系在一起来处理。那里要去研究,两个构成要件或个人的相同性体现在哪里,并指出被谈论的原则不是某个正义规范的要求,而是其一般性的逻辑后果。

b) 报复原则规定,对于特定行动(某人的善行或恶行)应当产生特定的回应(惩罚或奖赏)。人们可能试图在行动与回应的关系中识别出同等观念。因为报应规范要求善有善报、恶有恶报,即等者等之。报复原则的最原始的形式——反坐——被表述为:以眼还眼、以牙还牙。由于在初民的意识中没有明确区分说明性诠释与规范性诠释,真理被等同于正义,[24]所以同等的理念在此不仅作为行动规范起作用,而且也作为认知规范起作用。按照初民的观点,人们不仅应当以同等的方式来回报同等的事物,而且也只能通过同等的方式来认识同等的事物。[25]然而,如果人们进一步观察,就会发现,在报复原则中,行动与回应不等同,也不可能等同,在公式"恶有恶报、善有善报"中,平等只存在于语言表达的层面,而不存在于事实的层面。行动与回应展示了价值;故而行动与回应的等同必然是一种价值的等同。但事实并非

---

[24] 当耶稣对彼拉多说:"我来是为了见证真理",他指的是:见证正义。

[25] 普罗提诺(Plotin)援引柏拉图的话"脸庞(眼睛)是最类似于太阳的知觉器官"(*Politeia*,Ⅵ,508)说(1. *Enneade*,B.5,c.9):"如果眼睛从未看到过太阳,那么它自己就可能不会有像太阳那样的性质,而如果心灵不是美的,那么他就不可能看到美。"

如此。当报应规范的前一部分要求恶有恶报时,行动的恶体现在,它违背了预设报复原则的规范,尤其是禁止谋杀、盗窃、欺诈等规范。它是一种消极价值,一种客观意义上的无价值,因为它体现为相对于某个客观规范的不符性;这有别于主观意义上的价值或无价值,后者体现为与某人的某种——不是某个规范,而是——主观愿望相符或相悖,因为它引发了他的快乐或不快,被他感受为善或恶。谁要是像被预设规范之不当行为的那样去行为,谁就应遭受惩罚。但报应规范所规定之回应的恶不可能是这种客观意义上的无价值,因为回应,也即惩罚,恰恰是被报应规范制定为应当的,对它的执行符合这一规范,它不是什么无价值,而是一种价值。但这就意味着:回应不是(在行动作为恶的那种意义上的)恶,而是一种善,一种积极的而非消极的价值。它只有在这种主观意义上才是一种恶:它是某种不被相关者所希望之事,即被这些人感受为恶的事,因为它会引发他的不快;此外,这从来就不是什么必然的事,也绝非总是必然的事。可能会出现这样的情形(即便这只是例外情形):一个为恶者出于懊悔希望受到惩罚,因为惩罚能帮他从对恶的良心折磨中解脱出来。故而行动与回应——作为价值——绝不是等同的,而是不同的。

人们可能会反驳道,这种不等同只具有形式性;应被惩罚且由此被定性为罪行或不法的行为只因如此才应受惩罚,即它对于他人来说具有这样一种效果,后者在主观上将其感受为恶,以至于不仅是惩罚而且是罪行,不仅是回应而且是行动,都构成一种主观意义上的消极价值,也即被相关者在主观上感受为恶的东西。但即便是这一点也不是必然的和总是会发生的。某人相对于他人的行为完全有可能在道德上和法律上是被禁止的,尽管它为后者所希望;例如,应要求杀人也被认为是不道德的行为和犯罪,应病人将其从无法治愈的病痛中解脱出来的哀求而造成病人死亡的医生也是可罚的,就属于这类情形。即便当人们只考虑通常情形(在其中无论是行动还是回应都构成一种主观的恶)时,根据报复原则,回应的恶也完全不必然等同于行动的恶。对于杀人绝非必然要对应以死刑;而当以监禁(即强制剥夺自由)来惩罚盗窃(也即强制剥夺财产)时,两种十分不同的主观上的恶就相互对立起来。只有反坐原则(但这属于报复原则最粗糙的形式)才规定了行动和回应在主观上的恶的等同性。

c) 十分类似的是报应规范的第二部分,即这样一种规定中的行动与回应之间的关系:劳有所值、善有善报;只是在这里,回应不仅在客观上,而且在主观上也具有一种积极的价值。但行动与回应所构成的这两种价值也可能在此情形中大相径庭。例如,当对勇敢行为的回报体现为用可佩戴于授勋者胸前的勋章所表征的荣誉时,就是如此。勇气与荣誉构成了两种完全不同的价值。同样的功劳应给予同样的回报并非为报复原则所固有,而是像同等罪行应被判处同等刑罚那样是报应规范的一般性所带来的后果。

d) 报复这一正义规范中行动与回应的关系并非同等关系,而是合比例关系。它被表述为这样一个规范：罪行越大，刑罚就应越严厉；功劳越大，回报就应越大。这里涉及行动和回应构成的积极价值或消极价值之间的合比例性。这种合比例性预设了，这些价值可以具有不同的程度。但对于客观意义上的价值而言并非如此。如果这一判断——某个行为具有积极价值，它是好的——意味着它与某个要求实施它的规范相符，而这一判断——某个行为具有消极价值，它是坏的（糟糕的）——意味着它与某个要求实施它的规范相悖，如果积极价值或消极价值体现为这种相符或相悖，那么它就不可能有程度的问题。一个行为不可能或多或少与某个规范相符或相悖，因而也不可能或多或少是好的或坏的。它只能要么相符、要么不相符，要么相悖、要么不相悖，也即在这种客观的意义上，它只可能要么好、要么坏，而不可能或多或少地好、或多或少地坏，只可能是一种积极价值或消极价值，而不可能是或多或少的价值或无价值。

如果谋杀被视为一种严重的犯罪，相较于盗窃是一种更大的无价值，那么之所以如此，并不是因为相较于盗窃背离禁止这一行为之规范，谋杀的背离更甚。不同的程度不能用来指涉客观意义上的价值，它只能用来指涉主观意义上的价值。对某事的希求或不希求可以或多或少，它所引起的快乐或不快也可以是或大或小。如果谋杀被社会评判为一种相比于盗窃更严重的罪行，那么这是因为前者相比于后者负面评价更多，因为谋杀在社会上所引起的不快和情感上的抗拒相比盗窃更强烈。换言之，因为谋杀对社会所造成的伤害感受比盗窃所造成的伤害感受更为强烈——对于生命安全的渴望要比对财产安全的渴望更大。死刑相比于监禁是一种更严厉的刑罚，同样是因为维系生命要比维系自由更加被渴望，因为生命相比于自由是一种更大的主观价值。

严格意义上的合比例性只存在于主观意义上的价值（报复原则的行为与回应构成了它们）之间，如果两者间的关系以此方式来塑造的话，只要行动的消极价值或积极价值增长 n 倍，那么回应的消极价值或积极价值就应当同时增长 n 倍。但或许只有当我们所考虑的价值可以被量化衡量时，这样一种合比例性才有可能。但事实并非如此。因此，我们无法在严格意义而只能在一种近似意义上，来谈论报复原则之行动与回应之间关系的合比例性。

17. 有一个正义原则与报复原则——就建立起行动与回应的关系而言——比较接近，它可以被简要表述为：按绩分配。这种给付（绩效），也即行动，可以是一种工作业绩，但如果从广义上来理解这一规范的话，也可以是对货物的提供。在前一种情形中，回应是一种酬劳，在后一种情形中，则是价格。完整的规范说的是：如果某人做出了工作业绩或提供了某种货物，他就应当为此获得一种对价，对于工作来说就是酬劳，对于货物来说就是价格。按绩分配这一规范与报应规范的第二个部分（即劳有所值、善有善报这一规定）的区别在于，行动（也即给付）并不构成一种客观意义上的价值——即与某个对它予以要求的规范相符的行为，故而涉及的并不是对

"善"(在这种规范的意义上)的回应,而是在考虑行动时并未顾及某个要求这一行为(也即给付)的规范。虽然有时人们会如此来表述这里所指的规范:如果某人做出了工作业绩或提供了某种货物,他就应当获得与工作的价值相符的酬劳或与货物的价值相符的价格,也即公正的酬劳、公道的价格。这意味着,应当根据给付的价值来确定酬劳或价格。这就预设了这样一种自然法观点:给付的客观价值内在于其中,可以通过对实际事实的分析来加以确认。就像我们将看到的,这一观点是站不住脚的。但只有当给付的价值内在于有待支付报酬的工作或有待付款的货物时,才能根据给付的价值来确定酬劳或价格。但并非工作业绩的价值决定了酬劳,或货物的价值决定了价格,而是反过来:工作业绩的价值由酬劳决定,货物的价值由价格决定,它们是工作业绩或货物事实上趋向的目标。这里所考虑的价值是经济价值。它们,也即酬劳以及价格,在一种自由经济的框架中,是由要约和询价来确定的,而在一种计划经济的框架中,是由权威性调整来确定的。

就像这一原则会被主张与报复原则相关:同样的罪行同样的刑罚,同样的功劳同样的回报,类似的原则也会被主张与给付(绩效)原则相关:相同的工作业绩相同的工资,相同的货物相同的价格。它是对这个一般原则的运用:相同条件下应发生相同的后果。我们将在分析平等这一正义原则时再来对它进行研究。

18. 如果对工作业绩的酬劳是以金钱的方式来实现的,那么在给付与酬劳的关系上就可能存在严格的合比例性。在此角度下可区分出两种酬劳体系。一种体系的酬劳标准是工作时间,另一种体系的酬劳标准是劳动产品(计件工资体系)。如果确定,某人工作一小时或制造一件合格产品就应当获得特定的酬劳,那么他工作了 n 小时或制造了 n 件产品,就应当获得 n 倍酬劳。这种合比例性预设了,工作一小时或制造**一件**合格产品就要有特定标准的酬劳。如果某人工作一小时或制造一件合格产品,他就应当获得特定的酬劳,这一规范是上述两种酬劳体系的基础。它表达出了给付(绩效)这一正义原则。但这一规范本身并没有在工作业绩和酬劳的关系上建立起合比例性。这一关系可以任意方式被确定,且——就像已经提到过的——在一种自由经济的框架中由要约和询价、在一种计划经济的框架中由权威监管来确定。这种合比例性——它体现在,工作 n 小时或制造 n 件产品应得到 n 倍酬劳——的来源是,构成酬劳体系之基础的规范具有一般性,因此不仅在**一个**情形中,也即当只工作了一小时或制造了一件产品时,可以适用一次,而且当工作了 n 小时或制造了 n 件产品时,可以适用 n 次;而当它被 n 次适用时,恰恰可以得出 n 倍酬劳。即便当没有出现这一情形,即工作时间多于一小时或制造的产品多于一件,而在事实上只是一次性工作了一小时或制造了一件产品、故而在工作业绩与酬劳的关系上终究没有出现合比例关系时,给付(绩效)这一正义原则也同样可以适用。

对于货物和价格间的关系而言,不存在这一关系的合比例性问题。如果一件具有特定质和量的货物具有特定的价格,那么人们不会认为,n 倍量的货物应当支付 n

倍价格是公正的。因为有时相应的做法是收取少于n倍的价格。购买一百批货物的人,(公正的方式是)并不是去支付当他在买一批此货物时曾支付价格的一百倍,而是会大大少于这个价格。特定货物的批发价要比零售价来得低。

19. 在对资本主义社会秩序进行批判时,卡尔·马克思(Karl Marx)主张,[26]正义原则(它构成了这一社会秩序的基础)是这样一种要求:要确保相同的工作业绩获得相同的酬劳,即相同份额的劳动产品。这就是这一经济体系所谓的"平等的法"。但实际上它是不平等的法,因为它并没有考虑人们在其工作能力方面的不平等;因而并不是一种公平的法,而是一种不公平的法。因为以劳动时间或劳动产品来衡量的相同工作量(一个是由强壮娴熟的人完成的,另一个是由虚弱生疏的人完成的)只是表面上相等;如果两者对于其劳动都获得相同的劳动产品,他们就会因不相同之事分得相同之物。真正的平等,因而也是真正而非表面上的正义,或许只能在未来的共产主义经济中被实现,在那里适用这样一个原则:按能力分配、按需分配。[27]

由于现实中没有两个对象完全相同即在所有的方面都相同,所以它们只可能在某些方面相同,这意味着人们要忽略掉它们在其他方面的不同。马克思对于资本主义经济秩序的批评导向了这一要求,即人们在对工作给予酬劳时不应当忽视某些不同——具体个人在能力和需求方面的不同,而它们在资本主义经济秩序的酬劳体系中被忽略了。就这一体系并不构成一种"平等的"法而言,他的观点值得赞同,但并不是因为它对不同事物相同对待,而是因为它对不同事物不同对待——根据作为其基础的绩效原则,工作更长时间或制造更多产品的人要比工作更短时间或制造更少产品的人获得更多工资。即便是马克思所表述的共产主义经济体制的正义原则符

---

[26] "Zur Kritik des sozialdemokratischen Parteiprogramms". Aus dem Nachlaß von Karl Marx. Neue Zeit, IX. Jahrgang, I.Bd. (1890—1891), S.561ff.

[27] 在葡萄园雇工的比喻(《马太福音》20:1—16)(在其中耶稣将天国比作一位家主,他为其葡萄园雇佣雇工)中,耶稣让家主向那些在其葡萄园中工作整整12小时的人支付与向那些仅工作了9小时、6小时、2小时,甚至1小时的人相同的工资,即1格罗森。由于前一批人对此有牢骚,所以耶稣让家主说:"我的朋友,我并没有亏负你。你不是和我约定了1格罗森吗?拿上属于你的,然后走吧。但我愿意给这最后来的和给你的一样。难道不许我拿我所有的财物,行我所愿意的吗?难道因为我好,你就眼红吗?这样,最后的将会成为最先的,最先的将会成为最后的……"工作12小时并不令人满意,因为它们预设了这样一个一般规范,据此,每针对1小时的工作就应当支付1格罗森。只是家主(代表耶稣)拒绝这样一个规范的效力。它将这种不令人满意的状况引向了这样一个个别规范,它(通过与他们中的每个个人签订的合同)为12小时的工作规定了1格罗森。那些工作时间更少的人获得相同工资并不是不公正的,因为它并没有违反任何被预设为有效的规范。它是公正的,因为符合善的原则,也即爱的正义原则,耶稣将它与在这个世界的社会中有效的正义原则"按绩分配"相对立,作为即将来临的天国(在其中最后的将会成为最先的,最先的将会成为最后的)的革命性的正义原则。

合的也不是——就像他(他将正义等同于平等)似乎假定的那样——平等原则,也即平等对待所有人的要求,而是——恰恰相反——对不平等者不平等对待的要求。

a) "按能力分配、按需分配"这一公式由两个要求组成,它们可以被理解为:前者预设了一种个人的义务,也即按照其能力做出成绩的义务;后者预设了一种个人的权利,即满足其需求的权利。两者都趋向于对某种社会秩序的塑造。前者在根本上等同于柏拉图在《理想国》[28]的对话中展示其理想国的宪法时所提出的那个原则:每个人都应当只根据合乎其本性即根据符合其能力的方式来做出成绩。理所当然的是,按照能力分配这一要求不能被理解为,每个人要具备何种能力、根据这种能力他应做出何种成绩,这些问题要由每个人根据他自己的裁量来回答。我们无法严肃地否认,这些问题必须只由为此被授权的共同体机关根据共同体秩序的一般规范来作出决定。按能力分配这一要求预设了这样一种秩序;离开这一秩序它就无法被适用。但如此一来就出现了这一问题:当某人出于随便哪种理由没有做出根据其能力(依据这一秩序)应当做出的成绩时,会发生什么,这一秩序必须作出何种反应。如果只有当前一个要求(即每个人应当按照其能力来做出成绩)被满足时,某个社会秩序才能确保满足后一个要求(即按需分配),上述问题就会更加重要。马克思并没有对这一问题作出回答,他甚至都没有提出这一问题,因为他的出发点在于这个乌托邦式的假定:如果在共产主义社会中每个人的需求都得以满足,每个人都必须只按照其能力来做出成绩,那么这个社会秩序就没有被违反的风险,因为这一秩序让每个人承担的义务都会是他自愿做出的成绩,因而这一社会秩序无须将任何强制行为规定为制裁,故而构成了一种没有国家和没有法的共同体。如果我们承认存在这一社会秩序(即便只是在例外情形中)被违反的可能,就会出现这一问题:某个违反这一秩序之共同体成员的需求是否也得到了满足。在共产主义正义原则的精神中,它恰要得到肯定的回答,因为它与报复原则有意形成了对立。

b) 相对于共产主义正义原则的后一个要求,即按需分配,同样出现了这一问题:由此是否就预设了一个主观的或客观的标准,"需求"是否要被理解为被每个个体事实上所感受为需求的东西,尤其是,根据这一要求,是否一切这一主观意义上的需求都应当得到满足;或者只有被社会秩序认可为值得满足的需求,只以社会秩序所确定的次序、只通过社会秩序所确定的手段,才应当被满足。有可能出于宣传的原因,某种前面提到的意义上的解释不能被明确排除在外。因为对某人所感受到的一切需求的满足体现了他的运气;而共产主义社会秩序(它与这一正义规范相符)恰恰想要保障所有人的运气。故而按需分配这一要求作为共产主义正义原则的部分要求必须在一种主观意义上来加以理解——如果对共产主义社会的预言应当被理解为对它的一切成员之完美运气的承诺的话。但这是一个乌托邦式的幻象,就像认为在

---

[28] Platon, *Politeia*, Ⅱ, 374, Ⅳ, 433, Ⅴ, 453f.

这一社会中所有人都会出于自愿去履行义务那样。人们主观上所感受到的需求彼此间的冲突是如此之大,以至于没有任何社会秩序能够满足所有这一切需求,除非以此方式,即某种需求要以(牺牲)另一种需求为代价才能得到满足——不仅某人的需求要以(牺牲)他人的需求为代价才能得到满足,而且某人的需求要以(牺牲)他自己的另一种需求为代价才能得到满足。

c)如果按需分配这一要求不应因为完全不可满足而被剔除于对理性主义类型之正义规范的分析之外,那么这一要求就只能被理解为是满足被要求之需求的一种客观标准的前提。共产主义正义原则的真意只可能是:每个人都应当根据其合乎社会秩序而被确认的能力去进行社会秩序分配给他的工作;而对于每个人,其被社会秩序所承认的需求,都应当以被社会秩序确定的次序、通过社会秩序确定的手段来满足。由于共产主义的社会秩序首先是一种经济秩序,所以其考虑的主要是一切经济需求,如抚育、穿衣、住房的需求。共产主义的正义理念首先是保障一切共同体成员之物质条件的理念,它只能通过计划经济而非资本主义体系的自由经济来实现。共产主义的正义原则如同"各得其所"这一正义原则那样,预设了一种社会秩序,离开这一秩序,它就无法被使用。但这一正义原则几乎没有说出这一秩序之规定的内容(没有它们,无论是按能力分配的要求还是按需分配的要求都无法被满足),就像"各得其所"这一公式也没有说出对于每个人来说他"应得的"是什么那样。

共产主义正义原则的后一个要求"按需分配",在某种程度上也符合非共产主义的社会秩序。例如,我们可以从这一要求的视角来理解现代国家的社会政策立法。[29]

20. 如果按需分配这一要求指向的并不是制定规范的权威,尤其不是立法者,而是每一个个人,如果它指的是这样一个规范,规定了每个人相对于每个他人应如何来行为、如何来行动,那么这一要求就会变成邻人之爱的命令。但如此一来,有待满足之需求的范围也就必须被进行根本性的限缩。邻人之爱的命令只是要求,将遭受痛苦的他人从其痛苦中解脱出来,减轻他的痛苦,尤其是帮助身处困境中的他人。就像在"人们应当满足他人的需求"这个一般性的表述中一样,在邻人之爱的命令(即这样一个特殊的要求:满足他人从痛苦中解脱出来的需求和身处困境时获得帮助的需求)中,"需求"也可以从主观的或客观的意义上来理解。后者的情形是,邻人之爱的命令被诠释为,它要求从非因个人过失造成的痛苦中解脱出来,在非因个人过失带来的困境中提供帮助。如此一来,这一命令就如同其他正义规范那样预设了某个社会秩序,据此可以来决定,何时某种痛苦或困境是非因个人过失带来的。如果根据邻人之爱的命令有待满足之需求的标准不是主观的,而是客观的,那么即便"邻人之爱"施予的相对人自己压根就没有遭受痛苦的感觉或不认为自己身处困境,而是根据任一道德或宗教标准判定"遭受了"任一匮乏或受到任一之恶(或许是

---

[29] 对此参见 Perelamn, op.cit. S.17f.

他所不知的恶)的威胁、处于"困境"之中，这一命令也可以适用。通过求助于这一点：无神论者的心灵会遭受痛苦，因为它与真神相分离，它身处困境之中，因为它受到了地狱的威胁，基督教信徒在履行其邻人之爱的义务（甚至会使用暴力）时做出了使其改宗的努力。

　　邻人之爱的命令很容易被理解为，它要求帮助（无论是因个人过失还是非因个人过失造成的）在主观上遭受痛苦或身处困境中的每个人。如此一来，它在运用时就无须预设任何社会秩序，并以此区别于其他正义规范。但这并不是压根就不让被如此诠释的邻人之爱的命令作为正义规范起作用的理由，就像这偶尔会发生的那样。只有当人们将正义的概念限于诉诸规范制定权威的要求时，这种观点才是合理的。但如果人们将正义理解为这样一种规范（它规定了一个人如何对待另一个人，且并非必然指向规范制定的权威），那么邻人之爱的命令无疑可以被视为许多正义规范中的一个。[30] 这里要注意，邻人之爱的命令（它可以在脱离任何形而上学前提的情况下起作用，因为它要求人对人的爱）必须区别于"上帝之爱"的形而上学原则，也即耶稣所宣告的正义原则，但这一原则也承认（与此不同的）邻人之爱的命令。

　　21. 但在其学说（在福音书中它以充满矛盾的方式被展示出来）中看起来还有另一个正义原则，它与邻人之爱的正义原则几乎不能相容。它要求，在这里属于第一批的人在未来的天国中应当成为最后一批人，[31] 这里属于最后一批的人在那里应当成为第一批人，在这里吃饱的人在那里应当挨饿，在这里挨饿的人在那里应当吃饱，[32] 在这里看得见的人应当在那里眼瞎，在这里眼瞎的人在那里应当能看得见，[33] 在这里笑的人在那里应当哭，在这里哭的人在那里应当笑。[34] 它是这样一个要求：如果应当实现公正，那么在未来，一切都必须与当下相反；因为就像它现在如此这般，它是不公正的。这是完全颠倒既存事物的正义原则，字面含义意义上的革命。在耶稣的学说中，它要从这样一种信仰出发来理解，即当下的国家是撒旦的

---

[30] 佩雷尔曼(op. cit. S.58f.)声称，"邻人之爱的命令与正义原则直接相对立"(La charité est la vertu la plus directement opposée à la justice)，他的论据是，正义是一种规则，而邻人之爱并不是由规则确定的。但这无论如何是错误的。邻人之爱的命令是一个规则，即这样一个一般规范：如果某人遭受痛苦，人们就应当帮助他。佩雷尔曼自己将邻人之爱概括为："人们在受苦，我们必须帮助他们"(Des hommes souffrent, il faut les aider)。在莱布尼茨看来，正义就是智者的邻人之爱。他说："一个好人爱所有人，只要他保有理性。故而我们会将正义这种天性的主导性美德（它在希腊语中意味着'人之爱'）确定为……智者之爱"。Gottfried Wilhelm Leibniz, *Gott Geist Güte*. Eine Auswahl aus seinen Werken, Gütersloh, 1947, S.214.

[31] Matthäus, XVIII, 4, XIX, 30, XX, 16, 26; Markus IX, 35, X, 44; Lukas XIII, 30.

[32] Lukas, VI, 21, 24, 25.

[33] Johannes IX, 39.

[34] Lukas, VI, 21, 25.

王国、邪恶的王国,要由善的国家、上帝的天国来接替,后者是正义的王国,因为它使得因不公而获益的幸运儿变得不幸,使得遭受不公的命运的弃儿变成幸运儿。它是报复原则,就像它被命运抛弃者诠释为对于命运眷顾者的怨恨那般。

22. 一种在政治上具有极端重要性的正义原则产生自这样一个道德体系,个人自由在其中拥有最高价值。自由的原初理念具有纯粹的消极性。它是这样一种个人主义的要求:人应当是自由的,也就是说,人不应服从于任何调整其相对于他人之行为的、因而限制其个人自由的规范秩序。它是这样一种规范,它排除了一切限制个人自由之社会规范的效力。在它的这种原初的型构中,自由的理念是一种非社会的甚至反社会的原则。作为道德的、也即社会的原则——尤其是正义原则,自由的理念经历了变迁。规范秩序的自由必然转变为规范秩序下的自由,个人自由必然转变为社会自由。[35] 如果必须要有某种就人类的相互行为对人类进行拘束的规范秩

---

[35] 关于自由理念的形变,我曾在我的这本书中细致地阐述过(*Vom Wesen und Wert der Demokratie*, 2. Aufl., Tübingen, 1929)。在其著作《道德形而上学》(*Metaphisik der Sitten*, Ⅵ, S.230ff.)中,康德以"法的一般原则"之名表述了这一原则:"每个行动都是合法的——如果它,或按照其准则每个人的专断的自由,可以与任何人的自由依照一个普遍的法则共存的话。"做了如此限定后,自由原则就会从一种非社会的理念转变为一种社会的理念,但它本身与作为强制秩序之实在法是不相容的。因为只有当没有人可以对他人施加强制时,一个人的自由与其他所有人的自由才是相容的;而实在法却规定了人对于人的强制。由于康德试图将实在法这种强制秩序描述为与自由的理念相容并用后者来为其辩护,所以他对其法原则作如下解释:"故而这一普遍法则——从外在方面如此来行动,以至于你对自身专断的自由使用可以与任何人的自由依照一个普遍的法则共存——虽然是这样一个法则,它对我施加了一种拘束力,但却根本不期待、更不要求我应当完全为了这种拘束力自行将我的自由限于那些条件,理性说的只是,它在其理念中是受限于此的,事实上也可能受其他人的限制;而它将这一点说成是一种假定前提,根本就无法再作进一步的证明。"这意味着:从他所表述的法律原则中无法得出(但从他的语词中事实上可以得出),个人相对于他人不得施加强制。对于实施不法行为的人,可以、甚至应当——根据实在法——施加强制。为了使得这一限制仍能与自由原则相容,康德必须将任何不法行为都诠释为"自由的障碍",并将针对不法行为人的强制诠释为与自由相容;这令人想起卢梭(Rousseaus)的那个十分矛盾的公式:可以强迫人们实现自由(*Contrat social*, livre Ⅰ, chap.7)。"法与强制权紧密相关。与对某种后果的妨碍相对的对抗是对这种后果的提升,是与它相协调的。因而一切不法的东西根据普遍法则都是对自由的妨碍,但强制是一种相对于自由发生的妨碍或对抗。结果是:如果对自由的某种使用本身根据普遍法则是对自由的妨碍(即是不法的),那么与此相对的强制作为对自由之妨碍的阻止,根据普遍法则与自由是相协调的(即合法的),因此同时还有一种授权与法相联系,即按照矛盾律去对有损于它的人实施强制。"故而强制与自由(也即它的对立面)将变得相容。"严格的法(不在其中掺杂伦理的因素)同样可以被想象为依照普遍法则与每个人的自由相协调的相互普遍强制的可能性。"康德从自由这一正义规范出发,却有意与之一起达成了对实在法强制秩序的辩护,达成了——就像根本别无他法那样——对它的扬弃。

序的话,它就只应当是这样一种秩序,它是通过服从这一秩序的人的同意来建立的。因为人只应当……或——就像偶尔也会被表述的那样——只能够受到其自身意志的拘束。不受拘束的自由会变成自我拘束或自我决定的自由。

23. 以这种自由理念为基础的是个人主义自然法学说的社会契约学说。只有获得服从于社会秩序者之认同的社会秩序,即通过契约或一致决议形成的社会秩序,才是公正的。自决的正义原则涉及的不是社会秩序的内容,而是它的创设。但它只能相对于首次建立社会秩序这一想象出来的情形而得以维系,而不能被运用于变更它的程序。因为即便只允许通过服从者的契约或一致决议来变更既有的社会秩序,也可能会产生这种悖论情形(如果被希望的变更中,并非每一个都被赞同的话):根据自决原则建立的社会秩序与许多人的意志、因而与自决原则陷入矛盾。这就导致了对自决原则的削弱。既存的社会秩序不应当获得所有服从于它之人的意志的认同,而应当只获得尽可能多的人的意志的认同,与尽可能少的人的意志相抵触。因此多数决原则(Majoritätsprinzip)就被接受了。自决的正义变成了民主的正义。它是正义的一种形式,但绝没有确定以民主的方式创设之法秩序的内容。它甚至可能会以任意程度侵入服从于它的人的自由领域。多数决原则并不妨碍集权式民主。但原初的自由理念不能完全被由多数决原则削弱的自觉理念所排挤。它仍然足够强,甚至在19世纪的自由主义政治理论中,它可以让某种根据自决原则建立并可根据多数决原则来变更的社会秩序、因而让由这些原则构成的国家,看起来是一种——哪怕是必要的——恶。是这种原初的自由理念也即具有规范拘束力的自由存在的反社会理想,导向了将国家权能限缩在最低限度的要求,也即:如此来塑造构成国家法秩序之规范的内容,以至于服从于这一秩序之人的个人自由尽可能少地受到限制。这就是自由民主的正义理想,它保障了经济自由、信仰自由、学术自由。

24. 与自由的正义原则完全不同,有时与之有矛盾,尽管时常与它在政治意识形态中相联系的,是平等的正义原则。这一原则被表述为这样一条规范:所有人都应当被平等对待。这一规范并没有预设所有人都是平等的这一点;相反,它预设了他们的不平等。但它要求不应考虑任何对人的不平等对待。所有人都是平等的这一主张与事实明显是矛盾的。但当它被提出来证立偶有人都应被平等对待这一要求时,它只能意味着,事实上存在而无法被否认的对人的不平等对待是不相关的。[36]

---

[36] 当自然法学说经常声称,从自然的角度出发,人是平等的、他们"生"而平等时,它预设了这样一种观点:所有人从自然的角度出发都是好的,从自然或上帝的角度出发都是很好地被创设的,即便他们会因为任何外在的影响而变坏。西塞罗(Cicero, *De Legibus* Ⅰ, Ⅹ, 29)就如此说道:"因为没有什么会像我们自己彼此之间那样,与他人如此类似、如此平等。如果生活习(转下页)

只有当事实上在人与人之间存在的不平等不被考虑时,人(以及外部环境)才能被视为是平等的,或者换句话说,才存在平等的人(或平等的外部环境)。如果不平等终究不被考虑,那么所有人、所有环境都是平等的。在"没有人应被杀死"这一规范中,所有人都被平等对待,差异不被考虑;从这一规范的立场出发,所有人都是平等的。但这种平等只涉及不被杀死,并没有涉及一切可能类型的对待。在涉及刑罚时,必须恰当考虑犯罪的人与没有犯罪的人之间的差异。从这一规范——据此,犯了罪的人(也只有这样的人)才应被惩罚——的立场出发,绝非所有人都是平等的。

a) 与"所有人都应被平等对待"也即"**不考虑任何不平等**"这一原则正相反的是这一原则:**所有**人都应被不平等对待,也即**所有**不平等都应被考虑到,因为每个个体与他人都是不同的,每个个体可以要求被特殊对待。这一原则同样可作为正义原则出现,例如人们拒绝用通过习惯或立法制定出的一般法律规范来拘束法律适用机关,当人们要求让它们保有完全的自由裁量权,从而它们可以在每一个具体案件中都可以根据其特殊性来采取行动,就是如此。只有当每个特殊的案件都被根据其特殊性来对待时,这种对待才是公正的。这就是作为自由的法律发现这种政策之基础的正义原则;柏拉图早就在其《理想国》中将它运用于这个国家法官的活动之中。它吻合了法的充分灵活性的理想,与法的刚性相对,后者则是一般规范拘束法律适用机关的结果。

"所有人都应被平等对待"这一正义规范,并没有说出这种平等对待的内容应当是什么,因而(如果终究要被运用的话)预设了某个确定这种内容的规范。只有当某部宪法规定,立法机关应由民众选举产生,在适用平等的正义规范时,才能要求所有人都应当无差别地拥有选举权。只有当某个法秩序规定了服兵役的义务,在适用平等的正义规范时,才能要求,这一义务要无差异地施加于所有人。

不言而喻的是,"所有人都被平等对待"也即"不考虑任何事实上存在的不平等"的要求,无论根据被这一正义规范所预设的规范,这种对待可能具有何种内容,都会导向荒谬的后果;事实上也没有任何道德体系包含这样的规范,它像对待成年人那样去对待儿童,像对待女人那样去对待男人,像对待精神健康者那样去对待精神病人,像对待爱好和平者那样去对待暴力狂。在任何类型的对待中都不考虑任何不平等,是不可能的。某些不平等必须被考虑到。关键只在于,哪些不平等应当不被考

(接上页)惯的病态和思想的虚妄并没有阻断脆弱的灵魂走向正确的道路,将其推向它们长久以来就已开始对准的方向,那么可能就没有人自己可以与任何他人如此相似。因此,对人的任意定义对于所有人都是共同的"[67][德语版参见 Marcus Tullius Cicero, *De legibus* = *Über die Gesetze. Paradoxa stoicorum* = *Stoische Paradoxien*, hrsg., übers. und erl. von Rainer Nickel, München und Zürich 1994, Ⅰ, Ⅹ, 29 (S.35)]。这意味着:人可能是平等的,假如坏道德与错误思想不会使脆弱的灵魂发生偏移的话。

虑，也就是哪些个人可以被视为是平等的。

b）由于"所有人都应被平等对待"的原则无法被运用于社会现实，或者只能在极为有限的程度上被运用于社会现实，这样一个原则就要被主张为平等的正义原则，它通常被表述为：只有相同者才应被相同对待。但它在这种表述中是不完整的和具有误导性的。因为，如果只有相同者才被相同对待，且不仅存在相同者也存在不同者，那么不同者就必须被不同对待。因而这个原则的完整说法是：如果个人是相同的——更准确的说法是，如果个人和外部环境是相同的——他们就应被相同对待，如果个人和外部环境是不同的，他们就应被不同对待。这一原则要求，在涉及某些特性时应考虑不平等，在涉及其他特性时不应考虑不平等。故而这一原则绝非是平等原则。它并不要求、或者说并不**只是**要求平等对待，而且也要求不平等对待。因此，与这一原则相符的规范必须明确规定某些特性，当涉及它们时要考虑不平等，从而在涉及其他特性时可以不考虑不平等，因而终究可能存在"相同"的个人。那些在涉及被如此规定的特性时并非不平等的个人是"相同"的。终究可能存在"相同者"，是这一事实的结果：即便并非所有，但也毕竟有一些不平等不得被考虑。例如，假如根据某个实在的选举法规，所有超过二十周岁、精神健康且未因犯罪被剥夺政治权利的公民都有选举权，这就意味着，这些不平等——它体现为：超过二十周岁的个人与未满二十周岁的个人、精神健康的人与精神病人、本国公民与非本国公民、被剥夺政治权利者与未被剥夺政治权利者——被考虑了，因为只有前者、而非后者才享有选举权，故而两类人——其中一类显现出由选举法规所规定的四个特性，而另一类没有显现出这个或那个特性——被不平等对待，也即第二类人被不同于归属于第一类人的成员对待；但是对于这些不平等——它们体现为：男人与女人、基督徒与犹太教徒、医生与牧师，选举法规没有区别对待。选举权被无差别地赋予不同性别、不同宗教信仰、不同职业者。拥有选举法规所规定的四个特性的人是"相同的"，也即就这些特性而言是相同的——即便就他们事实上所拥有的所有其他特性而言是不同的。

就像已经强调过的，"相同者应被相同对待"这一原则只有与"不同者应被不同对待"这一原则相联系时才能发挥效力。然而，只有当两个或多个人拥有要被考虑的特性时，前一个原则才能适用，而他们之所以是相同的，是因为他们拥有这些特性，也即就这些特性而言不是不同的。但有可能实情并非如此，事实上只有唯一的个人拥有这些特性，因而对两个或多个人的相同对待根本无法发生，在有效的规范"相同者相同对待、不同者不同对待"中，前一部分也即要求相同对待的部分，压根就无法适用。由此同样导致了，将"相同者相同对待"的原则视作是对平等的正义原则的适用是不正确的。唯一可以作为平等的正义原则来适用的规范是这一规范：所有人都应被平等对待，不应考虑任何在他们之间事实上存在的不平等。

c）如果进一步审视就会发现，"相同者相同对待、不同者不同对待"原则在一般意义上并非正义的要求，而是逻辑的要求。因为它只是任何规范——它规定特定个人在特定环境中应当以特定方式来行动，或者更一般性的表述是，它规定在特定条件下应发生特定后果，尤其是特定的对待方式——之一般性的逻辑后果。

规范——它规定在特定条件下应发生特定后果——的一般性（正如已经提过的）体现为，规范根据其意图不仅应适用于唯一的情形，而且也应适用于事先不确定数量的情形；它的意义是，一旦它所确定的条件出现，它所确定的后果就应当同时发生。在此前提（正义只是在两个人的关系中才被考虑，正义规范只适用于人）下，正义规范是这样的规范，它们规定，在特定条件下人应当以特定方式被对待。它们的一般性体现为，它们规定：当某个存在者是人且当规范规定的其他条件出现时，规范所确定的某种对待方式就应当发生。如果某个规范以一般性的方式规定，在特定条件下特定后果应当发生，那么在任何情形中，在相同的条件下，就总是只应当出现相同的后果，因为恰恰这一规范只是确定了这一条件而非其他条件，确定了这一后果而非其他后果，但是以一般性的方式来确定条件和后果的。如果某个规范以一般性的方式规定，在特定条件下人应当以特定方式被对待，也即，如果作为人的存在者和其他特定条件出现，特定的对待方式就应当发生，那么在任何情形中，在相同条件下，就应当有相同的对待方式，即作为人的存在者在相同条件下被对待，也即相同者被相同对待，因为恰恰这一规范只是确定了这一条件而非其他条件、这一后果而非其他后果，但是以一般性的方式来确定两者的。[37] 故而平等——它体现为相同者应被相同对待——是一种逻辑要求，而非正义的要求。

"如果条件相同，则结果也应相同"这一原则尽管是规范——它规定，在特定条件下应当发生特定后果——之一般性的逻辑后果，但事实上，只有当规范——它以一般性的方式规定，在特定条件下应当发生特定后果——实际上可以被适用于多于一个的情形时，故而当存在多于一个的情形，在其中一般规范所确定的条件出现时，这一原则才能适用，即发生平等的对待。因为"平等的/相同的"是一种关系概念，而某个构成要件只有相对于另一个构成要件才是"平等的/相同的"。但有可能一般规范事实上只能被适用于**一个**情形，例如当某个一般规范规定，任何年收入超过一百

---

[37] 当有人主张，当它只指涉相同属种的存在者——如只指涉人类——每个正义规范才是对平等原则的适用时，即便是这种平等，即存在者（正义规范要被适用于它）的平等，也只是规范一般性的逻辑后果。存在者（正义规范要被适用于它）的本质是被规定为后果的对待方式的条件之一：如果某个存在者是人（或者说，具有灵魂），且如果……那么这一存在者就应当以特定方式被对待。个人（正义规范涉及他们）必然是相同的，这一主张无论如何无法以此来证立，即正义问题只存在于人与人之间的关系中，不存在于人与动物或人与植物的关系之中。因为在初民社会（在其中万物有灵的思想占支配地位），被视为公正的社会秩序规范同样适用于并非人类的存在者；比如报复原则同样适用于动物。

万美元的人都应当缴纳90%的所得税，而只有唯一一个人在唯一一年获得这样的收入时，就是如此。这意味着：正义规范的一般性——它的逻辑后果是这个原则，相同者应被相同对待——并不排除这一可能，即有时压根就不可能发生相同的对待。这一点同样说明，这一原则不得被等同于平等的正义原则。

由于一切正义原则都具有一般性，且一切正义规范都规定，在特定条件下人应当以特定方式被对待，所以"相同者应被相同对待"的原则是一切正义原则之一般性的逻辑后果。例如，"相同的罪责相同的刑罚""相同的功劳相同的酬劳"就是报应原则之一般性的逻辑后果，这一规范为罪责规定刑罚，为功劳规定酬劳，也即规定，当某人做了不法之事时他应当被惩罚，当某人做出了功劳时他应当被酬劳。报应原则（或报应规范）必须明确区别于实在法规范。如果某个与报应原则相符的刑法规范将特定刑罚联结于特定的罪责，也即联结于特定的不法构成要件，例如将监禁刑联结于盗窃行为，且如果它是以一般性的方式来这么做的，也即如果它规定，当它确定的这种构成要件（即盗窃）出现时，也总是应判处它所确定的刑罚（即监禁刑），那么法官在任何情形中就必须总是将相同的刑罚（即监禁刑）、而非其他任何刑罚联结于相同的构成要件（即盗窃），因为恰恰有待适用的刑法规范只是将这一、而非其他刑罚（即监禁刑）联结于这一、而非其他构成要件（即盗窃），但它是以一般性的方式来这么做的。如果将监禁刑联结于盗窃视为对于正义价值有构成性作用（因为被视作是对报应原则的适用），如果某法官在某个盗窃案件中作出了监禁刑的判决，而在其他盗窃案件中作出了死刑或罚金刑的判决，那么他的判决就是违法的（如果它还不具有既判力的话），而这在这里就意味着：同时也是不公正的，不是因为他在两个罪责相同的案件中判处了两种不同的刑罚，而是因为他违反了某个构成了正义价值的规范，它将监禁刑，而非死刑或罚金刑，联结于盗窃行为。他所作出的两份判决中，只有一份才是不公正的，即他违背了有待他适用的规范对盗窃判处死刑或罚金刑的那份判决，而非另一份他根据有待他适用的规范对盗窃判处监禁刑的判决。如果不正义体现为法官没有在两个案件中判处相同的刑罚，那么他对盗窃判处监禁刑的判决就同样是不公正的；因为在此情形中，刑罚同样是不同的，也即不同于他在另一个案件中对盗窃所判处的刑罚。但他依循公正的、有待他适用的规范所判处监禁刑的判决并不是不公正的，而是公正的，尽管它——与那份不公正的判决相比——是不相同的。

适用于为特定的罪责规定特定刑罚的报应规范，也以类似方式适用于为特定功劳规定特定酬劳的报应规范，同样也适用于为特定给付规定特定报酬的正义规范，或者说适用于所有规定在特定条件下人应当以特定方式被对待的正义规范。当"相同者应被相同对待"的原则被描述为对平等原则的适用时，"平等"（为了与这里相关）指的是那种人们在法学用语中称之为法律**面前**的平等（Gleichheit *vor* dem Gesetz），有别于法律**中**的平等（Gleichheit *im* Gesetz）。这里的"法律（制定法）"要被理解为一般规范,有别于体现为法律适用机关之裁判的个别规范。即便没有法律**中**的平等,也即当法律没有规定平等的对待方式时,法律**面前**的平等也可能存在。当法律只赋予男性以选举权,而没有赋予妇女以选举权,故而在这种关系中不存在法律中的平等时,法律面前人人平等的原则也依然可能得到保障。法官在适用这部法律时判决男性有选举权而妇女没有选举权,并没有违反法律面前人人平等的原则,尽管他对两者作了不平等对待。但当他判决一个男性白种人拥有选举权而一个黑人男性没有选举权时,当适用的制定法在赋予选举权时尽管考虑了性别的不平等,却没有考虑种族的不平等时,他就违反了法律面前人人平等的原则。因为所谓法律面前的"平等"不外乎意味着合乎法律,也就是对制定法的正确适用——无论这部制定法的内容为何,即便这部制定法规定的不是平等的对待方式,而是不平等的对待方式。当制定法如同按照其意义应被适用那样被适用,当法律适用机关只考虑了那些制定法规定要考虑的不同,所谓法律面前人人平等的原则就得到了保障。故而法律面前人人平等根本就不是平等,而是合规范性(Normgemäßigkeit)。它体现为,个别规范——法律适用机关的裁判——的制定与某个一般规范相符。这种相符是逻辑正确性,与正义尤其与平等这种正义无关。

d) 如果"相同者应被相同对待"的原则只有从根本上与"不同者应被不同对待"的原则相结合才能发挥作用,如果这一双重原则只是某个规范——它规定,在特定条件下应当予以特定对待——之一般性的逻辑后果,故而是一种逻辑的要求而非正义的要求,那么这一原则就不能被视为平等的正义原则,而平等也不能被视为一切正义原则共有的要素。正义规范——正如我们已然明白的——是一种规范,它规定了对人的特定对待方式。如果正义规范没有规定,所有人都应被平等对带(除了唯一一个例外,根据一切正义规范,并非所有人都应被平等对待),正义就不是平等。就不同理性类型的正义规范规定的对待方式而言,无法在一般意义上确认任何共同的要素。这一类型的不同正义规范所规定的对待方式之间的差别是如此之大,以至于不同的正义规范必然会陷入彼此矛盾之中。例如,根据报应的正义规范,有罪者应受惩罚,有功劳者应当奖赏,但根据这一正义规范(它规定,每个人都应当按照其需求被对待),在此对罪责和功劳不作任何考虑;或者,大多数正义规范都预设了某个或多或少限制人的自由的实在道德秩序或法秩序,但根据自由的正义原则任何其他社会规范的效力都将被排除。一切理性类型的正义规范所共有的要素无法在它们所规定的对待方式中被找到。它只体现为,它们都是这样的一般规范,即在特定的——且被不同正义规范以大相径庭的方式确定的——条件下规定了特定的——且被不同正义规范以大相径庭的方式确定的——对待方式。就这一关键性的问题——人们应当被如何对待,如果这种对待方式应当公正的话——而言,一种一般性的正义概念只可能是完全空洞的,[38]尤其是当这一概念也应当包含形而上学类型的正义规范时。

25. 这一类型的经典代表是柏拉图。[39] 正义是其全部哲学的核心问题。为了解决这一问题他提出了著名的理念论(Ideenlehre)。理念是超验的存在,它们存在于一个有别于我们的感官能察知的世界,因而沉溺于感官世界的人无法进入其中。它们从根本上代表着这样的价值,后者在感官世界中虽然应被实现,却永远无法完全被实现。[40] 首要理念,即那种将所有其他理念屈居于其下并从中获得它们所有的效力的理念,是绝对善的理念;而这一理念在柏拉图的哲学中扮演着与上帝在任何一种宗教神学中相同的角色。善的理念将正义的理念包含于其中;对那种正义的认

---

[38] 佩雷尔曼只考虑了理性类型的规范(Perelmann, op.cit, S.22f.),他试图去定义一种一般性的正义概念,或者用他自己的话来说,一种"形式的"或"抽象的"正义概念,因为他发掘出了不同的"具体"正义概念所共有的要素。他将平等的理念称作是这种共同的要素:"正义的概念不可避免地意味着某种平等。""我们可以把形式的或者抽象的正义定义为一种'相同事物相同对待'的行动原则。"属于同一属种的存在者在这一关系中是平等的。故而在佩雷尔曼看来,"相同者应被相同对待"的原则就是正义的一般原则。但他的主张,即这一原则表达出了平等的理念,是不正确的,因为"相同属种的存在者应被相同对待"的原则无法与"不属于同一属种的存在者应被不同对待"的原则相分离,故而被考虑的原则不仅要求相同对待,而且也要求不同对待。此外,佩雷尔曼(S.54f.)——与他的这一主张相矛盾:正义的概念蕴含着平等的理念——承认:"形式正义中的平等对待,只不过是实质正义规则的正确应用……""和流行的观念相反的是,构成形式正义的并非平等本身。""平等对待只是从规则中根据逻辑推导而来的结果而已。"佩雷尔曼称为"形式正义"的,是所谓法律面前的"平等",也即某个一般规范之逻辑正确的适用。他说:"形式正义即是对规则的正确运用"(S.56),他还正确地强调,这种正确性是逻辑性质的:"我们由此可知形式正义与逻辑的关系。实际上,对规则的适用必须正确,在逻辑上无可挑剔。一个正义的行为必须和我们所谓的命令三段论这种特殊的推理形式相符,因为其大前提和结论都以命令句的形式出现。"(S.57)如果像佩雷尔曼在此所主张的那样,对属于同一属种者的平等对待原则是一种逻辑的要求,那么它就不是什么正义原则——哪怕是形式正义。康德的绝对命令也可以被理解为表述出一种普遍的、包含任何特殊道德规范之伦理原则的尝试。有特色的是,他认为这一原则所表述的不外乎某个法则一般意义上的普遍性。

[39] 参见我的论文:Hans Kelsen, "Die Platoniche Gerechtigkeit", *Kant-studien*, Bd.38, 1933, S.91ff.

[40] 但理念同时也作为在感官世界中存在的具体事物的抽象概念而起作用。具体事物与其抽象理念之间的关系被柏拉图描述为前者对后者的部分参与。理念是理想的原型,具体事物是与这一理想原型或多或少相符的摹写,它内含着与原型相符的倾向。只有理念是真实的,具体事物仅仅是表象的。后者与前者的关系就如一幅镜像与它所镜射的对象之间的关系(*Politeia* X)。有许多具体的桌子,但只有一个桌子的理念,它表达出桌子应当如何,它展示出理想的桌子、桌子的规范。故而柏拉图的理念本身统合了概念的功能与规范的功能。将规范与概念相等同是柏拉图式的典型观念。

知构成了几乎柏拉图一切对话的目标。因而"什么是正义"这一问题与"什么是好的或什么是善"这一问题是一致的。在其对话中,柏拉图做了大量的尝试去以一种理性的方式来回答这一问题。但这些尝试都没能导向一种终局性的结论。当任一定义看起来能成立时,柏拉图马上通过苏格拉底之口宣称,依然有必要进行进一步的研究。柏拉图一再指向一种抽象的、从一切感性观念中解脱出来的特殊思维方法,即所谓论辩术(Dialektik),它使得——正如他所主张的——掌握了它的那些人有能力去把握理念。但他自己也没有在其自身的论辩中运用这一方法,或者说没有告诉我们运用这种论辩术获得的结论。对于这种绝对善的理念,他明确说,它超越一切理性认知,也即超越一切思维。在他的一封信件(第七封信)(在其中他考虑了其哲学最深层的动机和最终的目标)中,他宣称,压根不可能有什么概念认知,而只可能有某种对绝对善的直视,而这种直视是通过某种神秘的体验来进行的,只有少数人通过上帝的恩典才能得到;但不可能以人类语言的语词来描述这种神秘直视的对象,即绝对善。因此(这对于这种智慧而言是最终的推论)不可能存在关于正义之本质问题的答案。因为正义是一种上帝向(假如毕竟还是有的话、那就只是)少数一些被眷顾者透露的隐秘,且必须被保留为他们的秘密,因为他们不得向其他人告知它。

26. 这位伟大的哲学家所教导的正义要求人类应当被如此对待,也即要与超验的、理性认知无法企及的善的理念相符。它等同于这样的正义,后者要求人类应当被如此对待,也即要与对人类而言玄妙莫测的上帝意志相符,上帝命令为善,但也允许恶,他是全知全能的,故而不仅是善的缔造者,而且也是恶的制造者。它尤其等同于那位伟大的圣徒所教导的正义。由于耶稣坚定地拒绝"以眼还眼、以牙还牙"原则即报应原则,[41]所以他将爱的原则宣告为新的、真正的正义:不是以恶报恶,而是以善报恶,不去抵抗恶,而是去爱为恶者,甚至爱敌人。[42]这种正义超越了任何一种社会现实中可能的秩序;而爱(它是这种正义)不可能是我们称之为爱的那种人类感受。不仅因为爱他的敌人有违人类本性,而且因为耶稣明确拒绝了将丈夫与妻子、父母与孩子联系起来的人类之爱。想要追随耶稣进去神的国度的人,必须要离开家园、父母、兄弟姐妹、妻子和孩子。[43]是的,不厌恶他的父亲、母亲、妻子、孩子、兄弟、姐妹还有他自己的生活的人,不可能成为耶稣的信徒。[44]耶稣所教导的爱不是

---

[41] Matthäus, Ⅴ, 38, 39. 尽管他在布道时同样(让人印象十分深刻地)主张这一要求,即应当对善进行回报、对恶加以惩处(例如参见 Matthäus, Ⅴ, 12, 46, Ⅶ, 21, ⅩⅩⅢ, 35),但报应原则主要是被耶稣所预言的最后的审判所适用。参见 Matthäus, ⅩⅩⅤ, 31ff. 但耶稣将神的国度的正义(Matthäus, Ⅵ, 33)说成是神的国度的"隐秘"(Matthäus, ⅩⅢ, 11)。

[42] Matthäus, Ⅴ, 38, 44.

[43] Lukas, ⅩⅧ, 29, 30.

[44] Lukas, ⅩⅣ, 26.

人类之爱。它是这样一种爱,借此人类应当变得与其在天堂中的父一样完满,他让太阳升起于善和恶的上空,让雨露普降于公正和不公正。[45] 它是上帝之爱;如此就完全有别于完全属于人类的邻人之爱。这种上帝之爱最奇特之处在于,人们必须容忍它,将它视为与残酷的甚至永恒的惩罚(它在最后的审判中对于罪人判处)相容;因此也与人类能拥有的最深层的畏惧——对上帝的畏惧相容。耶稣并没有尝试去澄清这一矛盾以及其他一些矛盾。而这也根本就是不可能的。因为矛盾只是对于有限的人类理性而言的,而非对于上帝的绝对理性(它对于人类来说是不可把握的)而言的。因此,基督教的第一位神学家保罗(Paulus)教导说,对于这个世界来说是智慧的东西在上帝那里就是蠢事,[46] 哲学也即理性的逻辑知识,不是通往上帝正义(它被包含于被隐藏的上帝的智慧之中[47])的道路,这种正义只能为某个信仰上帝的人所分享,[48] 这种信仰通过爱来发挥作用。[49] 保罗坚守耶稣关于新正义即上帝之爱的学说。[50] 但他承认,耶稣所教导的爱是超越知性的认知的。[51] 它是一种隐秘,是信仰的诸多隐秘之一。[52]

27. 柏拉图教导说,公正,也只有公正,才是幸福的;或者说,必须将人类引向对这一点的信仰。而事实上,正义问题对于人类社会生活来说具有如此基本的意义,对正义的渴望是如此深深地扎根于他们的内心,因为它根本上源自他们对幸福的不可毁弃的追求。没有任何仅仅是相对的、可为人类理性所把握的正义可以实现这一目标。这种相对的正义只会导向一种(对目标的)十分有限的满足。因此,世界叫着要实现的正义、"那种"完美的正义,是绝对正义。它是一种非理性的理想。因为它只能从某个超验的权威、只能从上帝出发。因此,正义的来源进而也包括其实现,就必须从此在世界转移到彼在世界中,在尘世中就必须满足于一种仅仅是相对的正义,它可以在任何实在的法秩序以及在它或多或少确保的和平和安全状态中被看到。取代尘世间的幸福的(为此正义如此痛苦地被要求,但它无法确保相对的尘世间的正义),是超越尘世间的幸福——永恒的幸福,它向那些相信它、从而相信上帝

---

[45] Matthäus, Ⅴ, 45, 48.

[46] I. Kor. Ⅲ, 19.

[47] I Kor. Ⅱ, 1ff.

[48] Phil. Ⅲ, 9.

[49] Gal. Ⅴ, 6.

[50] Rom. ⅩⅢ, 8ff., I Kor. ⅩⅢ, 1f.

[51] Eph. Ⅲ, 19.

[52] 然而,在其《罗马书》(Römerbrief ⅩⅢ, 1ff.)中,保罗同样主张报应正义的理性原则,它被适用于任何实在的法秩序。因为在这里,他将任何制定法律的当权者都辩护成是得到上帝授权的:"他是上帝的仆人,是对为恶者施加刑罚的复仇者。"对此也可参见我的论文:Hans Kelsen, "The Idea of Justice in the Holy Scriptures" in: *What is Justice*, S.25ff.

的绝对正义的人允诺实现上帝的绝对正义。这是此种永恒幻象的诡计。

Ⅱ. 自然法学说

28. 正义的概念必须与法的概念相区分。正义规范规定了,法(调整人类行为之规范的体系,它由人类行为制定且大体上具有实效)也即**实在**法的内容应当如何塑造。由于正义规范规定的是对人类的特殊对待方式,所以它涉及——正如前文指明的——法的制定行为。因而正义不可能与法相等同。

对于法的效力问题,也即它的规范应否被适用和遵守的问题,人们所假定的正义与法之间的关系具有决定意义。就此而言,有两种彼此相反的观点。一种观点认为,当且仅当某个实在法的制定与正义的要求相符时,它才能被视为是有效的。有效的法是公正的法,不公正的人类行为秩序没有效力,也不是法——只要法只被理解为一种有效的秩序。这意味着,正义规范的效力是实在法效力的基础。另一种观点认为,实在法的效力独立于正义规范的效力。某个实在法并不会因为它是公正的而有效,也即不因为它的制定与某个正义规范相符而有效,即便当它不公正时它仍然有效。它的效力独立于正义规范的效力。这是法律实证主义的观点,它是一种实证主义的或现实主义的法学说(与理念主义的法学说相对)的结果。

在此被考虑的另一组对立是相对正义与绝对正义间的对立。

规定人类特定对待方式的正义规范构成了某种绝对价值,如果它宣称自己是唯一有效之价值,也即如果它排除了任何这类规范——后者规定了有别于前者自身的对人类的对待方式——的效力可能性。这样一种构成绝对价值的正义规范只能——正如前文强调过的——从某个超验的权威出发,并由此与作为规范体系的实在法(它经由人类行为在经验现实中被确定)相对。如此一来就产生了一种典型的二元论:一种超验的、并非由人类制定且位阶高于他的理想秩序与一种由人类制定、也即实在的现实秩序的二元论。这是一切形而上学的典型二元论:经验的领域和超验的领域(后者的典型形式是柏拉图的理念论),它作为此在与彼在、人类与上帝的二元论奠定了基督教神学的基础。理念主义法学说——与现实主义法学说相对——具有一种二元性主义的性质。相反,现实主义法学说是一元论的,因为它不像前者那样认为在一种现实的、由人类制定的法之外还有一种理想的、并非由人类制定的、从某个超验权威出发的法,而只承认**一种**法:由人类制定的实在法。

29. 如果从科学认知的立场出发,拒绝假定有一种超验的、超越一切可能之人类经验而存在的客观实体,也即存在一种一般意义上的绝对事物和特殊意义上的绝对价值,而只承认相对价值的效力,那么就可以从一种科学法学说的立场出发,使得实在法的效力不依赖于它与正义的关系。因为只有当正义是一种绝对价值,当某个正义规范被预设为有效(它排除了任何与之相矛盾的规范的效力可能性)时,这种依赖性才可能存在。如果我们承认在此意义上存在许多不同且可能相互矛盾之正义规范的可能性,即尽管两个彼此矛盾的正义规范不可能同时被预设为有效,但毕竟可能有这个或那个不同的、可能相互矛盾的正义规范被预设为有效,那么正义价值就只可能是一种相对价值;而如此一来,每个实在法秩序都必然会与这许多正义规范中的任何一个陷入矛盾;而如此一来,就不可能有任何实在法秩序是不——当与这些正义规范中的任何一个发生矛盾时——必然被视为无效的。但另一方面,每个实在法秩序也都可能与构成许多纯粹相对价值的正义规范相符,同时不必将这种相符视为其效力的基础。

实证主义的、也即现实主义的法学说并不主张(就像必须被一再强调的那样),不存在任何正义,而是说事实上有大量彼此不同且可能相互矛盾的正义规范被预设。它不否认,人们可以、通常也事实上通过许多正义规范中任何一个的观念来确定一种实在法秩序的样态。它尤其不否认,根据这许多正义规范中的一个来评价,任何实在法秩序——也即制定其规范的行为——都可以被判断为公正的或不公正的。[53] 但它坚持认为,这些价值标准仅具有相对性,因而制定同一个实在法秩序的行为用一种标准来衡量可以被证成为公正的,而用另一种标准来衡量则可能被判断为不公正的;但实在法秩序的效力独立于正义规范(制定其规范的行为据此被评价);因而实证主义法学说,也即实在法理论,与对其对象的评价无关。实证主义法学说不认为实在法秩序的效力基础在于许多正义规范中的任何一个,因为它无法给予它们中的一个优先于另一个的地位;而是——正如已经指明的——在于一种假设的、也即在法律思维中被预设的基础规范,据此人们应当如此来行为、应当如此来对待人,就像历史上第一部大体有实效的宪法所规定的那样,而无须顾及,根据这部宪法建立的法秩序是与任一正义规范相符还是不相符。一旦实在法的效力存疑,要考虑的就不是什么别的规范,尤其不是任何正义规范,而是这种基础规范。

30. 所谓自然法学说是一种理念主义—二元论的法学说。它在现实的即实在的、由人类制定的、因而是可变的法之外,区分出了理想的、自然的、不可变的法,它将后者等同于正义。故而它是一种、但不是"那种"理念主义的法学说。它与其他理念主义—二元论的法学说的区别在于——正如它的名字所表明的,它将"自然"视为理想的、公正的法规范所产生的渊源。自然,也即一般意义上的本质或特殊意义上的人的本质*,作为规范性权威,也即作为制定规范的权威,在起作用。遵从其命令之人的行为是公正的。这些命令,也即公正行为的规范,是自然所固有的。因此,它们可以通过细致的分析从自然中推演出来,也即在自然中被找到(在某种程度上可以说是被发现,这也即意味着被识别出来)。故而它们不是通过人类的意志行为制定的专断任

---

[53] Vgl. supra S.615ff.

* 德语"Natur"(如同英语"nature")既可以被译为"自然",也可以被译为"本质"。——译者注

意、因而是可变的规范(就像实在法规范那样),而是在通过人类意志行为进行一切可能的制定之前就已存在于自然之中、根据其本质不可变的、永恒的规范。

31. 如果"自然"在一般意义上被理解为事实现象的经验现实,或在特殊意义上被理解为存在于人类事实上的——内在的或外在的——行为中的本质,那么一种声称能够从自然中推演出规范的学说就犯了一种根本性的逻辑错误。因为这种自然(本质)是事实的整体,它们根据因果原则、也即作为原因和结果相互联结,是一种实然;而从实然无法推导出应然,从事实无法推导出规范;实然无法包含应然,事实无法包含规范,经验现实无法包含价值。只有当人们使应然趋近于实然,规范趋近于事实,人们才能根据后者将前者判断为合乎规范,也即好的、公正的,或者判断为违反规范,也即坏的、不公正的。人们才能对现实进行评价,也即将其定性为有价值的或违反价值的。相信能在事实中找到、发现或识别出规范,在现实中找到、发现或识别出价值的人,是在自我欺骗。因为他必须——即便是无意识地——将他以任意方式预设的、构成价值的规范投射到事实的现实中去,以便能从后者中将它推演出来。现实与价值属于两个彼此不同的领域。

32. 由于自然,也即事实现象的具体现实处于永恒的变化之中,自然的存在是一种演变过程,所以不可变的自然法规范只能体现为这一事实现象的有待观察的规律性;它们只可能是这样一些一般规则,据此,在具体自然现象的永恒变迁中,在相同条件下会出现相同的结果。自然法学说的不可变规范只可能是自然规律。当自然法学说从自然中推演出关于公正行为的不可变的规范时,它就将实然规则转变为了应然规范,故而产生了一种内在于现实之价值的幻象。

如果内在于自然的规范被描述成为自然设定的客观目的,也就是说,如果自然被诠释为一种合乎目的地组织起来的整体,如果假定有一种内在于自然的目的秩序,那么自然法学说就具有了一种目的论的性质。然而对自然的目的论诠释与规范性诠释只是术语上的区别而已。客观意义上的目的就是应当被实现之事。在此意义上,目的就是规范设定为应当的东西。

但无法否认,价值与现实彼此以任意方式从根本上相联系,价值内在于现实,这两种观点由来已久,在今天仍然十分流行。这是因为,它有一种形而上学的宗教起源,它可以追溯到这种观念:自然现实是由某个超验的、表现为绝对道德价值的权威创设的,或者说现实的事实现象是由这一权威所操控的,如果自然受制于法则,那么这些法则就是这位超验权威的命令,也即规范;这种观念尤其构成了基督教神学的基础。如果自然是由公正的上帝所创造或调控的,那么就能——也只有此时才能——从这一自然的法则中识别出规范,就能在这一自然中找到公正的法,从这一自然中推演出公正的法。在目的论自然法学说那里,这一点体现得更加明显。只有当人们假定,自然现象被某个超验意志赋予目的时,自然才能被诠释为一种合乎目的地组织起来的整体。只有神学自然法学说才可能是目的论式的。

自然法学说——它在17世纪和18世纪占支配地位,在19世纪衰落之后,在20世纪第二次世界大战之后,同时通过宗教—形而上学的省视对国家社会主义、法西斯主义,尤其是共产主义作出回应——再次居于社会哲学与法哲学的前台,这种自然法学说有着宗教—形而上学的起源,这是毫无疑问的。追随斯多葛哲学,西塞罗(Cicero)早就教导说,[54]自然法——有别于罗马或雅典的实在法,它是永恒且不可变的——以上帝为其缔造者、宣告者和审判者。奥古斯丁(Augustinus)将自然法视为"永恒的法律""它作为上帝的理性或意志要求遵守自然秩序,并禁止逾越它"。[55]他追问:"除了上帝,还有谁将自然法写进了人类的心中?"[56]塞尔维利亚的伊西德(Isidor von Servilla)[57]教导说:"一切法,要么是上帝的法,要么是人类的法。上帝的法建立在自然的基础上,人类的法建立在习惯的基础上。"*《格拉提安教令集》

---

〔54〕 Cicero, *De Republica*, Ⅲ, ⅩⅩⅡ, 33:"但真正的法律是'正确的理性',它与(人类的)本质(自然)相适应,它适用于所有的人并且是不变而永恒的……这种法律不能通过反对性提案而被取消,也无法在任何时候通过变更申请被削弱或者完全被废除。无论元老院的决议还是民众的决定都不能解除我们遵守这一法律的义务,它也无须塞克斯图斯·埃利乌斯(Sextus Aelius)来加以说明或解释。它不会在罗马立一项规则,而在雅典立另一项规则,也不会今天是一种规则,而明天又是另一种规则。同一种法律将永恒不变地在任何时期拘束所有的民族,而且人类也只有一个共同的主人和统治者:上帝,他是这一法律的起草人、仲裁者和提案人。不服从他的人就是放弃了他的较好的自我,而否定了人的本质,将因此而受到最严厉的惩罚,尽管他已经逃脱了人们称之为处罚的其他后果。"(德语版参见 Marcus Tullius Cicero, *De re publica = Der Staat*, hrsg. und übers. von Rainer Nickel, Mannheim 2010, Ⅲ, ⅩⅩⅡ, 33(S.247))

〔55〕 Augustinus, *Contra Faustum Manich*. Lib. 22, C.27:"Lex vero aeterna et ratio divina vel voluntas Dei ordinem naturalem conservari iubens et perturbari vetans."

〔56〕 Augustinus, *De serm. Dei in monte* Ⅱ, c.9, n.32:"Quin enim scripsit in cordibus hominum naturalem legem nisi Deus?" 参见 Alois Schubert, *Augustins Lex-Aeterna-Lehre nach Inhalt und Quellen*. Beiträge zur Geschichte der Philosophie des Mittelalters. Bd. ⅩⅩⅣ, Heft 2, 1924, S.5, 12.

〔57〕 *Isidori Hispaniensis Episcopi Etymologiarum Libri* ⅩⅩ. Liber Ⅴ, Cap. Ⅱ:"Omnes autem leges aut divinae sunt, aut humanae. Divinae natura: humanae moribus constant, ideoque hae discrepant, quoniam aliae aliis gentibus placent."

＊ 在主文本中未被翻译过来的引文的最后一部分是:"因而后者同样彼此背离,因为不同的民族认为不同的事物是正确的。"——译者注

(Decretum Gratiani)[58]宣称,不可变的自然法同时通过上帝对人类作为理性存在者的创设而形成。[59] 托马斯·冯·阿奎那(Thomas von Aquino)教导说,世界是由神意、也即由上帝的理性来统治的,这种神的统治就是永恒的法律,具有天赋理性的神造物分享了上帝的理性,因而就此而言也分享了这种永恒的法律,因为他们从中获得了某些关于行动和目标的自然倾向(它们与这一永恒的法律相符)。"理性造物对永恒法的分享就被称为自然法。"[60]这种可以从上帝赋予人类的自然倾向中推演出来的法就是自然法。它起源于上帝。就因为它起源于上帝,所以它是绝对有效的,因而是不变的。这种绝对和不变的效力是自然法的一个本质性要素;就像它内在于自然的性质一样,它只是其神圣起源的结果。

然而在自然法学说的内部有一种努力,它试图使得自然法的效力独立于上帝的意志。格老秀斯(Grotius)声称,[61]即便当人们必须承认不存在上帝时,他所描述的自然法也依然是有效的;但补充道,如果不是罪大恶极,人们也不会承认这一点。因

---

〔58〕 *Decretum Gratiani*. Prima Pars, Distinctio Ⅴ, Ⅰ. Pars:"在所有事物中,自然法都是第一位的,无论是从年代还是从次序的角度来说。它从一开始就与具有天赋理性的造物一起出现,且不会随着时间而改变,而是保持不变。"[75] Prima Pars, Distinctio Ⅷ, Ⅱ. Pars:"但基于其尊严,自然法绝对优先于习惯和法令。有可能某些东西会变成惯例和习俗或者被皇帝的通告所采纳——假如它与自然法相矛盾,它就依然要被视作是无效的。"

〔59〕 参见 A. P. D'Entrèves, *Natural Law*, London, 1955, S.34f.

〔60〕 Thomas von Aquino, *Summa theologica*, Ⅰ-Ⅱ 91, Art.1:"法律……不外乎一种主宰者(他指引着完美的共同体)指向行为之理性的指令。假如预设了世界是由神意来操控的(Ⅰ 22, 1.2; Bd.2),那么整个宇宙显然就必须通过上帝的理性来引导。故而统治一切事物的计划(它存在于作为宇宙主宰者的上帝那里)就恰恰具有法律的性质。但因为神意并非在不同时间作不同把握,而是要作永恒的理解(Spr 8, 23),所以人们就必须将这种法律命名为永恒"[德语版参见 Thomas von Aquino, *Summa theologica* (Anm. 21), q.91 a.1 (Bd.13, S.17)]。

Ⅰ-Ⅱ 91, Art.2:"一切事物都以任何方式(参与了)永恒法,只要它们出于其印刻而拥有倾向去实施它们自己的行动和目标。在所有(造物)中,具有天赋理性的造物以一种更为出色的方式服从于神意——只要它自己也参与了这种天意,因为它能够'尊重'自己和其他造物。因而在它那里也可以找到对永恒理性(借此,它具有了一种合乎其本质的行动和目标的倾向)的参与。而具有天赋理性的造物对永恒法的这种参与就被称为自然法……。所以很清楚的是,自然法不外乎具有天赋理性的造物对永恒法的参与"[德语版参见 Thomas von Aquino, *Summa theologica* (Anm. 21), q.91 a.2 (Bd.13, S.20f.)]。

〔61〕 Grotius, *De Jure Belli ac Pacis*, Prolegomena §11:"即便人们假定(当然如果不是罪大恶极这也不可能会发生)不存在上帝,或者他并不关心人类的境况,这里确定的(观点)也同样能成立"[语出胡果·格老秀斯关于战争与和平法的三书,其中自然法和国际法以及最重要的东西被宣称来自公法, übers. und erl. von Julius Hermann von Kirchmann, Bd.1, Berlin 1869, Prolegmena §11(S.31)]。

为他是一位虔诚的基督徒(就像古典自然法学说的所有代表者那样),他同样没有(像看上去那样)意识到,离开对由公正的上帝所创造之自然的信仰,内在于这种自然之公正的法的假定也将是不可能的。此外,对由公正的上帝所创造之自然的信仰并不必然蕴含这一假定,即内在于自然的法是经由上帝的意志制定的。托马斯·冯·阿奎那早就教导过,[62]上帝的法,即起源于上帝的法,也要么是自然法,要么是被制定的法。在上帝的法中,也有一些是被要求的,因为它们是好的,有一些事情被禁止,因为它们是坏的,而另一些事情是好的,因为它们被要求,有一些事情是坏的,因为它们被禁止。这意味着,存在着起源于上帝的规范,它们要求实施特定的人类行为,因为它本身是好的或坏的;也即这样的规范,它们的效力独立于上帝的意志。它们所构成的正义的价值,必须根据一种取经于托马斯学说的神学,被设想为与上帝一起给定的。根据这种神学,[63]它就像上帝本身那样——也不是被上帝创造出来的,它是非创造性的。这些规范就是自然法规范,只要它们内在于上帝(他据其本质是公正的上帝)的本质。它们同样也不能被上帝的意志所更改,因为它们并不是经由上帝的意志制定的;它们是永恒不变的。就像内在于正义的上帝不能改变正义规范,这样一位上帝也不能创造公正的自然以外的东西。如果关于公正行为的规范内在于这种自然,那么这只是因为它是由上帝创造的,内在于正义。如何能与全知全能的上帝约定这一点,是这种神学要自我商榷的问题。[64]一种科学的法学说只能确认,离开对由公正的上帝所创造之自然的信仰,内在于自然的公正法的假定就是不可能的;在此,从一种科学的法学说的角度来看,这种自然法(根据神学教义)是被想象为由上帝的意志制定的,还是与上帝一起被给定的,也即已然内在于上帝的,是无所谓的。

33. 将自然法建立在人类本质基础上的努力清晰地说明,自然法学说其实预设了所谓从自然中推演出的关于公正行为的规范,并将其投射到自然中去。在此,人类的"本质"有时在其倾向、禀赋、本能,也即其天性中去寻找,有时则在其理性或感

---

[62] Thomas von Aquino, *Summa theologica*, II-II 57, Art.2:"上帝的法,指的是由上帝发布的东西。它部分涉及自然公正的东西(但它的正义对于人类是隐而不见的);但它有时也涉及通过上帝规定为公正的东西。因此,上帝的法也可以像人类的法那样被区分为这两种类型。因为即便在上帝的法中,也有一些事情是被要求的,因为它们是好的,有一些事情被禁止,因为它们是坏的;有一些事情是好的,因为它们被要求,有一些事情是坏的,因为它们被禁止。"[德语版参见Thomas von Aquino, *Summa theologica*. Die deutsche Thomas-Ausgabe, Bd. 18: Recht und Gerechtigkeit, Heidelberg u.a. 1953,II-II,q.57 a.2 ad 3(S.10)]

[63] 参见 Deutsche Thomas Ausgabe, F. H. Kerle, Heidelberg, München, und Anton Pustet, Graz-Wien-Salzburg, Bd. 18, 1954, S.10,以及乌兹的评论(A. F. Utz, OP, op.cit, S.403f.)。

[64] 特色鲜明的是,对于作为上帝法的一部分的自然法,也即合乎自然的公正,托马斯认为,它"对于人类是隐而不见的",它是一种隐秘。只有上帝制定的法才可为人类所认识。

受中去寻找。人类的这种本质从根本上说是其心理的而非其物理的本质,是他"内在的"状态。但在此也应考虑外部环境,在该环境下人类的内在本质同样会显现在外,并且人类基于其内在本质会通过外在行为对其作出回应。考虑到这些外部环境时,人们称之为"事物的本质"(Natur der Sache),然而在此,身处外部环境之中的人(他借由其天性、其理性或其感受,通过其外在行为对环境作出回应)的本质是关键要素。

对于从人类本质中推演出关于公正行为之规范的努力,主要的反对意见(它也是在一般意义上针对自然法学说提出的)在于:从实然中无法推导出应然,从事实上无法推导出规范。如果人类本质就是其经验本质,是其事实上的状态(它产生自他的内在和外在行为,就如客观上在社会实然的现实中所观察到的那样),那么就无法从这种现实的本质中推知,哪些是人类的理想行为、人类应当如何行为——既非他应当如同他事实上行为那般去行为,也非他不应当如此行为,即应当以其他任何方式来行为。如果人们从人类的现实本质中推出了与这一现实本质相符的规范,那么这种推论就不仅在逻辑上是错误的,而且也会导向实践上不可能的结论。因为如此获得的规范必然会彼此陷入冲突,因而不可能构成任何公正的人类行为秩序,因为压根就不构成任何人类行为的规范秩序。当人们试图将自然法建立在人类所固有的倾向、禀赋、本能,简言之,建立在其天性基础上时,这一点就是显而易见的。

34. 如果人们假定,人类所能观察到的天性就是人类的"本质",故而它是自然的,并从某种天性的存在推出这样一个规范(据此,人类应当如同他们被这一天性所规定而行为的那样来行为),那么首先这个规范就完全是多余的。因为人类事实上就是如同他们被他们的天性所规定的那样来行为的;要求人类如同他们事实上在没有任何命令的情况下行为的那样去行为,是毫无意义的。但如此一来就要注意,人类的天性彼此处于冲突之中,不仅个人的自身内部如此——他的行为常常是相互矛盾的天性(也即两个相互矛盾的天性中较强的那一方)导致的结果,而且在人们之间的关系上也是如此——在其中,对一个人天性的满足与对另一个人天性的满足无法相容。

一个典型的例子是自我保存的天性,它在基于人类本质的自然法学说中扮演着重要角色。例如,托马斯·冯·阿奎那就曾从自我保存的天性中推导出禁止自杀这一自然法命令。[65] 但人类事实上并非总是在一切情形中都有保存其生命的天性,

---

[65] Thomas von Aquino, *Summa theologica*, II-II 64,5:"自杀根本不被允许。这有三个方面的理由。首先,每个存在者在本质上都爱自己;因而每个存在者在本质上都试图在实然中自我保存,并对那些想要毁灭他的人进行抵抗,只要他能够这么做。故而自我剥夺生命有违自然天性,且有违每个人都必然自爱之爱。因此,自杀总是一种重大的罪过,因为它违背了自然法则和爱"[德语版参见 Thomas von Aquino, *Summa theologica* (Anm. 79), II-II, q.64 a.5(Bd. 18, S. 164f.)]。

而是在某些情形中也有结束其生命的天性。绝非罕见的自杀的情形就说明了这一点。从给定的事实中，人们无法（假如非得推导出什么规范的话）推出这一规范：人类在一切情形中都应当保存其生命，而只能推导出这一规范：他在某些有待他确定的情形中应当保存其生命。只有当保存其生命的天性事实上存在时，人们才能认为这种天性是"自然的"。因此，人们必须认为有时同样会在事实上存在的结束其生命的人类天性同样是"自然的"。如果人们从这一事实——人类有在某些情形中保存其生命的天性——推出，人类在这些情形中应当保存其生命，那么人们就无法拒绝从这一不可否认的事实——人类有时有结束其生命的天性——推出这一规范：人类有时应当结束其生命。但这就意味着：就人类针对其自己生命的行为而言，人们压根就无法从"自然"的自我保存天性的事实中——由于同样存在的同样"自然"的自我毁灭的天性——推出任何终局性的自然法规范。

对调整人对人之行为的正义规范（它规定了对人的特定对待方式）而言，要考虑的只是人类的那种指向相对于他人之行为的天性。但人类自我保存的天性指向的是保存和提升自己的生命，而非指向保存和提升他人的生命，很多时候可能只有以他人生命为代价、以贬低他人生命为代价才能得以满足。这意味着，对某人自我保存天性的满足可能会与对他人自我保存天性的满足发生冲突，且在许多情形中的确发生了冲突。正义的问题在于，如何解决这种冲突。从事实上存在的、相互矛盾的天性无法推出任何确定这一冲突之解决办法的规范（假如毕竟有这么一个规范的话）。

35. 有些指向相对于他人之行为的人类天性（比如自我保存的天性）具有利己的性质。但天性同样也有具有利他的性质。邻人之爱，与其同伴和平友善相处、得到他们尊重的愿望，对运用暴力的厌恶，肯定源自一些人的天性。但谁又能否认，在许多人中这样的天性同样在起作用——它们指向恰恰相反的行为，且被认可为人类"本质"的统一的组成部分（在现代心理学以研究侵略的天性著称）呢？当人们相信能从存在于许多人之中的邻人之爱的天性中推出邻人之爱的命令，从存在于许多人中的和平意愿推出和平的命令时，人们就必须承认，从同样存在、因而同样自然的侵略的天性中可以得出结论认为，人们要根据这一天性来行为。但会有自然法学说乐意得出这样的结论吗？一个要求依循邻人之爱的天性的规范，能够与一个要求依循侵略的天性的规范一起生效吗？而对于人类本质来说如此重要的虚荣心，也就是超过他人、从而轻视他人的天性，又当如何呢？

显然，一种想要从人类本质中推演出自然的、也即公正的法的学说，无法在一切可能的人类天性中、而只能在特定的天性中看到这种"本质"；它必须要对事实上存在的天性进行根本性的区分，事实上也是这么做的：这种天性（某个要求与这些天性相符之行为的规范可以建立在此基础上）与那种天性（没有这类规范可以建立在此基础上）之间的区分，也即人们应当与之相符和不应当与之相符的天性之间的区分，善的天性与恶的天性之间的区分。[66] 如果人们将天性视为指向某种目的，如果人们假定包含天性的生物通过其天性致力于实现某种目的，那么这就只可能是一种主观目的，也即不是一种应当被实现的目的，不是一种客观目的，而只是这种生物想要实现的目的。这里清晰地表明，目的论自然法学说相信能在自然中找到的目的只是一种超验权威为自然现象设定的客观目的，但这就是说：只可能是自然法学说预设的规范。

能够对某种即便只在某种程度上具有批判性的精神隐瞒住这一点吗？——善的天性与恶的天性、生物在其天性中想要实现的目的与他应当实现的天性之间的区别无法在天性本身中被找到，它是被预设的，也就是说预设了这样的规范，它们要求应当与某些天性相符，而与其他天性不相符。

36. 只有在此前提下，对于某种建立在人类"本质"基础上的自然法学说而言不可避免的区分——"自然的"天性与"非自然的"天性——才能成立，自我保存的天性才能被说成是自然的，自我毁灭的天性才能被说成是非自然的，邻人之爱的天性才能被认为是自然的，侵略的天性才能被认为是非自然的。由于无法否认，自我毁灭的天性就如同自我保存的天性、侵略的天性就如同邻人之爱的天性那般存在于作为事实现实的自然之中，所以就会产生"自然的"自然与"非自然的"自然这种悖论式的区分。但这就意味着："自然"的概念历经了激烈的意义变迁。替代现实的自然、如其所**是**的自然，是一种理想的自然、如其——根据自然法——**应当**所是的自然。故而决非自然法学说从自然中推演出了某种理念的法即所谓自然法的规范，而是这一学说从它在理念上所预设的法即所谓自然法中推演出了某种理念的自然，这一学说必须预设这种法，以便获得自然的概念、人类的良善和神圣本质的概念。

37. 一些自然法学说的代表试图以此来对抗这一反对意见：他们宣称，人类的本质（从中可推演出自然法规范）就是正常人的本质，"自然的"行为是人类的"正常"行为、所谓平常的行为，就像事实上可以观察到的那样。这意味着：自然法的本质在根本上与描述性自然科学的本质相同。就像自然中的一切都——通常——在特定条件下以特定方式发生，人类也——通常——在特定条件下以特定方式来行为。人类本质显现在他的这种规律性的正常行为之中。它是绝大多数人的行为。构成这种

---

[66] 在这一角度下十分有特色的是托马斯·冯·阿奎那的学说，他将自然法建立在自然本能的基础上。与本书已引述过的地方（Summa theologica，Ⅰ-Ⅱ，91，Art.1 und 2）相联系，他说：由于一切屈从于神意的事物都受永恒法的控制，所以很清楚的是，在某种程度上一切事物都在此范围内参与了永恒法，即它们从它那里获得了某些倾向（本能、天性），后者指向这些行动和目标……尤其是上帝的理性造物在某种程度上参与了上帝的理性（也即永恒法），因为他们从中获得了一种对于这些合理的行动和目标的自然倾向。理性造物对永恒法的这种参与被称为自然法。"自然"倾向（naturalis inclinatio）仅仅是与永恒法（也即自然法）相符的倾向。

本质的规则虽然不是什么——就像在以前观念中的因果法则那样——不容许有任何例外的规则,但可以说这些例外仍是少数。[67]

事实上,人类行为的这种规律性即社会现象的法则(即便它只是近似地等同于根据因果原则表述的自然规律)无法或无法在这种范围内被确认,即在这些规则的基础上可以建立一种人类社会的自然法秩序。这一范围内的规律性只有在有限的局部群体内部、只相对于有限的时间段才能被观察到。这些规则被人们称为人类习俗,他们的社会惯例、风俗。但它们在不同的时间、不同的地方差异过大,因而无法在一般意义上谈论某种自然的即正常的意义上的人类行为。但即便人类行为的这种规律性即一个规则或诸规则——人类无时无处事实上不据此来行为(就像金属体在受热时无时无处不膨胀那样)——能被确认,从这种实然规则中也无法推导出应然规则,无法推导出规范,实然意义上"正常"之事无法作为应然意义上的"正常"之事来生效。如果只考虑行为的规律性(它可以在有限的局部群体内部、相对于有限的时间段被观察到),那么从实然意义上的"正常"之事到在应然意义上必须生效的"正常"之事的推论,就只有预设了这一规范才有可能:特定群体内部的人应当如此来行为,就像这一群体的绝大多数人长时间来通常习惯于行为的那样。但这只是许多相对的正义规范(它们在前文中已被分析过了)中的一个。它绝没有排除其他正义规范——它们规定了有别于多数群体成员通常被观察到的行为,并被带至与它们相矛盾的多数人的通常行为时会导向一种对人类本质的轻蔑评判——之效力的可能性。只有当涉及人类整体内部的多数人,且这一规范——人应当像多数人通常行为的那样来行为——能被赋予绝对效力时,这一规范才能被描述为自然法。前者是罕见的,后者只有在此前提下才有可能, * 即人们相信这是上帝的意志:人应当如此行为,因而人类的本质(他被上帝所植入的本质)体现在多数人的通常行为中(也只在此中、而非在少数人的行为中);故而人类本质通常是善的,只有在例外时才是恶的。事实上,有一个神学流派主张这一命题;但毫不奇怪的是,有另一个追随奥古斯丁的流派主张相反命题,即这一消极命题——人类的本质是腐朽的,从原罪产生后我们所有人都是罪人。一种科学的法学说没有任何理由要在这一或那一神学教义那里站队。它可以限于确认,将自然法建立在人类"正常的"、平常的本质之上的努力必然会导向自然法学说的某种神学奠基。

38. 自然法学说内的一个卓越的流派是习惯上被称为"理性主义"自然法学说的流派,它的代表者试图从人类的理性中识别出其本质,并试图相应从理性推演出某

---

[67] 参见乌兹的详述(Utz, op.cit. S.437),他说,自然法是一种"社会中活着的平常人"的秩序,"形式民主意义上的多数"。

* 这里的"前者"指的是"涉及人类整体内部的多数人","后者"指的是"人应当像多数人通常行为的那样来行为这一规范被赋予绝对效力"。——译者注

种公正之法的规范。它假定,这些理性的规范是固有的,或者(其结果是一样的)作为规范制定权威、作为立法者的理性为人类规定了正确的也即公正的行为。这种自然法以理性法(Vernunftrecht)的面目出现。公正的就是自然的,因为它是理性的。

39. 从经验心理学的立场来看,理性的特殊功能在于认识其被给定或被陈述出的对象。我们将人类的认知功能称为理性。但制定规范,也即立法,并非认知的功能。制定某个规范并不是对已经存在之对象如其所是的认知,而是对某事应当如何的要求。在此意义上,制定规范是一种意愿的功能,而非认知的功能。制定规范的理性同时是认知性的和意愿性的理性,同时是认知与意愿。自相矛盾的**实践理性**(*praktische Vernunft*)概念,不仅在呈现为理性法学说的自然法学说中,而且还在伦理学中扮演着关键性的角色。[68] 实践理性这一概念具有神学—宗教的起源。

如果进一步考察就会发现,自然法可从中推演出来的理性并不是人类的经验理性(就像它事实上发挥作用的那样),而是一种特殊的理性、"恰当的"理性,这种理性并非如它事实上那般,而是如它应当如此那般。西塞罗早就将自然法定义为"正确理性"(recta ratio)的产物,他十分清楚地区分了正确的也即取向于善的理性与不正确的也即取向于恶的理性。他说:"造物(他们从自然中获得了理性的天赋)同样也获得了正确的理性,从而获得了法的天赋"[69],在别的地方他将法定义为"与自然相一致的正确理性"[70]。但他将这种自然等同于上帝,因为他宣称上帝是这种永恒和不变之法的缔造者。[71]

而事实上,只有上帝的理性才能内含这种绝对有效的正义规范,只有借鉴上帝的理性人们才能提出这一充满矛盾的命题:它同时是认知功能和意志功能,因为排中律这一逻辑原则不适用于具有上帝属性的命题。只有上帝的理性才可能是"实践"理性,也即立法性认知,只有对于上帝,人们才能说,认知与意愿合二为一了。

---

[68] 参见 Alf Ross, *Kritik der sogenannten praktischen Eerkenntnis*. Kopenhagen, Leipzig 1933, S.19:"实践认知是这样一种认知,它借由对终极目的(它是意志的绝对理由)的知识同时为意志设定这一目的,或构成这种理由本身。只是,这种规定是自相矛盾的;因为每种知识都是对某事的知识,故而与知识本身有别,也独立于后者而被给定。但如果知识本身应当设定目的(或构成理由),那么这种目的(理由)就不可能先于且独立于知识被给定;而后者反过来也不可能是对这一目的的认知。相反,如果这种知识应当是对目的的知识,那么它就不可能自行设定这种目的。其中一个排除掉了另一个。"

[69] Cicero, *De Legibus*, Ⅰ, Ⅻ, 33:"因为被自然赋予理性者,同样也被它赋予正确的理性;故而它同样赋予他制定法,也即命令和禁止范围内的正确理性;如果被赋予制定法,那么就同样被赋予法。而所有人都拥有理性;因此所有人都被给予法"(德语版参见 Cicero, De legibus (Anm.66), Ⅰ, Ⅻ, 33(S.39))。[83]

[70] Cicero, *De Legibus*, Ⅲ, ⅩⅫ, 33. 参见前文脚注 54。

[71] Cicero, *ibidem*.

40. 托马斯·冯·阿奎那明确教导说,人类的理性(自然法学说可以从其理性本质中推演出其永恒不变的规范)是在人身上显现的上帝理性。他区分了理论理性与实践理性(ratio speculativa und ratio practica)。他认为**理论理性**的特殊功能在于:1. **定义**(definitio),2. **阐明**(enuntiatio),3. **三段论与论证**(syllogismus vel argumentatio)。[72] 但他认为**实践理性**的功能在于:命令、立法、制定规定良善和公正行为的规范。[73] 制定法是关于什么应当做、什么不应当做的规则和标准。[74] 但人类的实践理性本身(secundum se)并不是这一规则或这一标准。它是输入它们——来自上帝的启示——中的原则。[75] 只有当上帝的理性赐予它时,人类的理性才是实践理性,也即立法的、制定规范的理性。上帝的理性根据永恒法(人们必须认为它内在于这种上帝的理性)统治着世界。上帝创造的人拥有理性,只要他参与了上帝的理性,他从中获得了实施与永恒法相符之行为的天性。[76] "当与理性的规则相符时,人类事务就是公正的,而正如我们已经明白的,理性的第一法则就是自然法。"[77] 但自然法就是具有天赋理性的造物对永恒法的参与。理性(它的规则就是自然的法)是上帝的理性。[78] 但上帝的理性等同于上帝的意志。[79]

---

[72] Thomas von Aquino, *Summa Theologica* Ⅰ-Ⅱ,90,Art.1.

[73] *Summa Theologica* Ⅰ-Ⅱ,17,Art.1:"命令是一种理性行为,尽管它以意志行为为前提"。[84] — Ⅰ-Ⅱ,90,Art.1:"由此可知,制定法是一种理性的事物"(德语版参见 Thomas von Aquino, *Summa Theologica* (Anm.21),Ⅰ-Ⅱ, q.90 a.1(Bd.13, S.5))。[85]

[74] *Summa Theologica* Ⅰ-Ⅱ,90,Art.1:"制定法是活动的一种规则和标准,据此某人被引导采取行动或被阻止采取行动……但人类活动的规则和标准是理性,它是人类行动的首要实然基础……。因为理性给我们施加了向构成行动之首要实然基础的目标努力的责任"(德语版参见 Thomas von Aquino, *Summa Theologica* (Anm.21),Ⅰ-Ⅱ, q.90 a.1(Bd.13, S.5))。[86]

[75] *Summa Theologica* Ⅰ-Ⅱ,91,Art.3:"人类理性本身并非事物的规则,但合乎自然地浸入其中的原则构成了关于一切人类有义务做之事的某些一般规则和标准"(德语版参见 Thomas von Aquino, *Summa Theologica* (Anm.21),Ⅰ-Ⅱ, q.90 a.3 ad 2(Bd.13, S.25))。[87]

[76] 参见前文脚注66所引之处。

[77] *Summa Theologica* Ⅰ-Ⅱ,95,2:"In rebus autem humanis dicitur esse aliquod justum ex eo quod est rectum secundum regulam rationis: rationis autem prima regula est lex naturae."

[78] 乌兹在对托马斯进行评论时强调了(S.444)"人类实践理性的创设法的力量"。他说:"圣·阿奎那的自然法学说在实践理性的天然判断中看到了人权的紧邻立法者,从而他自己从上下达指令,也即下达给位于这一世界之上的永恒立法者"。如果人类的实践理性是立法者——它屈从于更高的立法者,即作为世界立法者的上帝,那么通过人类实践理性的立法就只能是一种上帝委任的立法,也即最终只是通过上帝理性的立法,故而只有当人类的理性参与了上帝的理性时,当它是显现在人身上的上帝理性时,人类理性才是"实践的",也即立法性的。

[79] Thomas von Aquino, *Summa Theologica* Ⅰ-Ⅱ,93,Art.4:"由于(上帝的意志)(转下页)

41. 如果(自然法学说相信能从中推演出其公正的规范的)理性是在人身上显现的上帝的理性,而不是其经验理性,那么这种学说就无法被称作是理性主义的。自然法学说主张要通过分析人类理性来认识这些——并非由人类创造的、存在于理性之中的——规范。如果这种理性是人类的经验理性,那么对自然法的认识就必然是人类的自我认识。只有如此,这一学说才会具有理性主义的性质。但只有当遵循托马斯·冯·阿奎那神学的自然法学说主张,并非由上帝创造却存在于上帝的本质之中的、内在于上帝理性的自然法可通过某种被称为"上帝的自我认识"(Selbsterkenntnis

---

(接上页)是其本身的本质,(它)既不(屈从于)上帝的世界统治,也不(屈从于)永恒法;它毋宁是永恒法本身……换一个角度来看,在考虑到它本身时,人们倒不如称之为计划本身"[德语版参见 Thomas von Aquino, *Summa Theologica* (Anm.21), I-II, q.93 a.4 ad 1(Bd.13, S.58)]。

这一自相矛盾的假定——人类的实践理性同时发挥着意志的功能和认知的功能——在托马斯那里表达在如下地方:*Summa Theologica* II-II, 58, Art.4,托马斯区分了作为潜在认知(*potentia cognoscitiva*)的理性与作为欲望冲动的意志(*voluntas als vis appetitiva*)。为了反对这一观点——"故而正义不以意志为其承载者,而不如说以理性为其承载者"[德语版参见 Thomas von Aquin, *Summa Theologica* (Anm.79), II-II, q.58 a.4(Bd.18, S.29)]——他详述道:"但正义并不是为了去调控某种认知行为;因为我们并非因为认为某事是正确的,所以称之为'公正的'。故而正义的承载者不是具有认知能力的知性或理性。但由于我们是因为以恰当的方式来做某事且活动的紧邻理由构成了欲求力,所以称之为'公正的',所以正义必然以某种欲求力为其承载者"[德语版参见 Thomas von Aquino, *Summa Theologica* (Anm.79), II-II, q.58 a.4(Bd.18, S.30)]。[90]继而,托马斯区分了作为理性欲求(*appetitus rationalis*)的意志与作为感性欲求(*appetitus sensitivus*)的意志;对意志主张它"存在于理性之内"[完整的表述为"但存在双重的欲求能力:即存在于理性之内的意志与在感官察知之后发生的感官欲求能力"——德语版参见 Thomas von Aquino, *Summa Theologica* (Anm.79), II-II, q.58 a.4(Bd.18, S.30)],并十分模糊地谈及"出于与理性的相邻关系"[德语版参见 Thomas von Aquino, *Summa Theologica* (Anm.79), II-II, q.58 a.4 ad 1(Bd.18, S.31)]。[92]如果理性是一种潜在认知,而意志是一种欲望冲动,那么意志就不可能"在理性之中"。但实践理性(*ratio practica*)的概念建立在意志内在于理性的基础上。

Summa Theologica I-II, 90, Art.1 进一步论述道:"理性的作品(必须)遵循理性活动自身(它体现为认识和推断)以及通过这一活动得出的结论。指向认识的理性,首先是概念确定,其次是命题,再次是推论程序或证明。现在,在活动领域内取向于行为的理性也使用了一种推论程序([q.]13, [a]3; Bd.9)(亚里士多德);因而在指向行为的理性中有某事,它与活动的关系就如在指向认识的理性中命题与推断之间的关系一般。这些指向行为之理性的一般性命题(它们要被规整于这些活动)具有法律的性质;尽管这些命题一会儿自我观察,一会儿又如同理性的举止那般被坚持"[德语版参见 Thomas von Aquino, *Summa Theologica* (Anm.21), I-II, q.90 a.1 ad 2(Bd.13, S.6)]。[93]"理性从意志那里获得动力([q.]17, [a.]1; Bd.9)。因为鉴于某人想要(实现)某个目标,所以理性会就什么会导向这一目标作出命令。但由此一来,意愿就具有了法律的性质,就什么被要求而言,它需要通过理性判断来进行规制。故而,可以理解的是,统治者的意志具有法律(转下页)

Gottes)[80]的程序(就此而言,这一学说涉及严格的形而上学立场)来认识时,这种学说才是连贯的。如果它是制定规范、构成善的价值(因而也构成恶的无价值)的认知理性,那么区分善与恶就属于(制定规范的)认知,也即实践理性的功能。

  区分善恶的能力很多时候反映出实践理性的本质。在这种版本中,这一概念可以追溯到知识之树的神话。善和恶的知识是因为不顾上帝的禁令享用了这棵树上的果子而带来的。[81]蛇对女人说:"上帝知道,如果你们吃了这棵树的果子,你们的眼睛就会明亮起来,那时候你们可以像上帝一样知道善恶。"[82]上帝的本质在于,他知道什么是善恶。因为他知道这一点,所以他也同样想要善行被实施,恶举被抑制。他的知识就是他的意志。他的理性是一种实践理性。正是这种上帝的理性为——有原罪的——人类所学会和掌握。

  42. 对逻辑上站不住脚的实践理性概念的伦理学冥想是如此顽固,这一点不单可以从宗教—神学观念对于其施加的影响得到说明。这一概念满足了这种冥想的基本需求。如果构成伦理价值尤其是正义价值的规范以理性、而非某种有别于理性的人类能力(其意志)为出发点,如果在某个道德规范(它将特定行为作为应然之事联结于特定条件)中,这种联结不是通过人类意志行为来进行的,故而——在此意义上——不是任意专断的,而是像自然法则中条件和结果间的联系那样独立于人类意志,那么在此角度下就不存在物理或数学法则与道德法则之间的区别,那么就可以

(接上页)效力;否则统治者的意志就可能更多是不法,而非法律了"[德语版参见 Thomas von Aquino, *Summa Theologica* (Anm.21), I-II, q.90 a.1 ad 3(Bd.13, S.7)]。

I-II,91, Art.3:"正如所说的([q.]90, [a/]1 Zu 2),法律是指向行为的理性的一种指令。但现在指向行为之理性的思考路径与指向认识之理性的思考路径是相似的:两者都从原理推展出结论句(同上引)。据此人们必须说:在指向认识的理性中,从不可证明的天然知晓的原理推导出不同学科的结论句(对它们的认知并没有天然地进入我们的认识之中,而是要靠理性的努力来加工)。同样,人类理性必须像从普遍和不可证明的原理出发那样,从自然法的命令出发过渡到对个人的指令。而这些针对个人的指令(人类理性发现了它们)被称为人法;在此当然要保留……属于法律之本质的其他……特征"[德语版参见 Thomas von Aquino, *Summa Theologica* (Anm.21), I-II, q.91 a.3(Bd.13, S.23f.)]。

如果实践理性的功能与理论理性一样,也即从一般性推断出特殊性,那么它就是认知功能,而非意志功能。如果实践理性从向其给定的、只能由其来认识的自然法规范出发,通过推断推导出了特殊规范,那么它就不能被称为制定规范的理性,对于它,就不能够说:"命令是一种理性行为"(德语版参见 Thomas von Aquino, *Summa Theologica*, I-II, q.17 a.1)。

[80] 乌兹(Utz, op.cit, S.403f.)强调,按照托马斯的神学,自然法并非由上帝创造,而是可以通过诉诸上帝的本质自身来证立,这一点最终说明:"在上帝的本质和上帝的自我认识中存在对自然法之理性的最深层的证立"。但这是一种——从经验理性的立场来看——高度非理性的理性。

[81] *Genesis*, II, 9, 16, 17.

[82] *Genesis*, III, 4, 5.

主张有这样一种正义规范（人们伪称在理性中找到了它），它就像这一命题——加热会使得金属体膨胀，或那一命题——二加二等于四一样是无可争辩的。格老秀斯通过提出其主张——自然法规范是有效的，即便人们能够说（事实上人们是没法说的）不存在上帝——想要达成的目标是，这些规范的效力就像数学命题那样客观，也即在很大程度上脱离任何专断性、因而是无可争辩的："虽然上帝的权力是无限的，但仍有某些东西处于这种权力之外……就像上帝也不能使得二加二不等于四，他不能使得本质上（也即从自然出发）为恶的东西变得不是恶。"〔83〕

43. 在康德伦理学（它建立在实践理念概念的基础上，并因其作者之名有极大权威）中，还添上了另一种动机。它的关键在于，借助实践理性来"挽救"意志自由这一神学教条（他不可能让它在理论理性面前成立〔84〕）。他说："现在我主张：我们必须赋予每个理性生物（它具有意志）必要的自由理念，它只根据这种理念来行动。因为我们认为这种生物具有理性，它是实践的，也即就其客体而言具有因果性。（这意味着——正如从大量的其他地方所得知的——一种立法性的理性。）那么人们就不可想象有这样一种理性，它通过其自身的意识从他处获得关于其判断的某种控制，因为这样一来主体就不会将判断力的确定归属于他的理性，而是归属于某种动力。它必须视自己为其原则的缔造者，独立于外在的影响；因而它必须被视为实践理性，或被其自身视为自由的某种理性生物的意志；这意味着，意志自身只有在自由理念下

---

〔83〕 Grotius, *De Jure Belli ac Pacis*, Lib. 1, Cap. Ⅰ, Par. Ⅹ, 5:"自然法是如此不可变，以至于上帝自己也无法改变它。因为尽管上帝的权力是无法度量的，但人们依然可以说出它无法延及的具体事物，因为相同的事物只能被说出，却不涉及其所指对象的意义，这是自相矛盾的。故而就像上帝几乎不能产生这样的影响，即二加二不等于四，他也不能产生这样的影响，即使其内在本质很糟的东西变得不糟糕"〔德语版参见 Grotius, *Recht des Krieges* (Anm.78), Ⅰ, Ⅰ, Ⅹ, 5 (S.74f.)〕。

〔84〕 Kant, *Kritik der reinen Vernunft*, Ⅲ, S.331:"可即便至多有一种先验能力屈服于自由，为的是开始改变世界，这种能力也必然处于世界之外（虽然这依然是一种冒险的自负，即假定在所有可能观点的整体外还有一个对象，它无法以任何可能的方式被察知）。只在世界本身中将这种能力赋予实体不再可能被允许，因为这样一来，必然根据普遍法则来确定的现象间的彼此联系（人们称之为自然），以及经验真的特征（它将经验与梦想区分开来）就会在很大程度上与它一起消失。"——也可参见 *Grundlegung zur Metaphysik der Sitten*, Ⅳ, S.448.

才能成为一种自我意志,故而在实践意图中必须被给予所有理性生物。"[85]意志是自由的,因为实践理性是自由的,而实践理性就是意志。实践理性是自由的,因为它同时是理论的、认知的、判断的理性。而判断理性是自由的,因为判断是这种作为认知能力——而不是别的能力,因为判断力是认知理性、也只是这种理性的一种力量——之理性的一种特殊功能。这里体现了它的"自由"。问题在于,理性基于对事实的认知作出的实然判断是否与它基于对由意志行为制定之规范的认知作出的判断属于完全不同的类型,理性的"自由"(它体现为,判断是其、也只是其特殊的功能)就其判断而言是不是完全不同于意志自由(它体现为,意志不由因果决定)的东西。但在这里,这些问题可以放在一边。无论如何,康德似乎认为,理性的"自由"就其判断而言要比意志自由更为不言而喻、更不容易受人指摘。为了能将理性的"自由"就其判断而言(也即认知理性的自由)归于意志,康德必须将意志等同于理性。被等同于意志的理性就是实践理性。[86]

康德一再强调,实践理性是意志。他说:"意志不外乎是实践理性。"[87]他将"实践理性"等同于"意志",因为他在"实践理性"这一表述的后面加上了括号"(意志)"。[88]只因为他在实践理性中看到了意志,所以他就可以将这种理性描述为立法性的。关于理性,他认为它"要求的是应当如何行动"[89],他提示我们注意"理性

---

[85] Kant, *Grundlegung zur Metaphysik der Sitten*, Ⅳ, S.448. - *Kritik der reinen Vernunft*, Ⅲ, S.521:"但理性本身是否通过这些行动——由此它规定了(实践)法则(它说的是应当发生什么)——还是要由其他影响来决定,在感官力的意图中被称为自由的东西,就作为发挥更高和更广泛之作用的原因而言,是否可能仍然属于自然。这与我们的实践并不相关(因为我们首先只是去询问涉及行为规定的理性),而只是一个纯理论问题,我们可以将它放在一边,只要我们的意图指向的是行为或要求。故而我们通过经验将实践理性认识为一种来自自然原因的、也即一种由意志规定的理性的因果性,然而先验自由要求这一理性本身(就其开启一系列现象的因果性而言)独立于感官世界的一切规定性原因,并因而看起来有违自然法则,也违背一切可能的经验。"这意味着:理性虽然是现象的原因,但本身不是某个原因的结果。理性是自由的。

[86] Thomas von Aquino, *Summa Theologica*, Ⅰ-Ⅱ, 17; Art.1:"自由的根源是好比底座的意志:但作为它原因的是理性。因而意志可以自由涉入不同的事物,因为理性可以拥有关于善的不同观点。因而哲学家这样来确定自由(选择决定)意志的概念:它……是由理性自由作出的判断,就仿佛理性是自由的原因一般。"[德语版参见 Thomas von Aquino, *Summa der Theologie. Zusammengefaßt*, eingel. und erl. von Joseph Bernhart, Bad.2: Die sittliche Weltordnung, Stuttgart 1954, Ⅰ-Ⅱ, q.17 a.1 (S.103f.)]自由的根源虽然是意志,但自由的原因却是理性。

[87] Kant, *Grundlegung zur Metaphysik der Sitten*, Ⅳ, S.312.

[88] Kant, op.cit, S.441.

[89] Kant, *Metaphysik der Sitten*, Ⅵ, S.216.

为我们规定的是什么"〔90〕。他说,理性本身为理性存在者规定了应然。〔91〕道德形而上学是必要的,这是为了研究"存在于我们理性之中的实践原则"〔92〕。道德法则适用于人类,"因为它来源于我们作为智识的意志,故而来源于我们的本我"〔93〕。康德承认,规范只有通过意志行为才能被制定。他说:"法则来自意志……"〔94〕因此,他只有由此才能来维系其命题(理性为人类规定道德法则),即他将作为实践理性的

---

〔90〕 Kant, op.cit, S.218.

〔91〕 Kant, *Grundlegung zur Metaphysik der Sitten*, Ⅳ, S.460.

〔92〕 Kant, op.cit, S.390.

〔93〕 Kant, op.cit, S.461. 道德法则来源于人类作为智识的意志,这一点体现了意志的自治,康德将此宣为道德性的最高原则(op.cit, S.440)。根据自治这一原则,是人类的实践理性构成了道德立法者。在此角度下,看起来就可以将康德的实践理性与托马斯·冯·阿奎那的实践理性(ratio practica)区分开来,后者在人类的实践理性中只看到了对上帝之理性的参与,上帝才是道德立法者。但康德无法维系人类的道德自治原则,因为他——恰恰是通过人类的实践理性——试图去证明作为最高道德立法者之上帝的存在。在他的《批判力批判》(Ⅴ, S.444)中,他说:"由于现在我们只承认人类是为创造目的的道德存在者,故而我们……在我们理性状态看来就自然目的与合乎知性的世间原因之间的必然关系拥有一种原则,将这一首要原因的本质与属性设想为目的王国的最高理由……从这一被如此确定的原初生物的因果原则出发,我们就不仅必须将它设想为智识且对于自然具有立法性,而且必须将它设想为某个目的之道德王国中的立法首脑。"故而不是作为意志的人类智识,也非作为智识的人类意志,而是作为意志的上帝智识或作为智识的上帝意志,最终从中肇生出道德法则;不是人类,而是上帝,是原初生物,才是道德立法者。在《道德形而上学的奠基》(Ⅳ, S.455)中,我们可以读到:"故而道德应然本身是作为智识世界之成员的(人类的)必要意愿,只有当他同时将自身视为意义世界的成员时,道德应然才被其设想为应然。"对于作为智慧生物的人类而言,不存在什么应然,故而没有什么命令在发挥作用,因为意愿与应然是同起同落的。但这样一种智慧生物(其意愿对于经验生物而言是一种应然)只可能是上帝。康德也说(op.cit.S.414):"因此,对于上帝的意志,且在一般意义上对于神圣意志而言,没有什么命令;因为意愿自身已必然与法则(也即与应然)取得一致。"依照《批判力批判》(S.444),我们必须将上帝这种原初生物设想为"全知""全能""全善且公正"的。如果上帝必须被假定为最高的道德立法者,那么道德义务就不能被标识为,或无法被充分标识为,人类自身的理性所下达的命令,而必须被视为上帝的命令,或至少也要被视为上帝的命令。虽然康德在《道德形而上学》(Ⅵ, S.491)中说:"在伦理学(作为内在立法的纯粹实践哲学)中,只有人对人的道德关系对于我们来说才是可理解的:但上帝与人类之间的关系完全超越了这一界限,对于我们来说完全不可理解。"但在《纯粹理性界限内的宗教》中,他说:"故而道德会不可避免地导向宗教,由此它被扩展为这样一种理念:除人类外还有拥有权力的道德立法者"(Ⅵ, S.6);"(从主观角度来观察)宗教是将我们所有义务视为上帝之命令的认知"(S.153)。而在"康德遗著"(dargestellt und beurteilt von Erich Adickes. Kant-Studium No.50, 1920, S.802)一文中可以发现这样的句子:"道德—实践理性包含这样一个绝对命令,即将所有的人类义务都视为上帝的命令。"

〔94〕 Kant, *Metaphysik der Sitten*, Ⅵ, S.226.

理性等同于意志。但另一方面,康德又十分清晰地区分了作为认知能力的理性与作为欲求能力的意志。这一点从上面的引文中就可知晓,因为他以一种"拥有意志之理性生物"的观念为出发点,从而将理性与意志预设为人类的两种不同的能力。偶尔他会将人类称为"拥有理性和意志的生物"[95]。理性**和**意志,而非作为意志的理性。康德说,"作为实践能力的理性"是作为"应当对意志施加影响之"能力的理性。[96] 只有当理性和意志是两种不同的能力,而非当两者等同时,理性才能对意志施加影响。在《**实践理性批判**》中,他说:在其实践运用中,"理性从事着确定意志之理由的活动"[97]。故而理性,即便在其实践运用中,也不是意志,它"忙于"意志及其确定理由,也就是说:它试图将意志断定为一种向它给定的对象。在其他地方他又说:"故而意志是这样的欲求能力,它不仅(像专断那样)要被视为涉及行动,而且毋宁说它要被视为涉及关于行动之专断的确定理由;在它自身之前本就没有任何确定理由(也即:它是自由的),而是理性实践本身,只要它能够确定专断。"[98] "只有理性生物才拥有这种能力,即**根据**法则的**观念**或者说根据原则来行动,或者拥有一种**意志**。由于为了从法则推导出行为要求具备**理性**,所以意志不外乎是实践理性。"[99] 故而实践理性的概念是对彼此根本上有别、且同样被康德自己区分开来的两种人类能力[100]

---

[95] Kant, *Grundlegung zur Metaphysik der Sitten*, IV, S.395.
[96] Kant, op.cit, S.396.
[97] Kant, *Kritik der praktischen Vernunft*, V, S.15.
[98] Kant, *Metaphysik der Sitten*, VI, S.213.
[99] Kant, *Grundlegung zur Metaphysik der Sitten*, IV, S.412.
[100] Kant, op.cit. S.391. 如果像康德所主张的那样,理论理性与实践理性是同一种理性,且两者都是认知能力,那么就不可能从实践理性的角度出发将某事认定为真的或主张为存在的——只要它不能从理论理性的角度出发被认定为真的或主张为存在的,就像上帝存在、灵魂不朽,尤其是意志自由那样。康德说(*Kritik der Urtheilskraft*, V, S.456):"故而最高道德立法者的现实只是对于我们理性的实践运用而言才是充分的,而非就他的存在作了某种理论上的规定。"这意味着,"上帝存在且制定道德法则"这一命题只有从实践理性的立场出发,而非从理论理性的立场出发,才是真的。康德明确区分(op.cit. S.461ff.)了两种类型的"主张为真":人们将被证明之事当作是真的,但对于每种证明要求,"它不是劝服,而是说服"。"基于说服的证明可以……是双重类型的……在第一种情形中,它建立在针对确定性批判力之充分原则的基础上,而在第二种情形中,仅仅建立在针对反思性批判力之充分原则的基础上。在后一种情形中,它(建立在纯粹理论原则的基础上)无法对确信发生影响;但如果它以某个实践理性原则为基础(因而它一般性地和必然地起作用),那么它就可以去主张一种在纯粹实践的意图中充分的也即道德的确信";但这就意味着:主张为真。"对于作为某种神祇的原初生物或者作为某种不休之精神的灵魂的存在而言""即便只(转下页)

之不容许的混淆的后果。康德承认:"最终只能有一种且是同一种理性,它只有在运用(为理论理性和实践理性)时才必须被区分开来。"如果它只是**一种**理性,那么它在它的两种运用情形中就都能被认可;那么它就只能鉴于其对象(认知对象)被区分开来,当认知取向于实然、取向于现实的事实时,它就是理论理性,当认知取向于应然、取向于由意志制定的规范以及由这些规范构成的价值时,它就是实践理性。如果理论理性与实践理性是同一种理性,那么它就不能作为理论理性来认知,而作为实践理性来发挥一种与此截然不同的功能,即意愿。

虽然康德将伦理学称为"科学"和"理性认知",并以此区别于物理学这种科学:后者"必然与自然及其法则相关",而前者与一切事物应当如何发生的法则相关,也即与规范(道德规范)相关,故而伦理学与物理学一样只能去认识向它给定的对象,但他主张,是伦理学赋予了作为具有理性天赋之生物的人类以法则。"运用于人类的道德哲学并非来自对人类最低限度的认知(人类学),而是给予他(作为理性生物)**先验**法则。"[101]被称为伦理学或道德哲学的理性知识是立法性的。伦理学与道德、知识与其对象被等同了。这是实践理性概念的后果。它同样被表达为,就像将伦理学与道德相等同那样,康德也将法律科学与法相等同。他说:"制定法的整体(对此一种外在立法是可能的)称为法学说(*Jus*)。假如这种立法实现了,它就是实在法的学说。"[102]

康德认为,道德规范具有拘束力的理由"必然不在人类的本质或(他被创制的)世界的环境中去寻找,而只是**先验地**存在于纯粹理性的概念之中"[103]。故而看起来他——至少在伦理学的领域中——拒绝了一种自然法的论证。但由于在康德看来,

---

(接上页)是为了对最低限度之真主张发挥作用,对人类理性来说,它是不可能通过理论意图来证明的"(op.cit, S.466)。"相反,对我们发挥作用的最高终结目的(借此我们完全可以被评价为某种创造自身的终极目的)是一种理念(它对于我们来说在实践关系中拥有客观现实性)和事物;但这是因为我们无法出于理论意图去获得这一概念的现实性,而只能获得纯粹理性相信的事物(但同时还有与之相伴的上帝和不朽),以作为这样的条件,据此我们可以根据我们(人类)理性的性状去设想我们的自由具有合乎法则的使用效果的可能性。但主张相信之事物为真是纯粹实践意图中的主张为真,也即一种道德信仰,它无法向理论理性认知,而只能向实践的、指向其义务之遵循的纯粹理性认知,证明什么……""信仰(作为习惯,而非行动)是在主张理论认知无法企及之事为真时理性的道德思维方式"(op.cit. S.471)。——故而康德关于理论理性与实践理性的区分最终被证明是这种双重真理学说(它在中世纪哲学中扮演着重要角色)的一个变种:某事根据理性与哲学为真,但根据信仰与神学为假。主张这一学说在根本上是出于这一目的,即为了捍卫哲学,使之免于神学的侵犯。但在康德那里它具有相反的功能:它要捍卫神学而反抗哲学。

[101] Kant, *Grundlegung zur Metaphysik der Sitten*, IV, S.389.
[102] Kant, *Metaphysik der Sitten*, VI, S.229.
[103] Kant, *Grundlegung zur Metaphysik der Sitten*, IV, S.389.

纯粹理性（他在这里指涉的就是这种理性，而非实践理性）是人类的认知能力，且由于他（就像从上文所引之处可知的那样）假定实践原则"存在于我们的理性之中"，所以在他的伦理学与关于理性法的自然法学说之间存在一种十分紧密的亲缘关系。这种亲缘关系基于那两种共同的实践理性概念之上。

44. 从这一洞见——人类的行为最终并非由理性，而是由其感觉来确定的——出发，最近又出现了这样的努力，即从人类的法感（Rechtsgefühl）出发推演出普遍有效的正义规范，故而去维系受相对主义及导向"怀疑和疑虑"的实证主义威胁的自然法学说。[104]

根据"法"（Recht）这个词在惯常语言用法中的两种不同含义（即实在法与正义），"法感"一词被用来称呼两种大相径庭的现象，它们必须被清晰区分开来。假如可以考虑的"感觉"涉及的是实证意义上的法，那么人们由此称呼的就是这种心灵立场：它要么表达为不赞成，借此生活于某个实在法秩序之下的人对（首先是自己的、但也包括其他人的）某种违法举措作出回应；要么表达为赞成，借此他对（首先是自己的、但也包括其他人的）某种合法举措作出回应。人们可能首先会反对道，这种回应并非那么源于某种敏感的情绪，而更多是源于某种偏好情绪。如果人们论及"法感"说，它"要求"察知自身的法，但也"敦促"去承认他人的法，[105]那么人们由此想到的是，用某种要求来表达"法感"，故而不如说是作为希望或意志的法感。由于法秩序只能由此来保障权利，即它规定了相应的义务，所以所谓的法感是这种希望或意志：合法、而非违法被对待。对于评判用法感来证立某种自然法学说的做法而言，更重要的是这一事实：对违法对待之不赞成，一般而言，要比对合法对待之赞成强烈得多；且首先在于这一事实：由于只有一种在所有人那里都可以被观察到的法感才能成为普遍有效之正义规范的基础，所以只有对某人自身遭受之违法行为的不赞成才被考虑进来。为德雷福斯（Dreyfuß）所遭受之不公正抗争的左拉（Zola），要比为自身的权利而斗争的米夏埃尔·科尔哈斯（Michael Kohlhaas）少得多。* 大多数人都将对他人所受之违法对待的不赞成留给这一他人去作出。拉罗什福科（La Rochefou-

---

[104] Helmut Coing, *Die obersten Grundsätze des Rechts*. Ein Versuch zur Neugründung des Natuerechts. Heidelberg, 1947, S.7, 11.

[105] Coing, op.cit. S.22, 23. 他说（S.21）：法感"想要"看到理念被实现，并且（S.24）法感"要求"相同对待。

* 爱弥尔·左拉（Émile Zola, 1840—1902），法国自然主义小说家和理论家，自然主义文学流派创始人与领袖。在著名的德雷福斯事件中，他以《我控诉》为通栏标题发表了一封致总统的公开信，痛斥政府的民族沙文主义和反犹主义。米夏埃尔·科尔哈斯，是德国剧作家海因里希·冯·克莱斯特（Heinrich Von Kleist, 1777 - 1811）现实主义代表作中篇小说《米夏埃尔·科尔哈斯》（1810）的主人公，是16世纪德国农民战争时期的一个贩马者。——译者注

cauld)**的箴言之一说的是:"对正义的热爱只是对遭受不公正的恐惧。"[106]但首先要看到,这种所谓的法感并没有彰显出人类的本质也无法从中推演出自然法。不仅是因为这里所考虑的法不是自然法,是实在法,而是因为规范(当其被违反时感觉以不赞成作出回应,当其被遵从时它以赞成作出回应)并非为这一感觉所固有,因而无法——像自然法的规范那样——从法感被推演出来。规范为以其感觉作出回应之个人所知悉;它被他意识到、而非感觉到。这里所考虑的法并非——像从法感中推演出的自然法那样——是这种法感的结果,恰恰相反:法感是——实在——法的结果。只因为如此,这种所谓的法感(或更正确地说,是由此被想到的要求)才能拥有一种被清晰确定的、也即由实在法秩序确定的内容。

在第二种意义中,所谓法感是一种正义感。它表达为这样一种不赞成,借此某人对其自身所受、有时也对他人所受的他——在不考虑实在法的前提下——认为不公正的对待作出回应,或者表达为这样一种赞成,借此某人对他认为是公正的对待作出回应。显然,如果人们主张,它是一种每个人所固有的"原初感"(Urgefühl),它所"针对"的"原则"是正义,那么重建自然法的努力涉及的就是这种法感。[107] 如果某人合乎感觉地去反对对其自身或他人的特定对待方式,认为那是不公正的——如反对他或她人作为特定种族成员而被摒除政治权利,那么这是因为他预设了这种正义规范:所有人都应当被平等对待,即不考虑其种族。这一规范并非直接内含于对被认为不公正之对待方式的回应所引发的感觉之中。当回应针对某种与之相矛盾的对待方式作出时,这一规范必然已经出现在他的意识之中。因而它无法从这一感觉中被推演出来。但如果人们去追问被预设之正义规范的来源,即如果人们去问,为什么有人将这一规范预设为有效,因而认为对所有人(不考虑其种族)的平等对待是公正的且要求这种对待,当然人们就必须确认,这种预设具有情绪性的起源、而非理性的起源。人们可以将关于什么是公正之观念的这种情绪性起源(在正义感的意义上)称为法感。但这种法感不可能成为自然法的基础。因为这种法感对于不同人而言大相径庭。没有人能够否认,就像一个人的法感要求平等对待所有人而不考虑种族,另一个人的法感会要求考虑到种族时作不平等对待。人类的这种法感,就像我们在前文中曾分析过的正义规范那样,不同且相互冲突。同样无法否认的是,在不同的社会中人类的法感大相径庭,且随着发展的过程会发生剧烈变迁。尤其无法否认的是,甚至在同一个社会、同一个时代,属于不同阶级、阶层、职业的人的法感也是不同的,且可能连带其要求一道会陷入冲突,事实上也发生了冲突,因为恰恰是这

** 拉罗什福科公爵(1613—1680),法国思想家、投石党运动的先驱,编写有《箴言集》(1665)。——译者注

[106] La Rochefoucauld, *Maximes*, 1665, No.78.

[107] Coing, op.cit. S.22, 29.

些人所预设的正义规范(它们被呈现为放置于其正义感中的理念)大相径庭且相互冲突。一位属于工人阶级的社会主义者基于其法感十分坚定地不赞成他不得不生活于其下的法秩序,认为它是不公正的剥削组织,而被这一法秩序赋予特权的有产阶级成员基于其法感恰恰赞成将这一法秩序视为是公正的。如果假定法感极大地参与了法律创设,故而实在法秩序与统治群体(法秩序来源于这一群体)的法感相符,那么就只能以此来说明这一事实,即有效的法秩序是如此根本地不同(就像资本主义法秩序与共产主义法秩序、专制法秩序与民主法秩序那样):塑造这些法秩序的人类法感是不同的。是的,甚至同一个人的法感也可能以大相径庭、彼此矛盾的方式作出回应。一个普通的士兵依照其法感可能不赞成军官获得更好的待遇,认为这是不公正的,因为这有违他所预设的正义规范,即所有人都应当被平等对待。当晋升为军官后,他就可能会基于其法感赞成这种差别对待,认为这是公正的,因为他现在——由情绪来确定——预设了这一正义规范:每个人都应当按照其地位被对待。只有当能够证明有某种特定的、在所有人那里都相同的法感内容时,当所有人的法感在相同情形中会要求相同的对待时,从人类法感中获得为塑造实在法所需的某些最高原则、从而获得对其进行评价的确定标准才能——假如能够的话——成功。但这一尝试是失败的,因为这种内容无法被证明:人类法感所要求的对待与许多彼此相异之正义规范中的任意一个相符。这一尝试之所以失败,还因为与表述某个"抽象"正义规范之尝试的失败一样,它规定了特定的对待方式,这种对待方式包含着不同具体正义规范所要求的对待方式共有的要素。这里涉及的基本上是同一种尝试。[108]

但首先,通过演绎法是无法从人类法感出发来证立任何自然法的。特定对待方式是被自然法所要求的,这意味着,这种对待方式在客观上是公正的。从这一事实——人类具有主观感受,特定对待方式是公正的,因而根据其观点应当来施行——得不出,这种对待方式在客观上是公正的;即便当所有人的法感都相同时,也即在相同情形下会要求相同对待方式(视为公正的)时,也得不出这样的结论。感觉、也包括法感,是一种实然事实;而从一种实然事实是无法推出任何应然规范的;但获得规范、正义规范、"法的最高原则"是重建自然法的关键所在。

45. 由于自然法学说的目标是正义(即某个公正之法的规范),且由于不像这一学说的主张者所相信的那样只存在一种正义规范,而是存在大量极尽不同且彼此对

---

[108] 科殷(S.22)说:法感"要求相同对待。只因为在它承认差异的地方,它也容许作不同对待,并认可'各得其所'这一原则"。先不管这一原则只是诸多正义原则(它们来自不同法感)中的一个,不同正义感,也即从它们中肇生出的正义规范,也承认大相径庭的差异是重要的。只有一种法感要求相同对待:预设了这一正义规范(所有人在所有情形中都应当被平等对待)之人的法感。其他所有法感都要求不平等对待。但的确没有一个人会允许其法感完全不考虑不平等的。

立的正义规范,进而,由于正义规范或正义诸规范并不像自然法学者所假定的那样内在于自然,所以不能在其中被发现或从中推演出来,而是被自然法学者所预设的,所以他们根据所预设的正义规范必然会得出大相径庭且相互冲突的结论[109];自然法学说的历史证实了这一事实,它一直以来也与这种学说相对立。因此,不言而喻的是,自然法学说必然完全无法来回答我们时代的这两个关键性的正义问题,即民主抑或专制的问题,以及自由经济(资本主义)抑或计划经济(社会主义)的问题。如果人们相信(因为人们如此预设)能在自然中发现(作为自决的)自由的正义规范,那么人们就会宣称民主和自由经济体制以及对私有制的保障是唯一合乎自然的、也即公正的社会秩序。如果人们相信(因为人们如此预设)能在自然中发现要求满足所有人的经济需求、他们的经济安全的正义规范,那么人们就只会将实现这一理想的社会秩序辩护为合乎自然的、也即公正的——即便当,或恰恰因为,它只通过由产生资料集体所有制所确立的计划经济和专制方式来实现这一点。事实上,洛克(Locke)从自然中推演出了民主,菲尔默(Filmer)从自然中推演出了专制,坎伯兰(Cumberland)从自然中推演出了私有制,摩莱里(Morelly)从自然中推演出了集体所有制。借助自然法学说的方法,人们就正义问题可以证明一切,因而什么也证明不了。

46. 这一无可辩驳的反对意见——自然法学说迄今为止都无法表述出普遍的、时时处处在一切情形中都有效的正当行为的规范,也即确认一种不可变之自然法——导向了一种可变自然法的理论。人们承认,人类的社会行为规则(自然法可以立基于此)并非像自然科学所表述的自然法则那样是不可变的,而是随着社会生活、政治和经济环境的变化而变化。由此可以认为,人类的本质也在变化,就像它在不断变迁的政治和经济环境中通过其对于此的回应所显现出的那样;故而压根就没有什么不可变的人类本质,因而也没有什么可从这一本质推演出的、不可变的自然法,而只有一种可变的,也即在不同时代、不同地点在不同社会中不同的自然法。但通过这一理论也只能认为,除了不可变的人类本质外还有一种可变的人类本质,因而就像从前者那里可推演出一种不可变的自然法那样,从后者那里可推演出一种可变的自然法。

首先,针对可变自然法理论可以提出一种与针对不可变自然法理论一样的反对意见:从一种可变的人类本质出发,就如从一种不可变的人类本质出发一样(它们都是事实),无法推演出规范,人类社会行为之可变的实然规则就像不可变之自然法则那样无法被转化为应然规则。如果人类本质并非不可变,如果从中——假如终究可以推出规范的话,那么——无法推演出关于正当行为之不可变的规范,那么就不可

---

[109] 参见我的论文:Hans Kelsen,"The Natural-Law Doctrine before the Tribunal of Science"in:*What is Justice*,S.137ff.

能只有**一种**可被用作评价实在法塑造之固定和绝对标准的自然法,而必然存在不同的、可能相互冲突的自然法,也即只构成相对价值的正义规范。这就是相对主义的实证主义(das relativistische Positivismus)的立场。不存在不可变的自然法,只存在可变的自然法,这一理论无法用来反抗这种相对主义的实证主义(就像它试图所做的那样);因为一旦它放弃了绝对正义的观念,从而放弃将自身作为自然法学说,它就站在了这种实证主义的土壤之上。[110]

47. 因而可以理解,可变的自然法大多时候只能被描述为一种在不可变之自然法之外或之下存在的规范体系,也即人们区分了人类的两种本质或人类本质的两个层面,其中一种是不可变的,另一种是可变的,一种可用来证立不可变的自然法,而另一种可用来证立可变的自然法。例如,乌兹(Utz)[111]在其对托马斯·冯·阿奎那进行解释时,就区分了一种"普遍的人类本质,即人类的特殊天性"——它是不可变的,基于此"普遍意义上的自然法得以理解",它构造出了一种自然法"本身"、即不可变的自然法;以及一种"具体的"人类本质,它"与历史心理状态相应",也即随着不断变迁之政治和经济环境而变化,具体意义上的自然法在此基础上得以构造。它是一种有待"在具体事实状态中"被发现的法,"它产生于现时现地的事实分析"。[112] 一种只产生于对具体事实之分析的法,可能是与这种正义规范相符的法:它要求考虑

---

[110] 科殷在其上文所引的著述中致力于重建的自然法是一种可变的自然法。科殷(Op. cit. S.115)承认,随着"社会生活的变迁",法感以及与之相伴的"标准"(据此对某个法秩序的价值作出判断)也发生着改变。由此他就离开了——就像前文所指出的那样——每种自然法学说赖以可能的土壤。他试图以此来维系自然法的立场,也即从法感出发获得固定的……客观的……标准的可能性:他主张,被用作标准的价值虽然是可变的,但它们独立于作出评价的人而存在,它们并不为他们所创造,而是为他们所找到、"发现"(S.116)。当价值(就像科殷在第 11 页所主张的)浮现于人类的感受之中,当(如他所说)人类的法感"想要看到这些价值被实现",当它"要求"一种公正的对待方式时,这是如何可能的?如此一来,还是作出评价的人本身通过其"法感"制定了价值,以便继而将它们——通过其法律"意识"——识别出来。

[111] Utz, op.cit. S.401f.

[112] 这种可变自然法的概念是否可以在托马斯那里被找到,是值得怀疑的。在《神学大全》(*Summa theologica*, II-II, 57, Art.2)中,写道:"对于拥有某种不变之本质者来说自然(*naturalis*)之事,必然时时处处是相同的。但人类本质是变化的。因而对于人类来说自然之事可能有时是错的"(*illud, quod est naturale habenti naturam immutabilem, opertet quod sit semper et ubique tale. Natura autem hominis est mutabilis; et idel id quod naturale est homini, potest aliquando deficere*)。但托马斯在这里将人类本质的可变性——显然与上帝之本质的不可变性相对——理解为这一事实:人类并不总是善的,而是有时是恶的,也即,其本质可以从善变成恶。托马斯详述道:"例如合乎自然的平衡(*sicut naturalem aequalitatem habet*)要求,将寄存物返还给寄存人;如果人类本质总是一种自然正义(而这就意味着:取向于善),它就总是要得到遵守。""但因为有时人类意志会'堕落'(而这就意味着:转向恶),所以就有这样一些情形,在其中寄存物可以不(转下页)

所有可能的不平等,因而在实在法领域中导向一种自由的、不受任何实在法一般规范限制的法律发现。[113] 这种自然法事实上是可变的。它因个别情形而异,只表现为个别法律规范(它们由对具体案件的裁判构成)。只要自然法最终必须被运用于对具体案件的裁判,这种法就与一种不可变的、必然表述为一般规范的自然法完全不相容。

"具体的"自然法(它从某种具体境况中被推演出来,且体现为个别规范)就如同抽象自然法那样是不可能的,后者体现为一般规范(某些在社会现实中被观察到的实然规则被转化为了这些规范)。具体案件只有以此方式才能通过个别规范得到公正的裁判,即用(裁判机关所适用的)一般规范来处理它。这必然不是实在法规范,它也不可能内在于某种自由法律发现的体制之中,故而在此必然是其他类型的一般规范,一种一般性的正义规范;但可能在每一种情形中都是不同的正义规范。乌兹也说:"对规范的事实分析被判断为自然的。"并确认:"这些规范是从'自然本身'中提炼出来的。"但这就是普遍不可变之自然法的规范。故而依据这一理论,在对具体事实状况进行"当时当地"的分析时,运用的是这种自然法,而非可变的自然法。"可变的"自然法是这些个别规范,借此在适用不可变自然法之一般规范时,具体案件得以被裁判。

48. 就一种可变自然法的可能性而言,对这一理论的批判性检验会得出相同的

(接上页)被返还,从而并非是'自愿被误导'的人(即,其意志从善开始向恶回归的人)误用了它;就如一位癫狂者或国家公敌要求取回其寄存的武器时那样。"(*Sicut naturalem aequalitatem habet un deponenti depositum reddatur: et si ita esset quod natura humana semper esset recta, hoc esset semper servandum. Sed quia quandoque contingit quod voluntas hominis depravatur, est aliquis casus in quo depositum non est reddendum, ne homo perversam voluntatem habens male eo utatur: ut puta si furiosus vel hostis rei publicae arma deposita reposcat.*)这意味着:人类本质(这一规范与之相符,即应当将某人寄存的物品归还给他)是人类的正义本质、人类的良善本质,它如其应当所是的本质,而非其事实上所是的本质。而作为一个立基于此人类本质之上的规范,它总是有效的;因为它压根就不涉及拥有邪恶本质之人(因为他拥有邪恶意志)的情形。如果人类本质(从中可以推演出自然法规范)是人类的良善本质,那么人类的良善本质可能会变成邪恶本质这一事实就不能被用作支持一种可变之自然法的论据。如果人们不从人(寄存的物品应当被归还给他)的本质的角度出发来分析托马斯所举的例子,也会得出相同的结论。应当将寄存物归还给寄存者的规范只是对这个一般规范的适用:人们应当信守承诺,因为某个物品只是"被寄存"——如果这一物品的接收者向给予者承诺将归还它。不适用这一规范则是因为这一规范:人们不应当助纣为虐。一个规范限制了另一个规范的效力。然而反过来同样是可能的:不应当助纣为虐这一规范的效力受到信守承诺这一规范的限制。从本质无法推演出,这两种可能性中,何者应当优先。如果这两个规范都被预设为有效,那么从一开始其中一个规范的效力就受到另一个规范的限制,而无须假定会发生任何变迁。

[113] Vgl. Supra S. 669 f.

消极结论：它区分了人类本质中的不可变的"层面"与可变的"层面"，相信在不可变的自然法之外，能够将有效的可变自然法建立在人类本质之可变的层面上。[114] 因为这一理论在提出时作了这种保留，即人类本质之可变的层面最终根源于人类本质之不可变的基础，所以可变的自然法规范是对不可变的自然法规范的运用。这一理论基于教皇庇护十二世（Papst Pius' XII）的一段讲话之上，[115]它说的是："对历史和长久以来法律发展的研究告诉我们，一方面，经济和社会（很多时候还有政治）关系的变迁要求自然法假定采取新的形式，截至当时为止占支配地位的体系不再适应它，但另一方面，在发生这些变迁时自然的基本要求又不断复兴，并随着或多或少的紧迫性代代相传。"如果在"自然法假定的新形式"即可变之自然法中，"自然的基本要求"即不可变的自然法不断复兴，那么被运用的就总是只有这种不可变的自然法；且只因为，也只要它以这种"新的形式"被运用，后者就可以被称为"自然法"。

49. 如果人们认为，自然法学说的努力——在自然中去寻找从而推演出评价塑造实在法的绝对标准、也即绝对有效的正义规范——是失败的，从一种并非形而上学—宗教的观点出发也必然失败，那么人们就无法以此来为这种学说辩护，即它事实上是一种有益的学说，因为它对实在法的塑造发挥着改良性的影响，也就是说，自然法学说必然会导致对在其影响下被塑造之实在法的改进。[116] 这种"改进"只能体现为，在自然法学说的影响下被改变的法从一种——或多或少——不公正的法变成了一种——或多或少——公正的法。但在这种假定中存在一种价值判断，它预设了某个正义规范；也就是那个规范，它要求与自然法学说相符，在其影响下实在法被改造。如果必须承认存在大相径庭且相互冲突的自然法学说，故而这里所考虑的价值判断只具有一种高度相对性，那么就不能否认，在特定自然法学说影响下对实在法进行的改造，从其他自然法学说之正义规范的立场看来，并不必然是一种改进，而可能是一种恶化。故而这一主张——自然法学说对实在法的塑造发挥着一种有益的，因为是改良性的影响——导向了同义反复：如果某个实在法是依照特定自然法学的正义规范来塑造的，那么它——在这一正义规范的意义上——就是公正的。

如果考虑到由不同自然法体系构成之正义价值的相对性，那么就不能称其为

---

[114] 参见论文："Wandelbares Naturrecht" in：Orientierung. Katholische Blätter für weltanschauliche Information，No.16，Zürich，August 1956，Seite 171ff.

[115] 发表于1955年10月13日，听众为意大利国际和解研究中心（Centro Italiano di Studi per la Riconciliazione Iternazionale）的成员。引自：Orientierung, 1956，No.15, S.174.

[116] 登特列夫（D'Entrèves, op.cit. S.46）说："自然法观念的真正影响似乎更多在于其功能，而非在于其学说本身。"他援引了梅因（Maine）的话，后者在其著作《古代法》（1861）中声称，罗马法要优于印度法，因为前者，而非后者，是在自然法学说的影响下被塑造出来的。"自然法理论已赋予它一种有别于普通法律的卓越性。"

"这种自然法学说"或"这种自然法"对实在法的塑造所发挥的"有益的"或"无益的"影响,而只有在排除各种价值判断后才能来研究,不同自然法学说之事实上的功能是体现为对现行实在法(符合任意正义理想)的改造还是——相反——维系其(作为与任意正义理想相应的)各自的形态,这种功能事实上具有一种动态性,即(在价值无涉的意义上)改良性甚或革命性,还是一种静态性,即保守性。

50. 这种研究表明,正如它们的主要代表事实上所描述的,自然法学说主要被用于将既有的法秩序及其主要的政治和经济制度辩护为与自然法相符,故而具有十分保守的性质;自然法的观念只有在例外情形中才发挥改良性甚或革命性功能;当后一种功能在18世纪末的美国和法国得以发挥时,马上开始了一场反对这种自然法学说的精神运动,它在所谓的历史法学派(它是在整个19世纪占支配地位的法律实证主义的先驱)中找到了它的典型表述。

自然法学说极大的保守性是绝大多数自然法学者尤其是自然法学说的经典代表们就对于整个学说而言关键性的问题——自然法与实在法的关系——所秉持之立场带来的后果。[117]

a) 从作为内在于自然且从中可推演出之人类行为公正秩序的自然法理念可知,实在的也即由人类人为创设的法完全是多余的,而由于具有与此相关的危险,即偏离唯一公正的自然法,这样一种努力(如果仍然被采取的话)也只能是有害的。没有什么比这一点更为典型了:无论以什么方式去考察,没有任何一位自然法学者会得出这样的结论,更不要说所有自然法学者都十分强调实在法之不可或缺的必要性。[118]

---

[117] 对此参见我的论文:Hans Kelsen,"Die Idee des Naturrechts",Zeitschrift für öffentliches Recht,7.Bd.,1927,S.221ff. 以及"Naturrecht und Positives Recht. Eine Untersuchung ihres gegenseitigen Verhältnisses". Internationale Zeitschrift für Theorie des Recht,II. Bd.,2. Heft,1928,S.71ff.

[118] 在此角度下十分有特色的是,阿奎那对这一问题(Thomas von Aquino,*Summa theologica*,I-II,91,Art.3)"存在人法吗?"[德语版参见 Thomas von Aquino,Summa Theologica (Anm.21),I-II,q.91 a.3 (Bd.13,S.22)]以及这一问题(I-II,95,Art.1)"颁布人法是否有益?"[Thomas von Aquino,Summa Theologica (Anm.21),I-II,q.91 a.3 ad1 (Bd.13,S.24)]都作出肯定的回答。就第一个问题而言,他说:"人类理性[必然]进展至深入细节的制定法规。"[德语版参见 Thomas von Aquino,Summa Theologica (Anm.21),I-II,q.91 a.3 ad1(Bd.13,S.24)]就第二个问题,他说:"有一些……桀骜不驯和沉溺于恶习的人,他们难以用言辞来驱动;这些人必须通过强制和恐惧来抵挡邪恶,从而他们至少可以如此来放弃他们的邪恶动机,不干扰他人的生活,最后通过这类习惯养成使得自身自愿去做他们此前只是出于恐惧去做之事,如此形成美德。但这种由对惩罚的恐惧而强制形成的规矩就是法律的规矩。因此,为了人际和平和美德,(转下页)

b）如果——与自然法的理念相矛盾——承认实在法的必要性，那么从这一（被如此削弱了的）理念——即只有当实在法与自然法相符时它才有效，因而可以主张被遵守——可知，与自然法不符的实在法是无效的，因而没有人有义务去遵守它。这一命题虽然在原则上被大多数自然法学者所遵循，但同时也有这样的论据被提出，它们致力于使自然法与实在法之间的冲突要么变得根本就不可能，要么变得十分不可信，而针对这种情形却仍然去确保实在法的效力。

这一目标可由此达到，即人们将实在法描述为得到自然法的授权，从自然推演出规范，各个实在法都应当得到遵循。实在法或多或少被等同于自然法，由此两者间的冲突被排除或被缩减至最低的限度。这种趋势早已清晰显现在斯多葛自然法学说以及深受其影响的早期基督教神学法学说之中。

c）依照斯多葛的学说，自然法是上帝理性的表达。它不仅是超验的，而且也是固有的，因为人类参与了它，甚或可以和应当曾参与它。在人类理性对上帝理性的这种事实上或道德上所预设的参与中，斯多葛看到了"人类的本质"。这并非人类的真实本质，而是一种理想本质，它体现在，斯多葛假定有两种人类本质，一种是完美的、好的本质，一种是不完美的、恶的本质，相应也有两种自然法，一种是完美的自然法，另一种是不完美的自然法。完美的自然法（即唯一在原本和起源的意义上来自上帝之绝对正义的自然法）是一种普遍的，对所有以相同方式满足上帝理性之人具有拘束力的，不承认民族、种族或阶级之间的任何差别，不承认任何个人所有制，因而不承认贫穷与富裕、私人支配关系与公共支配关系（国家或奴隶制）之间的任何差别的秩序。但这种秩序只有在黄金时代也即完美的人类时代才有效。完美的自然法来自人类的完美本质。但它已转变为邪恶，从而黄金时代以及与之相伴的完美自然法最终已属于过去。在黄金时代之后的历史阶段中，人类的堕落使得作为规定制裁之强制秩序的实在法，以及国家、阶级和地位差异，个人所有制，有产者与无产者、自由人与奴隶等等之间的差异，成为必要。这一实在法秩序（它与黄金时代的自然法相对）来自人类本质的堕落，就此而言，其也是自然法；不是完美的而是不完美的自然法，但终归是一种自然的法，本身也是公正的。人们曾将这种自然法称为"相对的"自然法。但可以轻易看出，实在法（它与原初的自然法直接对立）毕竟不是什么自然法，不完美之自然法的概念构成了一种内在矛盾。正如我们还将看到的，对于

（接上页）颁布法律就是必要的……相比于通过强制，性善的人通过自愿遵从告诫更能坚守美德；相反，某些性恶者只有被强制才能找到通往美德之途"［德语版参见 Thomas von Aquino, *Summa Theologica* (Anm.21), Ⅰ-Ⅱ, q.95 a.1 (Bd.13, S.93f.)］。

也可参见我的著作 *What is Justice?*, S.385，所引之处来自 Melanchthon's *Ethicae Doctrinae Elementoeum Libri Duo*, 1560.

今日一再被使用的相对自然法的概念而言,同样如此。[119] 双重自然法学说是一种充满自我矛盾的意识形态,它的根本意图在于为各个实在法进行辩护。它具有十分保守的性质。这一事实说明了这种保守性:斯多葛是一种上位者也即有产阶级的哲学,它获得了大体上赋予这一阶级特权的既有社会秩序的赞同。

d) 从斯多葛那里,基督教会继受了人类的两种本质以及双重自然法的学说。《圣经》关于失落伊甸园的传说构成了从基督教神学通往非基督教哲学的桥梁。但在早期基督教(它是下位者也即无产阶级的宗教)神学中,几乎没有自然法学说(它将公正的秩序视为自然中的经验现实)的容身之所。因为这种自然(它在基督教神学中就是"世界",即与超世俗的天堂相对立之世俗界)建立在邪恶的基础上。背离这一世界、禁欲,是这种神学的道德要求,它——就像柏拉图的哲学那样——假定本质现实与一种敌对的立场相对,后者在社会现实中只看到了与即将到来的上帝之国相对立的撒旦的王国(也即对公正的上帝秩序的激烈否定)。但一旦基督教变成了上位者和有产阶级的宗教,甚至变成了国教,而基督教士变成了一个特权阶层,这种神学对作为人类及其社会之经验现实的自然的拒斥性立场就发生了改变。现在教会遵从了斯多葛的先例。它告诉我们,世界本身并不邪恶;它只是因为原罪而变得邪恶。只有在此之前,在最初生活于无辜状态中之人的伊甸园中,才适用完美的、上帝的自然法,即平等、自由和爱的共同体的自然法。但自从人类本质从善变成了恶,自从原罪降临世界,实在法以及其一切与伊甸园中无辜状态之自然法相矛盾的制度都成为必要。如果没有诞生原罪,直到今天为止,都将仍在适用原初的自然法。但即便是在原罪诞生之后生效的实在法,也像所有是其所是的法一样,都是被上帝所意愿的,都是自然法。因为它合乎根据上帝的意志变化的人类本质。就像它从善变成了恶,完美的自然法也转变成不完美的自然法。但这种转变是根据上帝的意志发生的。实在法(它表达出了不完美的自然法)是原罪带来的上帝所意欲看到的结果,同时也是他所施加的惩罚。它虽然不是完美的自然法,但毕竟也是——即便只是不完美的——自然法。尽管它不是绝对公正的,但也是相对公正的。但如果它是相对公正的,它就不是自然法了,因为后者——假如它要成为有别于实在法的事物的话——只能作为绝对公正的事物起作用。就像斯多葛一样,基督教神学同样通过其

---

[119] Vgl. infra. S.745f.

充满自我矛盾的双重自然法学说,在根本上致力于对实在法进行保守的证成。[120]

e) 因为缺乏双重自然法理论的协助,霍布斯(Hobbes)更为坚定地摒弃了自然法与实在法之间的任何冲突。他告诉我们,实在法从来就不可能陷入与理性和自然法的冲突之中,因为自然法与实在法彼此处于关联之中。自然法包含实在法,实在法是自然法的一部分。对实在法的服从是自然法的要求。[121] 那些宣称自然法与实在法的冲突虽然在理论上是可能的,但在实践上却基本要被排除的自然法学家,也没有走得更远,因为只有丧失一切理性的掌权者或者希望导致法律共同体解体的人,才会制定与自然法相悖的规范。[122] 某个实在法秩序大体上长久以来具有实效故而构成某个法律共同体,这一事实证明,它与自然法并不对立。只要这种实效构成实在法的效力条件,这一论据就最终会导向实在法与自然法的等同。这种等同也是这一命题的结果:相对于有效的实在法,总是存在这一假设,即它与自然法相

---

[120] 对此参见 Ernst Troeltsch,"Das stoisch-christliche Naturrecht und das moderne profane Naturrecht". Historische Zeitschrift, 106. Band, 1911, S.237ff.;以及 derselbe, Die Soziallehren der chrislichen Kirchen und Gruppen. Gesammelte Schriften, 1912,Ⅰ. Bd., S.52ff., 162. 特勒尔奇(Treoltsch)称之为斯多葛的"双重道德"。他说(op.cit. S.105):"此外,双重道德思想在斯多葛那里有其对应物和现行者,它同样针对其生活所必要的严格性假定了一种较高的道德与一种较低的道德,一种完美的美德与一种中等程度的美德。这种对应关系不可忽视。教育学家克莱门斯(Clemens,Ⅲ 11)和官员安布罗修斯(Ambrosius,Ⅰ 36—37)已通过明确援引斯多葛的观点继受了这一区分。"——伦理学领域的双重道德观对应于自然哲学领域的双重真理。——在其论文《斯多葛—基督教自然法》(S.251)中,特勒尔奇说:"如此一来,教会自然法看起来就像是对那种谦恭地顺从于这种权力之权威的礼赞:它只有通过父权主义才能缓和对国家、家庭、采邑制、农奴制领域之统治权的屈从。与此相关,它看起来就像是上帝的惩罚和上帝对历史的侵入,而它通常会得到一种作为上帝之任意专断设立的十分实证主义的外观。"在特勒尔奇看来,路德的自然法学说尤其具有保守性。他声称(Op.cit. S.256):"路德的自然法是对统治权的高度保守的礼赞,也是对阶层和职业体系中父权主义的默认,而其自身内在的基督教内核与一切政治和社会事务根本无关——如果我们要去服从它们,并以其形式尽可能地去尽情享受爱欲感官时。这就是留存至今的路德主义的本质:一种高度保守的、对权力进行礼赞的父权主义自然法和一种对固有宗教感的最隐秘的政治—社会性的中立,它在今日之社会关系中构成了路德教会主义的政治—社会虚弱。"

[121] Hobbes, *De Cive*, chap. Ⅳ, sec.10;不可能"有任何民约(即实在)法(无论它是什么),不倾向于应答上帝……倾向于反对自然法"。以及 *Leviatham*, Part Ⅱ, chap. ⅩⅩⅥ:"自然法与民约法彼此包含,外延相同……自然法……是世界上所有英联邦国家的民约法的一部分。同样相互地,民约法也是自然诫命的一部分……英联邦中的每一个主体都立约遵守这种民约法……因而服从民约法也是自然法的一部分。"也可参见我的论文:Hans Kelsen,"The Natural Law-Doctrine before the Tribunal of Science" 载于论文集:*What is Justice*?, S.144f.

[122] 例如,参见普芬道夫 *What is Justice*?, S.145f.

符。[123] 当人们主张**各得其所**原则是自然法的正义规范时,也会得出相同的结论。[124] 因为——正如所说明的——只有在某个实在法秩序也即任一实在法秩序下,它才能适用,所以每个实在法都可以被视为与这个原则相符。

f) 某个实在法整体或这一法的特定规范是与实在法相符还是不相符,这个问题是对实在法的解释问题。故而,关于某个实在法或它的特定规范出于与自然法的关系是要被视为有效还是无效的判断,要留待那些有权对实在法进行真意解释的人来作出。这可以是任何屈从于实在法的人,但解释也可以被保留给制定实在法的权威。如果是前一种情形,那么就存在完全的无政府主义的危险。如果是后一种情形,那么实在法会与自然法陷入冲突的判断就基本会被摒弃,甚或被缩减至最低限度。自然法学者现在指出了这种特别明显的倾向,即将对实在法就其与自然法之关系的解释保留给制定实在法的权威。[125] 虽然有时我们会被告知,必须拒绝服从某个与自然法陷入冲突的法,但这一要求就此而言会受到极大的限制,即,如果对服从的拒绝是与不快或危险相联系的,那么它就不被视为具有拘束力。[126] 在此方向上还有这种大体上属于拒斥性的立场,它是自然法学者针对所谓抵抗权提出的。[127] 最后要提一提这种学说,它试图由此来确保实在法相对于与之相冲突的自然法的效力,即它将后者的功能还原为一种纯粹的"批判性—规范性理念"。[128] 用以衡量某个实在法的自然法虽然可以被用作评价这个法是否公正的标准,但它无法对其效力提出质疑。

从上所说可知,自然法学说——根据其理念,它必须否认实在法**本身**有任何效力——在其事实上的阐述中大大强化了这种实在法的权威。

51. 有时人们相信,自然法学说(它试图去解决绝对正义的问题)能够以此来证

---

[123] 例如,参见普芬道夫 op.cit. S.147.

[124] Thomas von Aquino, *Summa theologica*, Ⅱ-Ⅱ, 58, Art.11; 关于普芬道夫,参见"The Natural-Law Doctrine before the Tribunal of Science", op.cit. S.147f.

[125] 例如,参见霍布斯和普芬道夫 op.cit. S.146ff. Thomas von Aquino, *Summa theologica*, Ⅰ-Ⅱ, 96, Art.4; Ⅱ-Ⅱ, 12, Art.2.

[126] 例如,参见 Thomas von Aquino, *Summa theologica*, Ⅱ-Ⅱ, 104, Art.6; 也可参见:Ⅰ-Ⅱ, 96, Art.4; Ⅱ-Ⅱ, 12, Art.2.

[127] 参见"The Natural-Law Doctrine before the Tribunal of Science", op.cit. S.148f.

[128] 根据清教主义神学家埃米尔·布鲁纳的解释,这是改良论者的自然法学说(Emil Brunner, *Gerechtigkeit, eine Lehre von den Grundgesetzen der Gesellschaftsordnung*, 1943, S.110.)。参见我的论文: Hans Kelsen, "Die Idee der Gerechtigkeit nach den Iehren der christlichen Theologie", Studia Philosophica. Jahrbuch der Schweizerischen Philosophischen Gesellschaft, vol. xiii, 1953, S.199.

成,即这一问题是存在的,[129]且相对主义的法律实证主义没有能力来解决它。绝对正义的问题在此意义上存在:人类有也可能总是有这种需求,即将其行为辩护为绝对善的、绝对公正的,这不应被否认;同样无法否认的是,相对主义的法律实证主义无法提供这种辩护。但从存在某种需求的事实无法得出:这种需求能通过理性认知来满足,或这一问题能以这种方式被解决。科学能够说明的是,它无法被如此解决,因为不存在也不可能存在对于理性认知的绝对正义,它涉及的是对于人类认知来说无法解决的问题,因而必须从这种认知的领域中被切割出去。科学认知的任务不仅在于回答我们关心的问题,而且在于教导我们可以提出哪些有意义的问题。

摒弃法律实证主义、复兴自然法学说的做法同样无法以此得到证立,即前者有别于后者,它无法为评价实在法提供任何标准,因而当出现这一关键问题——某个实在法秩序是应当被维系、改良抑或运用权力去废除——时,它会对我们置之不理。[130] 作为相对主义的价值学说,实证主义同样为评价实在法的各种形态提供标准;[131]只是这一标准具有相对性。这种实证主义对我们"置之不理",意味着它让我们意识到,对这一问题的决定取决于我们,因为关于什么是公正的、什么是不公正这一问题的决定取决于对正义规范(我们将它们采纳为我们价值判断的基础,因而可以大相径庭)的选择;这种选择只能由我们自己、我们每一个个人来作出,而不可能由其他任何人、上帝、自然也包括理性作为客观权威来替我们作出。这就是道德自治的真意。所有不自行作出这种回答的人,那些希望将选择权交由上帝、自然或理性的人,会感到被相对主义弃之不顾。他们徒劳地求助于自然法学说。因为当要作出选择时,不同自然法学说就像相对主义实证主义一样会给出许多不同的回答。它们并不能让个人免于选择。但这些自然法学说中的每一个都会给予个人这样一种幻想:他所选择的正义规范源自上帝、自然或理性,因而是绝对有效的,因而排除了其他与之相矛盾之正义规范的效力可能性;为了这种幻想,许多人做出了"**知性的牺牲**"(*sacrificium intellectus*)。

52. 对于纯粹法学说这种实证主义的法理论,有人曾反对认为,它本身只是一种自然法学说,因为它认为实在法的效力基础在于它所称的基础规范,也即在于某个位于实在法本身之外的规范。[132] 基础规范不是实在法规范——即由立法或习惯制定的、大体上具有实效的强制秩序,这是对的。但这也是基础规范学说与自然法学说之间存在的唯一相似之处。在其他点上,两种理论都正相反。自然法学说追问实

---

[129] D'Entrèves, op.cit. S.14.

[130] 参见 D'Entrèves, op.cit. S.95ff.

[131] Vgl. supra. S. 614ff.

[132] 登特列夫(D'Entrèves, op.cit. S.108.)认为,凯尔森的基础规范"不外乎是自然法命题",因为由基础规则就承认了"法律效力的终极测试在于法律本身之外。"

在法的效力基础,也即某个实在法秩序是否以及为何有效。并以此来绝对地(也即无条件地)对这一问题作出回答,即要么它是有效的,因为它的内容与自然法的内容相符、因而是公正的;要么它是无效的,因为它的内容与自然法的内容不相符。实在法的效力基础在根本上与其内容相关。实在法之所以有效,是因为它具有特定内容,也因此是公正的;它之所以无效,是因为它具有相反的内容,也因此是不公正的。这种通过超越实在法的自然法来确定实在法内容的做法体现了自然法最根本的功能。纯粹法学说同样追问实在法——也即通过立法或习惯创设的、大体上具有实效的强制秩序——的效力基础。但它对这一问题没有给出任何绝对的、也即无条件的回答,而只是给出了一种假言的、也即条件式的回答。它问的是:**如果**人们将实在法视作是有效的,那么人们就预设了这一规范,即人们应当如同历史上第一部宪法(实在法秩序据此被创设)所规定的那样去行为。这一规范被纯粹法学说称为基础规范。它并非通过某个法律权威之意志行为制定的也即实在的规范,而是一种在法律思维中被预设的规范。对它的预设构成了通过立法或习惯创设的、大体上具有实效之强制秩序被视为有效——被视为客观有效——的条件。基础规范仅仅确定了实在法的效力**基础**,而非它的效力**内容**。这种效力基础完全独立于效力内容。对实在法之内容的确定被基础规范留给了由宪法规定的实在法创设程序。确定实在法的内容属于其固有的功能。由实在法程序确定之法的内容是否公正,对于其效力来说是不相关的。实在法秩序的基础规范并非正义规范。因此,实在法,也即通过立法或习惯创设的、大体上具有实效的强制秩序,绝无可能与其基础规范发生冲突,而这一秩序很有可能与自然法(它被描述为公正之法)发生冲突。因此,纯粹法学说的基础规范不可能——像自然法那样——是实在法的价值尺度,因而也不可能具有自然法相对于实在法可以发挥的那种(自然法学说因此与实在法学说相对的)功能,也即证成这种伦理—政治功能。因为实在法(更准确地说是:它的制定)只有通过某个规范或规范秩序(这种制定不仅可以与之相符,也可以与之不符)才能得到证成。自然法学说是一种二元法学说;因为据此,除了实在法之外还存在自然法。但纯粹法学说是一种一元论法学说。据此只存在**一种**法,即实在法。纯粹法学说确认的基础规范并非与实在法有别的法,它只是它的效力基础,是其效力的先验—逻辑条件,[133]本身并不具有伦理—政治的性质,而是具有认识论的性质。

(编辑:蔡琳)

---

[133] 登特列夫(D'Entrèves, a.a.O. S. 107.)评论道:"……有也必须有一个点,在此基础规范……被转变为事实""只有当主权者的命令事实上被遵守时……它才可能对法学家具有意义"。这并非对实效要素根据这一学说对基础规范所具有之意义的正确描述。基础规范绝不会被转化为事实。事实不可能是某个规范秩序的效力基础。基础规范只涉及大体上具有实效的强制秩序。这种实效并非其效力基础。

宪法性法律与一般性法律
——宪法诉讼与专业法院诉讼

[德]罗伯特·阿列克西* 著　杨　贺** 译　张　龑*** 校

一、问题与议程

（一）形式的规范效力（Geltungskraft）和实质的规范化密度（Normierungsdichte）

如同宪法性法律与一般性法律之间的关系，宪法诉讼与专业法院诉讼之间的关系问题所涉及的范围和类型，本质上是由宪法的形式规范效力和规范化密度这两个要素所决定的，而且这一点可适用于所有的宪法。《基本法》是具有最高形式规范效力的宪法。宪法优先地位是通过《基本法》第20条第3款和第1条第3款中的约束性规定（Bindungsanordnungen）而体现出来的，也就是通过《基本法》广泛的授权和联邦宪法法院审查这种约束性义务来体现的。只要实质的规范化密度受到限制且这种限制是清晰可确定的，这种最高权限相对来说是不成问题的。但是，一旦实质规范化密度不确定或无限制，那就会产生严重的问题。[1]这种联系早已众所周知。因此，在1928年德意志国家法学者联合会维也纳会议上，凯尔森就支持设立宪法法

---

* 罗伯特·阿列克西（Prof. Dr. Dr. h. c. mult. Robert Alexy, 1945—　）：国际知名法学家，德国基尔大学荣休教授。本文系阿列克西教授在2001年于伍尔兹堡举办的德国国家法学者协会年会上提交的报告，刊于《德国国家法学者协会文集》（VVDStRL）第61卷，Berlin/New York：Walter de Gruyter，2002年，第7—33页。

** 杨贺：德国柏林洪堡大学博士候选人。

*** 张龑：德国基尔大学法学博士，中国人民大学法学院教授、博导。

〔1〕 参见瓦尔（Wahl）：《宪法的优先地位》（Der Vorrang der Verfassung），Der Staat 20(1981)，第502页及以下。

院发表演说,[2]不仅提出这样的要求:宪法必须对可以被宪法法院监控的实质性的"原则,方针,限制……尽可能精确地加以确定"[3],同时他还提出了这样的警告:"价值"或"原则",恰如"自由""平等"一样,都"缺乏更进一步的确定性""只会在宪法诉讼领域中"产生"最危险的作用"。[4]通过这些价值和原则,宪法法院可以"被承认拥有绝对的权力,这一点必须被认为是绝对无法容忍的"。[5]依据凯尔森所表达的信息,只有在实质规范化密度足够限定与确定的情形下,最高的形式规范效力才是可接受的。

(二) 实质性宪法内容的扩展

凯尔森的警示无法阻止《基本法》中实质性宪法内容的扩展。这种扩展史曾多次被加以描述[6],此处仅提及一下就足够了。这个在很早就预示将要来临[7]的"大爆炸"最终发生在1958年的"吕特判决"当中。吕特判决中的某些内容尚未充分展开,仍旧有待探索,而且有些内容是不完全正确和过时的。但是,无论人们赞同与否,判决中包含三种紧密交织在一起的理念总是具有重要的意义。第一个(而且其他两个理念潜藏其中的)理念是:基本权利目录(Grundrechtskatalog)不仅只是确保防御权,它还包含一套类型更为广泛的规范体系。法官们早先曾经将这套类型更为广泛的规范体系错误地称作价值或客观规范,[8]后来又通过如客观法上的功能这样的冗长叙述将之错误地称为"价值所决定的原则规范"(Grundsatznorm),[9]或同样也将其直截了当地称为"原则",[10]就如本文所使用的"原则"一词一样。[11]由

---

[2] 凯尔森(Kelsen):《国事诉讼的本质和发展》(Wesen und Entwicklung der Staatsgerichtsbarkeit),VVDStRL 5 (1929),第53页及以下。

[3] 凯尔森(前注2),第70页。

[4] 同上注,第69页。

[5] 同上注,第70页。

[6] 同很多人相反的观点,参见伯肯费尔德(Böckenförde):《基本权利作为原则规范》(Grundrechte als Grundsatznormen),《国家、宪法、民主》(Staat, Verfassung, Demokratie),1991年,第163页及以下;德莱尔(H. Dreier):《基本权利的维度》(Dimensionen der Grundrechte),1993年,第10页及以下;多尔德雷(Dolderer):《客观的基本权利构架》(Objektive Grundrechtsgehalte),2000年,第117页及以下。

[7] 譬如,参见 BVerfGE 6, 55, 72。

[8] BVerfGE 7, 198, 205.

[9] BVerfGE 77, 170, 214.

[10] BVerfGE 81, 242, 254.

[11] 参见阿列克西(Alexy):《基本权利理论》(Theorie der Grundrechte),第3版,1996年,第71页及以下。

此,凯尔森的形式规范效力的假定便与斯门德(Smend)将基本权利目录表述为"价值或利益体系、文化体系"[12]的解释联系在了一起。[13] 鉴于《基本法》第1条第3款,第二个理念几乎是显而易见的:当基本权利约束三种国家权力时,并且原则也约束三种权力时,那么,基本权利也就作为原则来约束三种国家权力。但是,作为原则或价值的基本权利可以与各个领域都相关。基本权利经由投射(Ausstrahlung)概念而进入"法的所有领域"[14],如此描述虽然有些形象化,却恰当地描绘出了核心之处,由此,基本权利便无处不在了。第三个理念来自这样一个概念的结构,联邦宪法法院一度将这个概念称为"价值"。诸价值或者诸原则之间经常发生冲突。对于法学日常生活而言,吕特判决核心句的原文是:"故'利益权衡'(Güterabwägung)将必不可少。"[15]就如法官们所清晰声明的一样,它带来的后果是:"一个不正确的权衡会侵害基本权利,而且为向联邦宪法法院发动宪法诉讼提供了理由。"[16]这样一来,凯尔森理论的轮齿(Zähne)就嵌入到了斯门德的理念当中。

价值或原则、投射、权衡这个三元体系过去被引入法学,是为了协助基本权利在民法中获得效力。如今,这一体系通过可运用于所有法律领域的保护权[17]形式而

---

[12] 斯门德(Smend):《宪法与宪法法(1928)》(Verfassung und Verfassungsrecht(1928)),载于其《国家法论丛》(Staatsrechtliche Abhandlungen),1994年第3版,第264页。

[13] 除了价值概念,斯门德还运用了原则概念;参见斯门德:《言论自由的权利》(Das Recht der freien Meinungsäußerung),VVDStRL 4 (1928) 47:"基本权利原则"。

[14] BVerfGE 7, 198, 205.

[15] BVerfGE 7, 198, 210.

[16] BVerfGE 7, 198, 212.

[17] 参见 BVerfGE 39, 1, 42;46, 160, 164f.;88, 203, 251ff.;89,214,231f.;97, 169, 176;以及伊森泽(Isensee):《安全的基本权利》(Das Grundrecht auf Sicherheit),1983年;赫尔墨斯(Hermes):《保护生命和健康的基本权利》(Das Grundrecht auf Schutz von Leben und Gesundheit),1987年;罗伯斯(Robbers):《安全作为人权》(Sicherheit als Menschenrecht),1987年;迪特莱因(Dietlein):《基本权利的保护义务学说》(Die Lehre von den grundrechtlichen Schutzpflichten),1992年;翁鲁(Unruh):《基本权利保护义务教义学》(Zur Dogmatik der grundrechtlichen Schutzpflichten),1996年;卡纳里斯(Canaris):《基本权利与私法》(Grundrechte und Privatrecht),1999年。

获得更为精确的理解。此外,还有组织权和程序权[18]以及事实上的积极的请求权[19],并且在遵循"合比例性要求"的"严格审查"[20]标准下,对普遍平等原则的强化还需再下一些功夫。

(三) 直接和间接的宪法化

大致勾勒出的基本权利内容的扩张导致了法律秩序实质上的宪法化。[21] 三种国家权力全都直接受到影响。同专业法院诉讼相对比,宪法诉讼中多了一种间接的

---

[18] 参见 BVerfGE 35,79,116;52,380,389f.;53,30,65f.;73,280,296;90,60,96,以及哈埃伯勒(Häberle):《服务型国家中的基本权利》(Grundrechte im Leistungsstaat),VVDStRL 30 (1971) 第 80 页及以下;黑塞(Hesse):《基本权利在联邦德国的存在和意义》(Bestand und Bedeutung der Grundrechte in der Bundesrepublik Deutschland),EuGRZ 1978 年,第 434 页及以下;格利希(Goerlich):《基本权利作为程序保障》(Grundrechte als Verfahrensgarantien),1981 年;登宁格(Denninger):《通过程序、组织、资助以求基本权利的行使的国家帮助》(Staatliche Hilfe zur Grundrechtsausübung durch Verfahren, Organisation und Finanzierung),HStR V § 113 Rn. 1ff.。

[19] 参见 BVerfGE 33,303,333;40,121,133;45,187,228;74,40,62f.;82,60,85;87,153,171;90,107,115,以及莫尔思维克(Murswiek):《基本权利作为合伙权利、社会基本权利》(Grundrechte als Teilhaberechte, soziale Grundrechte),HStR V § 112 Rn. 86ff.;保罗斯基(Borowski):《作为原则的基本权利》(Grundrechte als Prinzipien),1998 年,第 289 页及以下。

[20] BVerfGE 88,87,69f.;此外,参见 BVerfGE 55,72,88;84,197,199;99,129,139,以及基希霍夫(Kirchhof):《普遍平等原则》(Der allgemeine Gleichheitssatz),HStR V § 124,Rn. 215ff.;黑塞(Hesse):《联邦宪法法院新近裁判中的普遍平等原则到法律制定的平等》(Der allgemeine Gleichheitssatz in der neueren Rechtsprechung des Bundesverfassungsgerichts zur Rechtsetzungsgleichheit),FSLerche, 1993 年,第 121 页及下页;胡斯特(Huster):《权利和目的》(Rechte und Ziele),1993 年;萨克斯(Sachs):《普遍平等原则的标准——专断禁令和所谓的新表达》(Die Maßstabe des allgemeinen Gleichheitssatzes-Willkürverbot und sogenannteneue Formel),JuS 1997 年,第 124 页及以下。

[21] 参见叔伯特(Schuppert)/布姆克(Bumke):《法律秩序的宪法化》(Die Konstitutionalisierung der Rechtsordnung),2000 年。

或形式的宪法化。[22] 据此，一切有缺陷的法律运用至少[23]是违宪的，因为它违反了由《基本法》第 20 条第 3 款规定对法律和权利的约束。[24] 所有一般法律意义上的违反法律与一个在同等内容上的违反宪法相一致。如果一个基本权利主体受到影响，依据艾尔菲斯判决（Elfes－Urteil）[25]的思路，至少存在对一般行动自由[26]的基本权利的侵害。

在此，姑且不考虑在比较宪法诉讼和专业法院诉讼时形式上的或间接的宪法化所带来的问题，我的论述完全限于实质上的或直接的宪法化。比较宪法诉讼和专业法院诉讼如同对比宪法法院和立法者时同样面对的问题，也就是比较著名的舒曼公式（Schumannschen Formel）[27]的核心思想中论述的基本原则：任何法官根据"并非

---

[22] 直接和间接宪法化的概念对应的是直接和间接违宪的概念；参见凯尔森（Kelsen）（注2），第 39 页及下页。他除了用"direkt"和"indirekt"之外，还采用"unmittelbar"和"mittelbar"来表达直接和间接。帕皮尔（Papier）:《"特殊的宪法性法律"和"一般法律"作为联邦宪法法院的论证措词》("Spezifisches Verfassungsrecht" und „Einfaches Recht" als Argumentationsformel des Bundesverfassungsgerichts），联邦宪法法院，第 1 卷，1976 年，第 435 页。

[23] 同时考虑到对基本权利的法律保留和对《基本法》第 3 条第 1 款中的专断禁令的违反；参见福斯库勒（Voßkuhl），GGIII, Art. 93, Mangoldt/Klein/Starck 主编，Rn. 55；耶施泰特（Jestaedt）:《宪法性法律和一般性法律——宪法诉讼和专业法院诉讼》（Verfassungsrecht und einfaches Recht-Verfassungsgerichtsbarkeit und Fachgerichtsbarkeit），DVBI. 2001 年，第 1310 页。

[24] 科赫（H.-J. Koch）:《联邦宪法法院和专业法院》（Bundesverfassungsgericht und Fachgerichte），GS Jeand'Heur, 1999 年，第 136 页。

[25] BVerfGE 6, 32.

[26] 参见舒曼（Schumann）:《对抗法官判决的宪法诉讼和人权诉讼》（Verfassungs-und Menschenrechtsbeschwerde gegen richterliche Entscheidungen），1963 年，第 196 页及下页；帕皮尔（Papier）（注 22），第 434 页；奥森布尔（Ossenbühl）:《宪法诉讼和专业法院诉讼》（Verfassungsgerichtsbarkeit und Fachgerichtsbarkeit），《Ipsen 纪念文集》，1997 年，第 137 页及下页。

[27] 舒曼（Schumann）（前注 26），第 334 页，更进一步，第 206 页及下页；另外，参见贝尔克曼（Berkemann）:《联邦宪法法院和"它的"专业法院诉讼》（Das Bundesverfassungsgericht und „seine" Fachgerichtsbarkeiten），DVBl. 1996 年，第 1032 页及下页；史塔克（Starck）:《宪法诉讼和专业法院》（Verfassungsgerichtsbarkeit und Fachgerichte），JZ 1996 年，第 1039 页；罗伯斯（Robbers）:《联邦宪法法院和专业法院诉讼的新关系》（Für ein neues Verhältnis zwischen Bundesverfassungsgericht und Fachgerichtsbarkeit），NJW 1998 年，第 936 页；科赫（Koch）（前注 24），第 139 页，第 146 页及下页；耶施泰特（Jestaedt）（前注 23），第 1321 页；迪韦尔（Düwel）:《对抗法庭判决的宪法诉讼中的联邦宪法法院的审查许可》（Kontrollbefugnisse des Bundesverfassungsgerichts bei Verfassungsbeschwerden gegen gerichtliche Entscheidungen），2000 年，第 65 页及下页，第 264 页及下页。

由立法者所规定"[28]的规则进行判决是不允许的。本文只对这个方面感兴趣。

(四)宪法化、过度宪法化(Überkonstitutionalisierung)和不足宪法化(Unterkonstitutionalisierung)

实质宪法化总是伴随着各种反对意见。此处仅讨论卡尔·施米特[29]和恩斯特·福斯特霍夫[30](对此)的激烈批评。伯肯费尔德近期梳理了这些思想线索。由于基本权利"从公民—国家关系中的原则和保障转变为整个法律秩序的最高原则"[31],宪法丧失了其框架秩序(Rahmenordnung)的特征,并且成为"共同体(Gemeinwesen)法律上的基本秩序",[32]其"已经——在具有最优化趋势的原则规范层面上——包含了整个法律秩序"。[33]宪法法院可能被迫对此进行权衡判决。[34]民主的政治程序丧失了意义,[35]并且"由议会体制的立法国向宪法法院体制的司法国的过渡"可能不再被遏制。[36]

伯肯费尔德对过度宪法化的诊断可以很容易地被转移到宪法诉讼和专业法院诉讼的关系上来。倘若宪法事实上已经包含了整体法律秩序,也就是福斯特霍夫所嘲讽的称之为"法学的绝对原初状态(Weltenei)",[37]那么宪法将能决定每个专业法院判决的完整的规范层面。此时宪法法院可能将很难摆脱复审机构(Superrevisionsinstanz)的角色,并且如迪特里希森(Diederichsen)严厉批评的那般,也可能必然会变为一个"最高等级的民事法庭"。[38]它很有可能成为一个吞噬两个献祭者——他

---

[28] BVerfGE 89,28,36;此外,参见 BVerfGE 79,283,290;81,29,31f.;82,6,15f.;84,197,199;84,372,379。

[29] 卡尔·施米特(C. Schmitt):《价值的僭政》(Die Tyrannei der Werte),《福斯特霍夫纪念文集》,1987年,第60页及以下。

[30] 福斯特霍夫(Forsthoff):《论宪法学的现状》(Zur heutigen Situation einer Verfassungslehre),《卡尔·施米特纪念文集》,1968年,第185页及下页。

[31] 伯肯费尔德(Böckenförde)(前注6),第188页。

[32] 同上注,第198页。

[33] 同上注,第189页。

[34] 同上注,第196页。

[35] 同上注,第197页。

[36] 同上注,第190页。

[37] 福斯特霍夫(Forsthoff):《工业社会中的国家》(Der Staat der Industriegesellschaf),1971年第2版,第144页。

[38] 迪特里希森(Diederichsen):《联邦宪法法院作为最高民事法院——法学方法论教学读本》(Das Bundesverfassungsgericht als oberstes Zivilgericht-ein Lehrstückder juristischen Methodenlehre),AcP 198 (1998),第171页及以下。

人的权力和自己的权力的莫洛赫神(Moloch)。

这个过度宪法化的诊断正确吗？近50年内的发展是朝向了错误的方向，从而需要原则性的调整吗？我的答案是：不。

吕特判决所确定的路线(die Lüth-Linie)总体上是正确的。当然了，错误已然犯下，而且随时随地都潜伏着危险。但是，这种潜在的危险可以借助宪法原则的结构以及包含该原则的宪法的结构所固有的方式来解决。揭示这些结构是裁量空间教义学的任务。这不能用宪法化论辩中那些宏大的公式来代替。如是否能够适应于法律与政治[39]、防御与保护[40]、行为规范与审查规范[41]、实质性的标准与功能法学的标准[42]，或者干预与形塑(Ausgestaltung)[43]之间的差异，或者是否能够提供有关最低法律地位[44]或者俭省的方法[45]的限制，它们似乎无处不在，或者和什么

---

[39] 参见考夫曼(E. Kaufmann)：《宪法诉讼的界限》(Die Grenzen der Verfassungsgerichtsbarkeit)，VVDStRL 9 (1952)，第3页及以下；莱布霍尔茨(Leibholz)：《联邦宪法法院的地位》(Der Status des Bundesverfassungsgerichts)，JöR 6 (1957)，第120页及以下。

[40] 参见伯肯费尔德(Böckenförde)（前注6），第183页及下页，第194页。

[41] 参见福斯特霍夫(Forsthoff)：《论措施性法律》(Über Maßnahmegesetze)，载《法治国的变迁》(Rechtsstaat im Wandel)，1976年第2版，第117页及下页；布吕德(Bryde)：《宪法发展》(Verfassungsentwicklung)，1982年，第335页及以下；克雷布斯(Krebs)，《国家判决程序中的审查》(Kontrolle in staatlichen Entscheidungsprozessen)，1984年，第102页。

[42] 参见埃姆克(Ehmke)：《宪法解释的原则》(Prinzipien der Verfassungsinterpretation)，VVDStRL 20 (1963)，第73页；叔伯特(Schuppert)：《宪法解释中的功能性法律界限》(Funktionellrechtliche Grenzen der Verfassungsinterpretation)，1980年；黑塞(Hesse)：《宪法诉讼的功能界限》(Funktionelle Grenzen der Verfassungsgerichtsbarkeit)，FS Huber，1981年，第261页及以下；霍伊恩(Heun)：《宪法诉讼的功能性的法律限制》(Funktionell-rechtliche Schranken der Verfassungsgerichtsbarkeit)，1992年，第49页及以下。

[43] 参见盖勒曼(Gellerman)：《一般性法律框架下的基本权利》(Grundrechte in einfachrechtlichem Gewände)，2000年，第57页及以下，第350页及以下。

[44] 需要区分绝对和相对的最低法律地位理论。绝对的最低法律地位理论表明的是，在不援引狭义比例原则，也就是无权衡时，由谁决定最低法律地位；参见施林克(Schlink)：《宪法性法律的权衡》(Abwägung im Verfassungsrecht)，1976年，第78页及下页，第138页及下页。问题是，这怎样才是可能的？相反的，相对的理论恰好是通过绝对理论所欲避免的情况确定了最低法律地位理论——也就是通过权衡；参见海因(Hain)：《基本法中的原则》(Die Grundsätze des Grundgesetzes)，1999年，第193页及以下。最低法律地位的形象因此丧失了在权衡中进行选择的这一特征。这表明了，最大的区别就出现在"最低法律地位"这一标签下。

[45] 参见福斯特霍夫(Forsthoff)：《宪法解释中的问题》(Zur Problematik der Verfassungsauslegung)，1961年，第34页及以下；耶施泰特(Jestaedt)：《法律中基本权利的发展》(Grundrechtsentfaltung im Gesetz)，1999年，第329页及以下。

都沾点边,又什么都不充分。就既定标准的掌控能力(Steuerungskraft)而言,它要么太过模糊混杂,以致留下大量未定的空间,要么太趋向于不足宪法化,这同过度宪法化一样都是需要避免的。[46] 适当的宪法化只能走跨越裁量空间的法教义学(Spielraumdogmatik)这条崎岖且充满危险的道路。这就足够了,就像宪法化的问题一样,它已足以覆盖基本权利的领域。当然,它有自己的重点和出发点。而我的论述也将限制在这个范围之内。

二、框架秩序和基本秩序

裁量空间的概念与框架秩序的概念有着紧密的联系。就像二择一的基本选择一样,宪法作为框架秩序的宪法观常常被置于宪法作为基本秩序的宪法观的对立面。[47] 在伯肯费尔德看来,在探讨是否将宪法解释为框架秩序还是基本秩序的问题上,它所涉及的基础性决断,相比在"宪法的基本理解"方面的基础性决断,只多不少。[48] 然而,随后的观察将表明,框架秩序理念与基本秩序理念的兼容毫无问题。

(一)框架秩序

当宪法禁止立法者做某事(如通过防御权)、命令立法者做某事(如通过保护权),或者既不禁止也不命令其做某事(也就是放任立法者自由决定[freistellen]时),宪法就给立法者设置了一个框架。我们可以将被禁止的事项描述为宪法上的不可能(unmöglich),将被命令的事项描述为宪法上的必然(notwendig),将放任自由决定的事项描述为宪法上的可能(möglich)。放任立法者自由决定的事项或可能位于框架之内,而被禁止的事项或不可能与被命令的事项或必然共同构建了这个框架。在此基础上,裁量空间的概念可以自行定义为:所有事项以及仅可以被自由决定的事项,都位于裁量空间之内。

(二)基本秩序

很显然这里指的是一种完全形式化的裁量空间和框架的概念。当人们将之与基本秩序的概念相比较时,这一点便十分明显。基本秩序的概念可以从量的或质的

---

[46] 这涉及一条"中间路线"。参见克莱因(H. H. Klein):《民主的基本权利国家》(Der demokratische Grundrechtsstaat), Bitburger Gespräche, Jahrbuch 1995/I,第 85 页。

[47] 参见瓦尔(Wahl)(前注 1),第 507 页;伯肯费尔德(Böckenforde)(前注 6),第 198 页;史塔克(Starck)(前注 27),第 1038 页及下页。

[48] 参见伯肯费尔德(Böckenförde):《宪法诉讼:结构问题、组织、合法化》(Verfassungsgerichtsbarkeit: Strukturfragen, Organisation, Legitimation),NJW 1999 年,第 13 页。

意义上加以理解。当宪法丝毫不放任立法者自由决定，也就是说宪法对于任何行为要么准备了命令、要么准备了禁令，那么它在量的意义上就是一个基本秩序。这就是福斯特霍夫口中的绝对的起源状态（Weltenei）。当乐雪（Peter Lerche）在思想游戏中构思框架秩序"确切反例"的极端情况时，他也考虑了这样的观点。[49] 与此相对，质的基本秩序概念（der qualitative Grundordnungsbegriff）并不是一个与框架秩序相反的概念。当一部宪法对共同体中的基本问题进行决断，而且对于这些问题宪法是有能力也有需求给予决断的时候，这部宪法就是质的基本秩序。这种基本秩序的概念是可以与框架秩序的概念兼容的。一部宪法可以决断基本问题，就这点而言，该宪法是一个基本秩序。但是，一部宪法又会留下大量悬而待决的问题，就此而言，它是一个框架秩序。

当然，此处并没有谈及，哪些问题作为基本问题可以而且应当由宪法来决断，以及哪些问题已经由基本法给出了决断。这些都是实质宪法理论（der materiellen Verfassungstheorie）的问题，以及一般的和特殊的基本权利教义学中所要回答的问题，而非本文所关心的内容。但无论如何，对这些问题的回答根本上取决于本文唯一关注的疑问：对于一个遵循吕特判决路线而对宪法作出的基本理解来说，在基本秩序和框架秩序之间能否在总体上达到一个恰当的平衡（Gleichgewicht），这一点是由判定裁量空间的能力来决定的。

三、裁量空间

联邦宪法法院常常提及裁量空间。这类术语多种多样。除了"裁量空间"[50]这样的朴素词语之外，还有"评估的、价值的和合同条款拟定的裁量空间"（Gestaltungsspielraum），[51] "鉴定的裁量空间"（Beurteilungsspielraum），[52] "行为空间"（Handlungsspielraum），[53] "判决的裁量空间"（Entscheidungsspielraum），[54] "预测的裁量空间"（Prognosespielraum），[55] "经验和调节的裁量空间"（Erfahrungs

---

[49] 乐雪（Lerche）：《宪法法院诉讼中的宪法？》（Die Verfassung in der Hand der Verfassungsgerichtsbarkeit?），《国家层面的宪法和宪法法院诉讼》（Verfassung und Verfassungsgerichtsbarkeit auf Landesebene），马克（Macke）编，1998年，第216页。

[50] 参见 BVerfGE 89, 214, 234。

[51] 参见 BVerfGE 88, 203, 262。

[52] 参见 BVerfGE 90, 145, 173。

[53] 参见 BVerfGE 39, 210, 225。

[54] 参见 BVerfGE 95, 335, 350。

[55] 参见 BVerfGE 50, 290, 332。

und Anpassungsspielraum),[56]"解释的裁量空间"(Interpretationsspielraum),[57]"评价的裁量空间"(Bewertungsspielraum)[58]以及"权衡的裁量空间"[Abwägungsspielraum(s)]。[59]此外还有无法估算数目的词汇联结,虽然并不使用裁量空间的概念,却表达了相同或近似的内容,如"条款拟定的空间"(Gestaltungsraum),[60]"条款形成的自由空间"(Gestaltungsfreiraum),[61]"条款拟定权限"(Gestaltungsbefugnis)[62]和"合同条款拟定自由"(Gestaltungsfreiheit),[63]"预测优先权"(Prognosevorrang)[64]以及"裁决特权"(Entscheidungsprärogative)。[65]

(一) 结构上的裁量空间

如果更加准确地观察,人们很快就会意外地发现重要的二分法,也就是结构上的裁量空间和认识论上的或者认知的裁量空间(Erkenntnisspielräumen)之间的区别。

结构上的裁量空间无非是通过明确的[66]命令和禁令的缺席而被定义的。宪法既没有命令也没有禁止的事项,就是宪法放任的事项。[67]因此,宪法放任立法者自由决定或留待立法者自由决定的一切事项,都属于结构上的裁量空间的范围。结构上的裁量空间恰好始于宪法的明确的实质规范性(Normativität)的终结之处。因为宪法法院的审查是唯一的依据宪法标准的审查,所以这必然会导致:结构上的裁量空间的开端之处即为一切的宪法法院审查终止之处。

认识论上的裁量空间或者认知裁量空间则是完全不同的类型。它并非产生于

---

[56] 参见 BVerfGE 56,54,82。
[57] 参见 BVerfGE 95,28,38。
[58] 参见 BVerfGE 99,341,353。
[59] 参见 BVerfGE 96,56,66。
[60] 参见 BVerfGE 81,242,255。
[61] 参见 BVerfGE 97,169,176。
[62] 参见 BVerfGE 64,72,85。
[63] 参见 BVerfGE 77,170,215。
[64] 参见 BVerfGE 87,363,383。
[65] 参见 BVerfGE 90,145,183。
[66] 表面的命令(primafacie-Geboten)和表面的禁止(primafacie-Verboten)缺席对于结构上的裁量空间的存在并不是必不可少的。总是表面禁止立法者对基本权利保护领域的干涉。但是,当这项干预在形式上和实质上都合宪时,它就是明确被允许的。在结构上的裁量空间的存在这个问题上,它取决于且仅取决于这一点。有关明确的与表面的命令和禁令的区别,参见阿列克西(前注11),第87页及以下。
[67] 阿列克西(Alexy)(前注11),第185页。

宪法命令了什么与禁止了什么之间的界限,而是出于以下两方面的认识能力之间的界限:一方面认识什么是宪法加以命令和禁止的,另一方面认识什么是宪法既未命令也未禁止的,也即宪法放任立法者自由决定的。如果人们希望将问题深化精简,那么可以说,认知裁量空间产生于对宪法界限的认知能力的界限。就结构上的裁量空间而言,功能法学上的考量或者形式原则并不发生任何作用。与此相反,离开这二者,认知上的裁量空间的问题就无法得到解决。结构上的裁量空间可以分为三类:目的设定的裁量空间、手段选择的裁量空间和权衡的裁量空间。

1. 目的设定的裁量空间

当基本权利包含了一项干预授权(Eingriffsermächtigung)的内容,该项授权要么未规定干预的理由,要么虽然规定了干预理由,但是在这些理由出现时,干预手段只是被允许,而非被强制,那么针对该项基本权利立法者拥有了目的设定的裁量空间。在第一种情况下,立法者被允许——预设合比例性——遵循所有目的,《基本法》并没有将这些目的当做抽象的目的而去禁止。[68] 目的设定的裁量空间不仅与目的的选择有关,而且还与目的实现程度的确定有关。

由于目的设定的裁量空间的界限本质上取决于合比例性原理,因此目的设定裁量空间与其他所有的裁量空间联系在一起,这一点是由合比例审查的结构所导致的。各种裁量空间相互联系的现象是裁量空间教义学之所以复杂的一个根本原因。

2. 手段选择的裁量空间

第二种裁量空间是手段选择的裁量空间。它出现于这样的一种计划——当基本权利不仅禁止干预,而且首先在保护维度(Schutzdimension)上还规定了积极行为。[69] 它产生自积极义务的结构。[70] 当立法者必须遵循一个目的,并且存在多个适当性程度相当的手段可供他使用时,手段的选择基本上可以由立法者随意地选择。当然,当可支配的手段会在不同的程度上对其他目的或原则带来消极的影响时,[71] 或者,当无法确定它是否以及在何种程度上带来促进或损害时,[72] 问题就产生了。这再次回到各种裁量空间相互联结的问题上,而这导向了权衡的裁量空间和认知的裁量空间。

3. 权衡的裁量空间

权衡的裁量空间是框架教义学的核心内容。应该怎样解决宪法化的问题本质

---

[68] 一个目的的抽象禁止(das abstrakte Verbot)具有规则特征;对于规则概念,参见阿列克西(前注11),第76页及以下。

[69] 参见 BVerfGE 46,160,164 及下页。

[70] 阿列克西(Alexy)(前注11),第422页及下页。

[71] 参见 BVerfGE 97,169,176。

[72] 对此参见保罗斯基(Borowski)(前注19),1998年,第140页及以下。

上要取决于权衡问题的解决答案。奥森布尔(Ossenbühl)所说的"宪法性法律中的权衡问题……包含了宪法性法律诉讼和整个法律秩序中的基本问题和关键问题",[73]并非夸大其词。权衡命令(Abwägungsgebot)等同于比例原则的第三个子原则。因此权衡的裁量空间的问题涉及比例原则在框架教义学中的角色定位。

比例原则的前两个子原则天生就是框架标准,这一点可以很容易地辨认出来。最明显的是适当性原则(Geeignetheit)。当商人需要证明自己具有专业知识作为被许可搭建香烟自动贩售机的前提条件时,该证明侵害了《基本法》第12条规定的内容,因为它对于保护消费者来说并不适当,[74]由此立法者被设定了一个消极的界限。与之相类似,这也适用于必要性原则。当联邦宪法法院将《民法典》第2232条、第2233条、《公证法》第31条解释为违宪时,那么这些条款就阻碍了有遗嘱能力但是既不能书写也不能说话的人订立遗嘱的可能性,并且因此也证明了,为了达到上述民事法律规则所追求的法安定性与保护非自主行为能力人群的目标,将没有书写能力的哑巴排除在所有订立遗嘱的可能性之外,可能并不是必要的。因为对于没有书写能力的哑巴而言,当他具有自主行为能力时,公证程序作为更宽容的方式是可以想象的。它可以同样很好地实现上述的目标,但又对遗嘱自由进行了较小限制。[75]于是,法院以一种消极的方式,而非积极确立的方式,限制了民事立法者的裁量空间。这就是框架设定。同时这也涉及了最佳化:适当性原则和必要性原则在此处和别处一样,所要求的无非就是,在事实的可能性上尽可能广泛深入地实现其各自相关的原则,[76]也就是帕累托最优(Pareto-Optimalität)。[77]当最优化与框架特征的丧失联系起来时,[78]这种情况并不罕见,"改善一方面的同时并没有损害另一方面"的最优化的观点是不可想象的。如果一个框架秩序允许对非必需的基本权利的牺牲,那么它一定不是一个理性的框架秩序。

在狭义的比例原则中,权衡的裁量空间才能发挥作用。其内含的衡量命令能消除框架结构吗? 只有当依据宪法作出的权衡要么准许一切(进入权衡领域),要么确定一切时,这个问题的答案才可能是肯定的。如果权衡确定一切时,那么宪法就是福斯特霍夫(Forsthoff)口中的绝对原初状态。另外,宪法法院不仅被允许干涉一切

---

[73] 奥森布尔(Ossenbühl):《宪法性法律中的权衡》(Abwägung im Verfassungsrecht),DVBl 1995年,第911页。

[74] BVerfGE 19,330,338f.

[75] BVerfGE 99,341,353f.

[76] 阿列克西(Alexy)(前注11),第75页及下页。

[77] 施林克(Schlink)(前注44),第181页及下页。

[78] 伯肯费尔德(Böckenförde)(前注6),第196页及以下;史塔克(Starck)(前注27),第1035页和第1039页。

领域,而且也被要求必须干涉。相反,当权衡准许一切(进入权衡领域)时,宪法法院的权衡审查义务就与立法授权没有什么区别,所有落入它手中并且缺乏与宪法的实质性联系的事项,它也能完全依照它自身的意愿进行判决。凯尔森(Kelsen)的警告可能完全是正确的。在这两种情况下,框架特征都可能会丧失,在其中的第二种情况下,框架特征可能会由于事实上的无约束性与约束的过度要求(Gebundenheitsprätention)之间的联结而丧失。

权衡与框架的兼容性取决于,通过权衡是否能够决定某些事项,以及不能决定某些事项。这种情况是否属实只能通过观察权衡的结构加以说明。权衡的核心构建了这样的一种关系,当它涉及作为防御权的基本权利时,它被描述为"干预的严重程度和证立它的理由的分量"[79]之间的关系。一个经常见到的"越如何则越如何的公式"(Je-desto-Formel)第一眼就洞察了这种关系的本质。该公式可以被称为"权衡法则"。而且,"防御"如同"保护"一样广泛,它可以用以下的公式来表达:如果一个原则不被实现或受限制的程度越高,则另一原则实现的重要性也随之越高。[80]

这个公式让人们认识到,权衡由三个步骤所组成。第一个步骤是确定一个原则的不被实现或受限制的程度。当涉及"防御"的程度时,它就是干预的强度(Intensität)。在随后的第二个步骤中,确定相对立的原则的实现的重要性。在第三个步骤中最终确定,相对立的原则实现的重要性是否能够合法证立另一原则应受的限制或不被实现。

这个基本的结构表明了极端的权衡怀疑论者,如施林克(Schlink),必定会反驳的内容。他们对此说道,"在对狭义比例原则的审查中……仅有审查者的主观性起着作用",以及"对狭义比例原则审查的评价和权衡行动……最终只是以决断主义(dezisionistisch)的方式被完成"。[81] 他们质疑对(原则的)干预强度和重要性程度作出理性判断的可能性。但是我们可以很轻易地找到有关的例子,在这些例子里,人们绝对作出了这类理性的判断。如烟草制品制造商的义务是在其商品上标示危害健康的提示,这是对职业自由的轻度干预。相对的,对烟草制品的全面禁止则可能是对职业自由的重度干预。介于二者之间的情况则被归为一种中度干预。依照这种方式,"轻度""中度"和"重度"三个等级的刻度尺(Skala)就应运而生了。上述的例子表明,这些等级的有效分类是可能的。

相应的,采用相反的理由同样可以证明。同抽烟有关的破坏健康的危险十分

---

[79] BVerfGE 101, 331, 350.

[80] 参见阿列克西(Alexy)(前注11),第146页。

[81] 施林克(Schlink):《通过干涉防御的自由——重构典型的基本权利功能》(Freiheit durch Eingriffsabwehr — Rekonstruktion der klassischen Grundrechtsfunktion),EuGRZ 1984年,第462页;皮罗特(Pieroth)/施林克(Schlink):《基本权利》(Grundrechte),2001年第17版,Rn.293。

高,因此干预的理由的分量就变重。当依照这种方式,如果一次性地将干预强度确定为轻度,将干预理由的重要性程度确定为高,那么权衡的结果,就如联邦宪法法院在其对"警告提示"(Warnhinweise)的判决中所说明的那样,是"显而易见的"。[82] 分量重的干预理由合法证立了轻度的干预。

现在,人们可能认为这个例子并不能说明太多。这个例子一方面涉及经济的活动性,另一方面涉及那些经验性的事实。刻度化(Skalierung)要归功于成本和概率视角下的量化(Quantifizierung)的可能性。但是这并不能构成反对意见。在以数字为刻度的刻度盘不能被测量的情况下,三阶分那样粗略的刻度化仍旧是可能的。在"泰坦尼克判决"中,联邦宪法法院根据《泰坦尼克》杂志讽刺性的行文语境,并没有将其对一位成功地完成了军事动员召集任务的截瘫的预备役军官做出"天生杀人犯"的描述,归入严重侵害人格权中。[83] 对此人们可能会争论,是什么导致了出现认知的裁量空间。在此,它仅取决于,人们很少争议的、之后以讽刺风格修饰的关于"跛子"的描述,并没有严重侵害截瘫的预备役军官的人格权。[84] 就此做出的总计12000德国马克的损害赔偿金足够合法证立此次判决对表达自由的相当严重的、"持久的"[85]干预。

"烟草判决"和"泰坦尼克判决"表明——大量其他的判决都能给予支持——存在某类案件,在这类案件中借助于权衡并以理性的方式可以得出,根据宪法,什么是明确被命令的、被禁止的和被允许的。该命题驳斥的仅仅是这样的一个主张,即借助于权衡,所有答案都是可能的。这是解决结构上裁量空间问题的重要一步,但仍不是答案本身。为了获得问题的答案,需要将目光投向位于至今仍被观察的分级归类(Einstufungen)背后的体系。所有迄今为止被观察到的划分都以一种三阶的或三角的模式出现。三个层阶分别表达为"轻度""中度"和"重度"。[86] 这种形式性的强度标准好像自然地为自己引来了一种反对意见,即标准之间的过渡可能有所弹性,因此这些强度层阶好像是人为定下的那样。当然在现实中,这些强度层阶的边界过渡无论如何都是有弹性的。可是,从概念上把握这些强度层阶就在于构建边界。而且,没有任何内容取决于三阶模式本身。一旦拥有两个层级——轻度和重度,层阶归类就可以开始。一个其所有对象都相等的一阶模式,将会毁灭权衡理念。层级的数量,原则上是向上保持开放状态的。这个问题回头再论。此处只阐述能很好适应

---

[82] BVerfGE 95, 173, 187.

[83] BVerfGE 86, 1, 12.

[84] BVerfGE 86, 1, 13.

[85] BVerfGE 86, 1, 10.

[86] 当然也可以采用其他的词,如用"小的"或"弱的"代替"轻度",用"高的"或"强的"代替"重度"。

日常直觉和法律实践的三阶模式。[87]

对于结构上的权衡裁量空间来说,关键的一点是,划分刻度层级可以确定什么是宪法所命令或禁止的,但不是必然能确定。当强度层级不对等时,分层就带来了确定性,而在均势或平局的案件中则会出现有别于此的情况。在这种情况下,宪法就对冲突没有给出裁决。所有宪法不裁决的事项都放任立法者通过强度分层来自由决定。[88]因此在权衡平局(Abwägungspatt)的情况下就会存在结构上的权衡裁量空间。

---

[87] 三段的层阶标准与联邦宪法法院依照《基本法》第12条第1款所发展的三阶理论(BVerfGE 377,404ff.)中的三阶具有共同点。人们可能会认为,它们因此也必须具有同样的弱点。在此期间尽管有被扩展出的四阶理论(BVerfGE 86,28,39),但是情况并非如此。最晚从"关于医疗保险医生的判决"(Kassenarzturteil)(BVerfGE 11,30,44ff.)开始就已经明确了,作为对职业选择或职业培训的调控的干预的分类并不总能对应一个干预强度的重大差别,以及什么是三阶理论的构成原则。职业选择的调控和职业培训的调控在干预强度上相近或者相等。相应的,这也适用于主观前提和客观前提的区分;参见鲁普(Rupp):《联邦宪法法院判例中的职业自由的基本权利》(Die Grundrechte der Berufsfreiheit in der Rechtssprechung des Bundesverfassungsgerichts),《公法论丛》(AöR),92(1967),第234页及以下。然而这仅仅意味着"客观的"和"主观的"标准如同"选择"和"培训"一样,无法正确地理解所有的案件。因其抽象性,这也可能会令人感到不可思议。所以,它仅作为经验公式才是有用的。无法通过分层理论(Stufentheorie)的标准恰当地处理一切案件,这意味着,存在这样的案件,在其中干预的强度可以被归类分级,但这好像不同于依照它的标准而表明的那种分级。倘若根据这一点,在关于医疗保险医生的判决中,作为职业培训调控自身的干预被归为最小强度的干预,也就是被归为轻度。那么,当违背三阶理论仍被认为是有效力时,即当这种归类是错误的,预设了另外一种重度的归类是正确合理的。但是,只有当归类在总体上是可能时,这种与分层理论的抽象划分所偏离的归类才是可能的。这表明,对三阶理论的批评就是一种针对确定的抽象层级标准的适用性的批评,而非对三阶层论本身的批评。它的可行性更多的是对三阶理论批评的可能性的条件。所以对三阶理论的批评不能转化为对三段刻度的批评。相反的,它还要预设一种这样或者类似的刻度。那些初看之下似乎支持反对三阶模式之事,再看之下则表明它自己本身就是三阶模式所确认的。

[88] 宪法让一些事项保持未定状态,并不意味着在宪法性法律中唯一正确答案的引导性理念(参见[德]阿列克西:《法、理性、商谈》(Recht, Vernunft, Diskurs),1995年,第122页)被放弃。若宪法对某些情况未作裁决并因此放任立法者自由决定,那么依照宪法何者生效这个问题的唯一正确答案就是,宪法放任了一些事项,即留下了裁量空间。如欲精确回答这个问题,人们可能会说唯一正确的答案是,不存在唯一正确答案。就立法者一方而言,裁量空间可以通过政治的权衡得到填补;就专业法院诉讼一方而言,可以通过一般法律(einfachrechtlich)的权衡,得到填补。裁量空间存在的主张如其他任何主张一样,可能是正确的或者错误的。对该主张的否定就是决断性的主张,对于权衡的裁量空间而言,则是分量差异(Gewichtsdifferenz)的主张。所以,人们可(转下页)

结构上的权衡裁量空间拥有两个维度。这在宪法法院有关《刑法》§353 d Nr.3 的裁决中得到了非常清晰的说明。《恒星》画报在一篇有关波恩检察机关对所谓的"弗里克捐助门"(Flick-Spendenaffäre)调查的报道中,在第一次案件公开审理之前,就字面上引用了调查案卷的内容。依据《刑法》§353 d Nr.3,这是违法的。汉堡地方法院将这个规定认定为违宪——因为对于它所欲达到的目的,刑法的规定并不充分恰当——并且,还将此提交到了联邦宪法法院。联邦宪法法院得出的结论是,单纯对文字复述的禁令只是"不完全地"和在很"小"的程度上保护了相关人员的人格权以及诉讼程序参与者的公正。[89] 在这方面,言论自由和新闻自由也只"在很小的

(接上页)以就权衡空间的主张进行争论。联邦宪法法院对非婚生儿童的权利的决议则表明了这一点。非婚生儿童有权向母亲打听在母亲法定的怀孕期间内与母亲同居的、可能是其生物学意义上的父亲的所有男子的身份。因为这个案件可以代表不同利益之间的相互冲突,明斯特地方法院承认这项权利。在这个案件中,儿童在宪法上被保护的权利要优先于母亲的权利。因此非婚生儿童的人格权、被抚养的权利以及继承权都因《基本法》第 6 条第 5 款中的"同等地位"的规定,而被赋予了比母亲的人格权更高的重要性。在这一点上,联邦宪法法院认为这是对地方法院享有的"权衡的裁量空间"的错误理解。"地方法院在穷尽其权衡的裁量空间后可能得出另外一种结果"(BVerfGE 96,56,65 f.),这种情况不应该被排除。这个对裁量空间的错误理解侵害了源自《基本法》第 2 条第 1 款以及第 1 条第 1 款的母亲的人格权。只有裁量空间存在时,它才会被错误理解。只有当权衡平局存在时,权衡的裁量空间才会存在。当然,这个决议建立在这样的论题上,即在具体案件中,在宪法层面上存在一个权衡平局,它给在宪法性法律层级以下的法律论证留下了空间。该论证为母亲没必要提及在其法定的怀孕期间与其同居的男子身份的这一利益赋予了高于非婚生儿童利益的分量,以至于依照宪法一个有利于母亲的判决不能被排除。

引人注目的异议被提出来,用以反对权衡平局存在的主张。艾登穆勒(Eidenmüller)合情合理地强调了,隐瞒情况使得非婚生儿童获得赡养费的权利和继承遗产的要求在"事实上完全"无效,这"严重干预"了源自《基本法》第 14 条第 1 款和第 6 条第 5 款中规定的权利[艾登穆勒(Eidenmüller):《儿童向其母亲要求提供生父姓名的知情权——BVerfGE 96,56》(Der Auskunftsanspruches Kindes gegen seine Mutter auf Benennung des leiblichen Vaters-BVerfGE 96, 56), JuS 1998 年,第 791 页]。如果人们为了《基本法》第 2 条第 1 款以及第 1 条第 1 款保护的人格权,为这种实质层面添加了出生认知意义上的非实质性的视角时,那么是否能在如当前案件的其他案件中,为了表现其特殊性而提及"对其中只有一个是父亲的众多男子的共同关涉",便很成问题(BVerfGE 96,56,60)。依照宪法,事实上就产生了权衡平局。就母亲的人格权而言,关涉多个男子时比仅关涉一个男子时具有更高的分量。但必须被质疑的是这样的观点:依照宪法,避免多重关系带来的尴尬,与潜在的被抚养的权利和继承权以及对身世的认识,这两者同等重要。当卡纳里斯(Canaris)"不受限制"地赞同这个判决时[卡纳里斯(Canaris)(前注 17),第 63 页],这只是在如下范围内的赞同,即在判决中将权衡的裁量空间的构造朝最好的方向发展。与此相对,这种构造的伸展也可能不被赞同,人们可以就宪法并未做出判决的事项进行争论,就像对其已经作出判决的事项进行争论一样。

[89] BVerfGE 71, 206, 219.

程度上受到限制"。[90] 这就形成了一个平局。轻度干预对应的是分量轻的干预理由。这一点足够说明，干预，正如被恰当表达的一样，"并非不成比例"地对应于所获得的保护。[91] 在对等状态的情形下，立法者被允许进行干预，却并非必须如此。

但是，在裁量空间中并非只有被放任的轻度干预。法院认为，是否愿意给予更多的保护，这应该由立法者的职责来决定。[92] 仅在成本上给予新闻自由更高强度的干预应该是可能的。如果一项干预拥有中等强度，那么由它引起的保护的重要性程度同样应该至少达到中等程度。只有当被引起的保护具有相应的高的重要性程度且对应于重度干预时，一项重度干预才能够被合法证立。这表明，结构上的裁量空间迷失在了"平局"的道路上。因此，权衡的裁量空间的观念由两种思想构成："平局"中的对等的思想和"平局"之间的对等的思想。权衡的裁量空间这种双重特性对于"防御"和"保护"的关系来说，尤其具有重要意义。[93]

因此，在尽可能大的程度上去实现基本权利原则的要求，该实现也可以被描述为符合实践可能性[94]或者规范的最优化[95]，意味着它完全不同于那种只为追求最高程度的实现。[96] 尽管每个原则都意图尽可能多地去实现自身的价值，但对相互冲突原则的最优化并不意味着一方屈从于另一方，而是意味着在避免不必要牺牲的同时，如果一定要牺牲，那只能通过证立相互对立原则的实现至少具有同等的重要性。这是一个否定性标准，它意味着在权衡的框架下，最优化可以同宪法的框架特

---

[90] BVerfGE 71, 206, 220.

[91] BVerfGE 71, 206, 221.

[92] BVerfGE 71, 206, 218.

[93] 当涉及防御和保护时，不同平局之间的选择就是一种在不同的保护程度和干预程度之间的选择。人们可以将力求得到保护、争取避免受到干预视为追求的目标。因此不同平局之间的选择同时也是对追求目的的范围的决断。当人们不仅将追求何种目的的决断，而且也将在何种程度和范围内实现目的的决断，都置于目的设定的裁量空间的范围内时，对平局走向的决断就不仅仅是在权衡裁量空间内的决断，而且也是在目的设定的裁量空间内的决断。这再次表明了裁量空间之间联结的现象。

[94] 康拉德·黑塞(Konard Hesse)：《联邦德国宪法纲要》(Grundzüge des Verfassungsrechts der Bundesrepublik Deutschland)，第 20 版，1995 年，Rn.72，第 317 页及下页。

[95] 参见 BVerfGE 81,278,292;83,130,143;83,238,321。

[96] 参见乐雪(Lerche)：《宪法作为最佳化命令的源头？》(Die Verfassung als Quelle von Optimierungsgeboten?)，《施特恩纪念文集》，1997 年，第 205 页及下页；乐雪：《宪法性法律"具体化"的边界》(Facetten der „Konkretisierung" von Verfassungsrecht)，Koller/Hager/Junker/Singer/Neuner 主编：《法学思想中统一性和逻辑性》(Einheit und Folgerichtigkeit im juristischen Denken)，1998 年，第 21 页；进一步参见瓦尔(Wahl)(前注 1)，第 504 页；史尔兹伯格(Scherzberg)：《基本权利保护和"干预强度"》(Grundrechtsschutz und „Eingriffsintensität")，1989 年，第 174 页。

征相互兼容。

结构上的权衡裁量空间将自身的存在从本质上归因于粗略的尺度。强度层阶越精准,平局出现的机会越少。这种观点却招致了异议,宪法性法律在事实上拥有一个更加精确的结构,这将导致(在事实与宪法所规定的内容之间)几乎总是存在某些小的分歧,它促使宪法对事项发动权衡。这种异议引发了宪法性法律本质的深层问题。如果干预的强度就如同力量的伸展或者直线运动的走向一样可用无穷多的点描绘出来,如同经验世界那样,那么,平局不能在理论上被排除,在实践中就可以被排除吗?抑或是否可以说,宪法性法律的素材太过于粗糙,因而充满了结节和漏洞?很多情况似乎符合后者。虽然可能经常存在比三阶更精准的尺度。我们只需将目光投向"泰坦尼克案件"。如果国家不认可将截瘫患者称为"跛子"是公开诽谤,那么它将不仅仅是允许对人格权重度的侵害,还意味着允许(对人格权)极其重度的侵害。这可以通过以下方式被理解,即轻度/中度/重度的三阶刻度在其每一层阶上都被再次使用。这种双重三阶模式中的新层阶允许区分出极重度的干预、中等重度的干预以及刚刚好是重度的干预。但是,这种再度精细化具有界限,它总归不是在所有领域都有意义——有时可以进行两层阶的分层,人们就已经很高兴了。如果人们想进一步深入,那么可能就必须在第三层阶上谈论诸如"重度的极轻微的干预"之类的东西。谁还能理解这样的表述?这里讨论的是在实践领域中十分普遍的情况,一切就如亚里士多德所提示的那样,我们"不应当只采用同一种方式追求适合于所有对象的确切性,而是只能在每一种情况中要求既定的素材所容有的、适合于该情况的确定性"。[97] 宪法性法律并非一种被精细划分,以至于真正地排除平局和结构上的权衡裁量空间的题材。由此,权衡和框架秩序被证明是可兼容的。[98]

---

[97] 亚里士多德(Aristoteles):《尼各马可伦理学》(Nikomachische Ethik),1098 a。

[98] 这种兼容性在不受限制的相关性与受限制的概念确定性的兼容性中被反映出来。当人们通过一般的行动自由来填补基本权利条目中的漏洞,以及每一个对基本权利的干预都经受了合比例性检验时,基本权利不受限制的相关性便形成了。任何一个权利冲突,只要有一个基本权利主体参与,都可以被构建(konstruierbar)为基本权利的冲突[参见卡纳里斯(Canaris)(前注17),第82页;叔伯特(Schuppert)/布姆克(Bumke)(前注21),第78页]。但是从不受限制的相关性中无法得出不受限制的确定性。这说明了结构上裁量空间的存在,尤其是权衡的裁量空间的存在。权衡平局的概念预设了在平局中出现的原则的相关性。在不相关的即没有关系的原则之间什么也不会发生,也永远不会产生权衡平局。预设了必然相关性的权衡平局是非决断性的表达形式。同时,非决断性就意味着非确定性。因此相关性可以与非确定性相协调。这也暗示了不受限制的相关性可以与受限制的确定性兼容。那么,不仅从不受限制的相关性中推导出不受限制的确定性是一个错误结论,而且从受限制确定性中得出受限制的相关性同样是个错误的结论。(转下页)

到此为止所讨论的只涉及结构上的裁量空间。认识论的或认知裁量空间对于框架论题的意义不逊于结构上的裁量空间。剩余的时间只允许对此做出简短的论述。

(二) 认知裁量空间

当对什么是被宪法所命令的、禁止的或者放任立法者自行决定的在认知上具有不确定性时，认知裁量空间的问题便出现了。这种不确定性存在的原因，可以在经验的前提或规范的前提的不确定性中发现端倪。

1. 经验上的认知裁量空间

经验上的不确定性随处都可以变成问题。它主要发生在对适当性与必要性的审查中。当联邦宪法法院，例如在"大麻案"的裁决(Cannabisbeschluss)中，允许立法者不仅可以根据对所规定措施实施影响的评估，而且也可以根据"合理的"(vertretbar)的判断，来干预基本权利，[99]这就是给予立法者一个经验上的认知裁量空间。就所有的认识论上的裁量空间，包括经验上的裁量空间而言，不可避免地存在意见分歧问题。[100]谁允许根据不确定的前提进行干预，当这些前提只是有理的(vertretbar)或可信的(plausibel)，或者甚至只是没有明显错误时，那么他也必须接受基本权利受侵害不被认定这种可能性。认知裁量空间的范围对应的是可能的意见分歧的范围，这些分歧存在于什么是事实上被命令、被禁止和被放任的与什么被确定为被命令、被禁止和被放任的二者之间。伴随这样的分歧，在宪法性法律中存在(Ontischen)与认识(Epistemischen)之间的差别这一普遍问题便出现了。

前提不确定意味着这个前提不仅仅是有疑问的。基本权利作为实质原则要求在尽可能高的程度上获得实现。若仅就这点来看，似乎存在一个简单的答案：在前提不确定的情况下总是选择对基本权利最有利的前提。因为在此基础上的干预可

(接上页)不受限制的相关性与受限制的确定性之间的兼容并不意味着二者必然共存。人们不仅可以在不受限制的相关性和不受限制的确定性之间，也可与在受限制的相关性和受限制的确定性之间，建立联系。人们在接受宪法含有解决一切实质法律问题的唯一正确的答案时，就获得了双重的不受限。当宪法性法律粗略的特征对双重无限不加阻碍时，一个无限小的尺度可能将打开通往那个方向的道路。在保留比例原则的情况下，双重的受限只有在如下情况中才有可能——即人们对保护范围的定义不再包含所有的事项，而是至少预设了对一般的行为自由和保护维度的排除。然而，宪法作为质的基本秩序明确地命令什么、禁止什么和放任什么[阿列克西(Alexy)，(前注11)，第290页及以下]，这种尽可能理性的规定的假设阻碍了通向双重受限的道路。因此，只能放弃相关性和确定性之间的完全一致。

[99] BVerfGE 90, 145, 182.

[100] 参见拉贝(Raabe)：《基本权利与认知》(Grundrechte und Erkenntnis)，1998年，第147页及以下。

能不会被合法证立,其结果可能是立法者仅被允许在真实的前提具有确定性的基础上去干预基本权利。人们可以很容易地认识到这个解决方案不太可能。[101] 当立法者哪怕是仅仅介入到一般行动自由的时候,他只能是在真实的前提具有确定性的基础上才可以行动,这样一种要求将导致立法机构几乎完全瘫痪。这并不是一部宪法所希望的,该宪法总的来说首先需要一个立法者,其次需要一个以民主方式而被合法认可的立法者。所以,作为形式原则[102]的分权原则和民主原则[103]要求存在一个经验上的认知裁量空间。[104]

没有任何裁量空间是不受限制的。这种限制最终只能通过基本权利来完成。这可以表达为,在以结构上的权衡裁量空间为基础的实质权衡法则之外,还存在一个认识论上的权衡法则。它可以用如下公式来表达:"对基本权利的干预程度越严重,干预所依据的前提的确定性程度就应越高。"

2. 规范上的认知裁量空间

尽管说,经验上的认知裁量空间带来了足够多的问题,但是仍旧比规范上的认知裁量空间带来的问题少得多。这是因为它并非直接,而只是间接地,涉及了什么是宪法所命令、禁止和放任的。就此而言,与此相关的问题与文章开头提到的间接宪法化的问题有着某种相似性。与此相对,在谈论规范的认知裁量空间时直接涉及了宪法的实质内容。每一次对规范的认知裁量空间的承认都意味着撤销与它的范围对应的、与宪法相关联的宪法法院的审查。那么这与那种通过与宪法优先地位和

---

[101] 参见 BVerfGE 50,290,332。

[102] BVerfGE 56,54,81.

[103] 参见阿列克西(Alexy)(前注 11),第 120,267,384,427 页。

[104] 对比宪法法院和专业法院,当涉及言论自由和艺术自由时,对意见和作品的解释问题就具有特殊的意义。德国人道主义死亡协会(DGHS)在传单中指责重症患者生活经历造假,该协会已经对这些患者承担了所谓的安乐死的义务。在对上述造假指责进行判决时,它涉及的是将造假指责判定为事实主张还是价值判断。对言论表达自由的干预强度以及权衡的结果都依赖于这一点。对不真实的贬低性的事实主张的禁令只是相对轻地干预了言论表达自由。与之相反,对一个价值判断的禁令则带来相对重度的干预(BVerfGE 94,1,8)。汉堡州法院将这个表达归入价值判断中,并驳回了这个请求不作为之诉,汉莎同盟地方上诉法院则将之归入未被证明为真实的事实主张,并支持了该诉讼。联邦宪法法院得出的结论是:"上诉法院的解释……与州法院的解释一样,在宪法性法律上很少有可挑剔之处(BVerfGE 94,1,10)。这两个法院都没为意见表达"添加依照原文不可能拥有的客观的含义"。因此这两种解释都可能是"正当的"(BVerfGE 94,1,10f.)。这是对裁量空间的承认。对意见表达的阐明或解释涉及了这样的问题,在"客观的"(BVerfGE 94,1,11)语境包围下它具有哪种意义。这是一个对社会事实的判决。因此,解释的裁量空间是经验上的裁量空间的子集。通过放任对原告不利的解释为"可支持的",就如在经验的裁量空间中十分普遍的那样,间接地也放任了对基本权利的干预。

宪法诉讼的联结而被特征化的基本法的形式规范效力(Geltungskraft)能协调一致吗？

只有当三种要素被组合起来时，上述的问题才能获得一个恰当的答案。第一个是认知能力，结构上的权衡裁量空间显著地缓和了规范的认知裁量空间的问题。一旦确定某个事项进入了这个裁量空间，那么，对什么是最好的解决方案的争论，就不再是宪法性法律上的争论。因此，对规范的认知裁量空间的追问便是多余的。第二个要素是刚才提到的认知上的权衡法则。在干预强度增大时，这个法则也为干预所依据的前提的确定性程度提出了更大的要求。这不仅缩小了经验的认知裁量空间，而且也缩小了规范的认知裁量空间。关于强烈或最强烈干预的根本争议不可将之判定为政治意义上的裁量空间内的意见分歧，而是宪法性法律意义上的关于它们的边界的意见分歧。在结构上的裁量空间其余的、真正微不足道的边缘性问题方面，对规范的认知裁量空间的承认实际上意味着被约束者对约束作出决断。只要宪法法院通过撤销的合宪性控制方式一直受到规范的认知裁量空间的限制，那么这点就是可接受的，这也就是答案的第三个要素。这种界限只能通过对实质或形式原则的权衡才可确定。在这个权衡中会得出不同的情景，端赖于涉及什么以及涉及谁。专业法院诉讼的规范上的认知裁量空间首先建立在这样的基础上，即它与联邦宪法法院都有着法院的特征。认知的裁量空间虽然适用广泛，但最远只能到达这样一点上，即在宪法诉讼和专业法院诉讼之间存在真正的合作关系[105]，因为专业法院在规范上的认知裁量空间内从事着实质上的宪法诉讼。就此而言，专业法院是一个小型宪法法院。这种裁量空间的范围有多大，当然是继续由联邦宪法法院来判定。这种合作不仅受到限制，而且还为规范层级搭建了顶层结构。

四、结论

概括而言，宪法化的问题可以通过裁量空间教义学来解决。它依靠两个支柱：第一个构建了结构上的裁量空间，它表达了宪法实质内容的受限制性；第二个构建了认知上的裁量空间，通过它，实质的宪法诉讼在有限的范围内被转移到专业法院中。联邦宪法法院给予这一切双重的关注：一种指向实质的宪法内容，另一种则指向它的边界和不确定性。

（编辑：蔡琳）

---

[105] 参见罗伯斯(Robbers)(前注27)，第938页。

书　评

［德］索尼娅·梅耶 著　余翛然 译
历史批判性评注
——以《〈德国民法典〉历史批判评注》为例

历史批判性评注
——以《〈德国民法典〉历史批判评注》为例*

［德］索尼娅·梅耶** 著 余脩然*** 译

概 览

一、工作介绍
二、一部"历史批判评注"
三、危险与挑战
四、预期作用

一、工作介绍

《历史批判评注》是《〈德国民法典〉历史批判评注（Historisch-kritischen Kommentar zum BGB）》的缩写。该评注由约亚希姆·吕克特（Joachim Rückert）、马蒂亚斯·施莫克尔（Mathias Schmoeckel）和莱因哈德·齐默尔曼（Reinhard Zimmermann）主编，迄今已出版《总则卷》（2003 年）和《债法总则卷》（2007 年），第三本《债法分则卷》正在筹备中。作为一名共同编写者，以下我将介绍它的体例（Programm）、命名、危险和可能的作用。

作为一部《德国民法典》评注，《历史批判评注》使我们能够获取法律史的知识。它的目标读者不仅有法律史学者，也包括所有处理现行法问题的人。它致力于从历

---

* 本文原题为：Historisch-kritisches Kommentieren am Beispiel des HKK，载《欧洲私法杂志》，2011 年，第 537—546 页。
** 索尼娅·梅耶（Prof. Dr. Sonja Meier）：德国弗莱堡大学外国与国际私法研究所教授。
*** 余脩然：南京大学法学院博士研究生。

史的角度,帮助人们更好地理解《德国民法典》。《历史批判评注》回答两个核心问题:《德国民法典》的结构(Strukturen)和规定(Regelungen)是如何产生的?该结构和规定的合理性是如何证成的?《历史批判评注》建立在这个基础理念之上:有些法学问题在各个时代都存在,对此可以有数种解决办法,且在不同历史时期也出现了不同的解决办法。民法典的某个具体条文(Vorschrift),就是针对某个特定规范问题(bestimmtes Regelungsproblem)的解决办法。实际上就该规范问题,《德国民法典》原本也可以采用其他选项。

《历史批判评注》每条评注的开头,释明了具体的规范问题。然后是探寻该具体规范问题在《德国民法典》颁布之前的解决办法。这些解决办法,是在何时何地被提出或使用的?它们带有何种文化因素、经济因素和社会因素的烙印?哪些解决办法是具有连续性的,哪些没有?哪些具有表面上的连续性?探寻先前解决办法,是为了展示出,摆在立法者面前有哪些可能的选项。《德国民法典》的具体规定,是立法者在多个解决办法中做出的选择。人们不仅仅要问,立法者选中了何种解决办法?而且还要问,立法者同时拒绝了何种?还是说,选择了全新解决办法?这些决定各自的理由又分别是什么?

评注的研究对象,还包括《德国民法典》的解决办法在1900年后的经验:判例和学说如何处理《德国民法典》立法者所选定的解决办法?该解决办法是否经受住了考验?今天该解决办法仍在被适用,还是被实务和学界无视了?规定了该解决办法的条文是否已被修改?从中可以提取出什么经验?

评注也引入了比较法的视角,尤其关注了欧洲相邻法秩序中的发展。这些法秩序所储存的其他更多的解决办法,可形成批判性评价《德国民法典》中解决办法所需的标尺。评注也纳入了比较法上累积的成果,例如《国际商事合同通则》(PICC),《欧洲合同法原则》(PECL)或《共同参考框架》(DCFR)。

就评注的体例,主编人员面临如下问题。

(一)对哪一种文本进行评注?

评注的对象可以是1900年的原始文本,也可以是包含了债法改革所有修改的现行文本。支持原始文本的理由是:原始文本具有内在思想上的一体性,历史上的立法者专门深入考察了普通法、同时代的民法典和草案后,创制了《德国民法典》的各条文。若决定评注原始文本,则之后法典文本的修改,可以放到1900年后的经验这部分。然而,主编人员最终决定选择现行文本。考虑到评注的目标读者包括没有法史知识储备的当代读者,选择现行文本,似乎是合理之举。因为若评注旧履行障碍法的规定,会有这样的危险:(没有法史知识不熟悉旧法的)年轻读者找不到需要的内容。由于历史批判评注要对当下所有《德国民法典》中的条文进行评注,所以新出现的内容也必须加入其中,例如消费者撤回权,或第241条a项。

（二）是否应对单个条文进行评注？

主编人员的决定是，对整个条文群进行评注，例如总则的行为能力（第104条至第113条）、形式（第125条至129条）、合同订立（第145条至第156条）、代理（第164条至第181条）或时效（第194条至第225条）。理由是：从历史的角度看，由各自条文所规范的数个事实问题，彼此之间关联相当紧密。继而又产生难题：哪些条文应当合并评注？哪些不然？答案由素材的范围和各作者决定，决定的过程并非总是一帆风顺。目前，第133条和第157条（解释）被一起评注，而第311条被置于两条评注中，第1款是合意原则，第2款和第3款是特别关联（Sonderverbindung）。多数债务人和多数债权人被分开评注，即使在立法中它们被规定在同一章（第420条以下）。和传统的评注一样，《历史批判评注》中也有"条文前评注（vor §）"——对覆盖面较广的事实问题的评注，例如第104条前对法律行为的评注，与第241条前对债法和合同自由的评注。

（三）评注如何形成？

主编人员认为，一方面要保证每个作者在内容选择上的自由，另一方面也要预先确定一个统一框架，特别是结构上的统一框架。所有评注的开头首先明确规范问题是什么。同时，为了开门见山地体现出《历史评判批注》独特的视角，开头还应当对所有可能的解决路径进行一个总括性的概述。结尾应当进行回顾和展望。不过，就中间主体部分的结构划分，主编人员未能达成一致。主体部分的结构，可以是依时间顺序进行的历史描述：首先是《德国民法典》颁布前的解决办法，然后是《德国民法典》的规定，最后是1900年之后的经验。另一种可能的结构是，以《德国民法典》的解决办法为出发点，也就是说，首先描述《德国民法典》的规定和与其直接相关的形成过程，接着以此出发研究《德国民法典》颁布前的解决办法，然后是1900年后的经验。支持第一种结构的理由是，以从前往后时间顺序叙述历史，更容易理解。若人们已经了解《德国民法典》颁布前的解决办法，就能更好地理解该条文直接的形成过程。反之，第二种结构的优点在于，清晰反映了人们对此知识感兴趣（Erkenntnisinteresse）的出发点：也就是《德国民法典》的条文，它决定了规范问题是什么，并从自身出发，先回顾过去，后放眼未来。最终，要采取哪一种具体结构，由作者自由决定。因此，《历史批判评注》中的各评注文章，结构各异。有时，就连评注文章应当分段的最低要求，也未得到满足。有些情况下是因为被评注的对象本身，不太适合分段，而有些情况下是因为作者不想完全地采取规范问题史（Problemgeschichte）的视角来写作。

总的来说，历史批判评注的特点是，作者和他们采取的方法有所差别。主编人员鼓励（作者们）共同协作和探讨交流。为此创建了一个仅评注参与者能进入的网页,不仅已完成的评注文章,而且之前的草稿也应当上传至该网页。在几场共同会议中,对于草稿进行讨论,并对临界性问题做出决定。在会议中,讨论总是与内容相关,特别是某一个事实问题(Sachfrage)在多条评注中均有所提及时。主编人员的方针(Linie)是,接受不同意见的并存,并通过交叉引用对其加以说明。

二、一部"历史批判评注"

将该作品命名为《历史批判评注》是正确的吗?"历史"这个形容词肯定是准确的,虽然评注也使用了法律比较的方法。对于"历史批判",人们通常的理解是,以科学的方法工具研究一个历史文本。这样做的目标是,将文本视为与时代相关联,并查明,该文本在其历史情境下曾具备怎样的含义和应当具备怎样的含义。这是《历史批判评注》对于《德国民法典》文本的纲领(Programm),但同时也是任何一项法律史工作的纲领:因为法律史视角一定是科学性的,从而在这个意义上一定是批判性的,所以实际上"批判"这个词表达的意思,已经被"历史"这个词所包含。

以及,《历史批判评注》究竟是不是一部评注?不同于一般的评注,《历史批判评注》中没有写出被评注的法律文本。这样做不是出于原则上(programmatisch)的理由,而是出于限制篇幅的现实考量。此外,评注文章不是针对单个条文,而是针对条文群。因而总则卷是由对各主题的评述而构成的,例如自然人、法人、行为能力、形式的规定、合同缔结、代理、时效等。这比较像教科书而不是评注。

不过,《历史批判评注》不是就某一个法律领域(Rechtsgebiet),例如上文提到的自然人等,而是就现行《德国民法典》具体条文展开的。从这个意义上说,它是一部评注而不是教科书。它可以使读者更容易地找到一个特定问题的答案。然而,与现行具体条文的这种关系,同时也是一种束缚,因为这种关系迫使评注的叙述必须从《德国民法典》的规定出发。

评注必须从《德国民法典》的具体规定出发,首先意味着,《历史批判评注》是以《德国民法典》,而不是《德国商法典》《股份法》或《民事诉讼法》为基础。因此,在其他时期或地域属于同一个整体的内容,会在《历史批判评注》中被分离。民法和商法相互分离的状态就是永久性的。在涉及合伙法(Gesellschaftsrecht)时会产生问题,能否在不叙述无限责任公司(OHG)的情况下,对民法合伙(GbR)进行历史叙述?还是说,因为历史上的联系,不仅无限责任公司的历史,而且资合公司(Kapitalgesellschaften)的历史也要一并被加入评注中?此外,《历史批判评注》必须从《德国民法典》出发,还意味着其重心落在了实体法上,由此产生的危险是,遗漏了实体法与程序法在历史上的相互作用。

评注必须从《德国民法典》的规定出发,其次意味着,它只关注《德国民法典》中接纳的内容。没有被吸收进《德国民法典》的其他法律素材不予考虑,像是庇护(Patronat)、嫁资（Mitgift）、家子的脱离父权（Emanzipation von Hauskindern）或封建法（Feudalrecht）。在《历史批判评注》中没有详细展开的，还包括被有意识拒绝吸收进民法典的一些制度，像是债的更新（Novation），所谓的获利原因竞合（concursus causarum lucrativarum）或回复原状（die Wiedereinsetzung in den vorigen Stand）。

评注必须从《德国民法典》的规定出发，第三点含义是，它以《德国民法典》当前的版本为基础。因此，被评注的对象会有一定的偶然性，也就是说，哪些规定被评注，取决于《历史批判评注》出版的那一年《德国民法典》中有哪些规定。《历史批判评注》没有写出立法条文，在这种情况下引发出问题：不同于面向实务工作者的评注（Praktikerkommentaren），《历史批判评注》通常是不会出新版的。因此，到了 2020 年，《历史批判评注》没有写出的立法条文仍是以 2003 年的条文为基础，此时人们还能不能从中找到需要的内容？

最后，评注这种形式，意味着《历史批判评注》中，与《德国民法典》有关的叙述（Darstellung innerhalb des BGB），必须或多或少按照制定法的顺序来进行。但这个顺序只是历史上做出的一个决定，其合理性并非不言而喻的。例如，将保证和共同债务分开叙述是否必要，单纯从教义史的视角看，会是一个疑问。人们如果同时也想将社会史和经济史的因素引入视角，那么，将保证、共同债务、贷款、利息法（Zinsrecht）和暴利归入信贷的历史（Geschichte des Kredits）这个内容一并进行叙述，或许是一种比较值得推荐的做法。不过，囿于历史批判评注在形式上属于评注，所有这些非按照制定法顺序的可能性都被排除了。

三、危险和挑战

《历史批判评注》开启了对于今日法律的历史叙述，同时，编写者明确希望，提取出对今日教义学者来说可理解的重要历史，这些做法并不是毫无危险的。面临的危险在于，人们会贸然基于"普通法"的法律状况，暗示存在法的统一性，但该法的统一性也许事实上根本不存在。在法的欧洲化（Europäisierung des Rechts）时期，出于政治原因，人们希望得到法的统一性已在历史上长期存在的证据。危险还在于，以一种与事实不符的线性历史观，对历史进行叙述，一旦出现了与这种线性历史观的叙述图示不吻合的部分特例，就予以视而不见。最后，危险还在于对原始材料的曲解。这些危险对于《历史批判评注》的启示是，必须进行广泛的调查研究。要注意的不仅是普通法的传统，还有教会法（kanonische Recht）、自然法学说和当地的法律传统产生的影响。当地特有的法律发展也不容忽视。应尽可能查明的不仅是学者法（das gelehrte Recht），还包括特定时期和地点内真正在实践中被适用的法，以及决定了法之内容的政治因素和社会因素。

然而，要兑现这种规划上的雄心壮志，几乎是不可能的，因为单个法学家的智识是有限的。虽然关于普通法的原始材料很容易获取,但其他法的原始材料和其产生的影响,在法律史著述中通常受到冷遇。当法史学已经为《历史批判评注》做好了前期准备工作时,该前期准备工作必须经受批判性的检视;《历史批判评注》自身也必须对原始材料进行处理。关于在某个特定时期实际使用的法的原始材料,通常难以获取。此外,当普通法教义(gemeinrechtlichen Lehre)发生了变化,很难搞清楚,该变化是半自治性话语(teilautonom Diskurse)的结果,还是说他治性的影响(heteronome Einflüsse)在其中没有起到作用。

所以,使《历史批判评注》的规划(Programm)能够完全兑现的方法,也就是全面广泛的叙述,在实践上几乎是无法做到的。因此目前也根本没有实现。结果是,每个作者不得不设定叙述的重点。从而,在叙述重点方面,《历史批判评注》的文章之间差异相当大:就时间上的重点来说,有人把叙述重点放在罗马—共同法,有人放在19世纪,也有人放在《德国民法典》生效后的发展阶段。设定重点总是意味着,对非重点部分只能粗略勾画或干脆省略不提。就方法上的重点来说,有的落在以普通法为重心的传统教义史(同时对于经济、社会和政治背景以及法律实践通常只是略有提及),有的落在经济与社会史、思想史或意识形态批判。重点落在何处,部分取决于各主题本身,但也取决于遵循自己方法上原则的各个不同作者。

若根据《历史批判评注》自身的预设规划来评价,以今日面貌呈现出来的《历史批判评注》,是不完善的。其实这种不完善也是理所当然的。不完满性是科学的属性之一,吸引人们来对此进行更深入研究。能够与不同作者共同处理一项特定工作,这种经历很有趣,也很有启发性。在这个经历中,不存对抽象立场的对立,而是针对具体的评注建设性地讨论如何正确地叙述历史,以避免曲解。

四、预期作用

不过,从现行法律出发呈现法律史资料,使其能够为今日的教义学者所用,这样做有什么用?

(一)首先,作用可能是历史解释。在历史解释时,教义学者能够接受历史论证(Argument)。历史解释是一项艰巨的任务,也并非总是以正确的方式进行,例如,当人们对于第一委员会的意思形成过程,没有由霍尔斯特·海因里希·雅科布斯(Horst Heinrich Jakobs)和维尔纳·舒伯特(Werner Schubert)自1978年起才公布的会议商讨记录,而只有非官方的"立法理由书"(Motiv)可供参考时,就是如此。然而,真实的立法材料也会对许多问题保持沉默,有时是因为,立法者认为某个问题的答案是不言而喻的,可100年后的我们并不知道,他认为哪些问题的答案是不言而喻的。为了查明历史上的立法者是如何设想的,人们必须深入到19世纪的讨论中:哪些问题被讨论了?何种解决办法被提议供立法者选择?对此,尤为有用的方法是联系同时代的法典,从《普鲁士普通邦法》(ALR)、《法国民法典》、《奥地利普通民法典》(ABGB)到《瑞士债法典》(当时还处于草案阶段),以及大量的特别规定和草案。这些同时代的立法提示了当时的人们认为哪些问题有制定规范的必要,考虑了哪些替代选项作为解决办法。一般来说,只有联系这个大背景,才能够查明《德国民法典》的立法者的想法。由于查明工作的困难,在1900年后,众所周知,出现了一系列对立法者构想的误解,从历史视角来说,出现了《德国民法典》的错误版本,从该错误版本之上发展出了实际上并不符合制定法的教义学。最著名的例子当属给付障碍法,尤其是对旧法第275条和第276条的误解。一部历史性评注,可以有助于避免这样的误解。

(二)此外,法律史的作用也经常被认为像一个采石场:许多今天提到的问题,在1900年之前已经被讨论过了。历史不仅储备了替代性的规定,还储备了论证和理论。只要作为根基的生活关系和历史上是相似的——这一点必须经过确证——那么历史上这些储备就可以为今日所使用,以避免无谓的重复劳动。

(三)然而问题是,《历史批判评注》的目标受众,也就是今日的教义学者,到底愿不愿意去了解历史上的论据。如果其在进行历史解释,那么肯定是愿意的,但历史解释仅仅是许多解释方法之一。此外,只有当立法是可解释的,即被证实是有漏洞或不明确的,历史解释才应当被适用,若立法看上去是明确的,则不应进行历史解释。法律史如同采石场的观点,在所谓的法之续造中是被允许的,法之续造欢迎历史性论证为其提供想法以及辅助论证。也就是说,教义学者界定了一个有限的范围,他们认为,只有在这个范围内,历史上的论据才能有一席之地。但立法是明确的还是可解释的这个问题本身,并不考虑历史背景,而是仅通过教义学来做出判断。

不过,即使对于某条规定的主流解释明显和历史上立法者的意思相抵触,法教义学也常常会凌驾于历史上立法者的意思。人们已经发展并习惯了一个新的体系。新教义可能会比立法者所设计的更合理或更好用。极端情况下,新教义会被法典化,与之相对的观点会因此退出法典,债法改革就是一个例子。

(四)在这个背景下,《历史批判评注》这样的作品,也具有批判的功能。历史性的观察研究,不仅发掘了先前讨论中蕴藏的潜能,而且也强化了这样的观点:《德国民法典》中的规定只是众多可能的解决办法中之一,并不必然是最优解。

这种现行法相对论,使法律史成为比较法中的一种。因此,《历史批判评注》中,引入比较法视角也十分重要。通过将今日《德国民法典》的解决办法不仅和过去的,也和今天其他法秩序中的解决办法进行对照,《德国民法典》的特色得到更清晰地展现,对制定法的批判也有了参考依据。这不单单涉及法政策问题,可被批判的不仅可以是某个特定结果,而且可以是产生结果的某个教义学路径。如果人们认识到,《德国民法典》的某条规则是不合理的,那么就能更清晰地认识到,将这条规则作为教义而应用所产生的错误。

（五）最后，历史性的视角也具有澄清的功能。因为法教义学不是脱离于历史出现的。

在教义学的著述中，偶尔可见一些明确的历史论断，像是立法者忽略了某个问题，或是某种解决办法在 1900 年后才被发现。这样的论断通常是不符合事实的，可以也应当被纠正。此外，还有一些笼统的描述，这种描述以某种特定的基调叙述过去，借此描述，今日的法教义或多或少被直接合法化。这种描述的著名例子是将 19 世纪描述为不受限制的私法自治和形式实证主义（formalen Positivismus）的世纪，其——之后诞生的——产物是《德国民法典》，与其相对立的是之后 20 世纪社会性与实质化的基本特征。一部历史批判性的著述可以肩负起检验这种描述正确性与否的任务。例如，根据西比尔·霍夫（Sybille Hofer）在《历史批判评注》中除了其他内容之外对合同自由原则做出的评注，19 世纪的特征是不受限制的合同自由这种观点，与史实不符。汉斯-彼得·哈费尔坎普（Hans-Peter Haferkamp）在对第 138 条的评注中解释道，第 138 条这个规定一开始被限缩解释，只有市民社会的道德性规范（moralischen Normen der bürgerlichen Gesellschaft）受此条保护，根据哈费尔坎普的检验，到了 20 世纪，第 138 条成为经济政策的工具，以及强化了的司法干预的依据，这个描述与实情不符。这种澄清功能对于《德国民法典》1900 年后的发展十分重要：《历史批判评注》推动了针对《德国民法典》的法学历史化。今日的法教义学经常脱离历史语境地使用 1900 年后的观点，但并不总是清楚该观点自身的意识形态基础。

对于狭义的教义学，历史批判评注也具有澄清（Aufklärung）功能。今日的学说主要处理概念和教义，这些概念和教义，不是学说自己发明出来，而是来自 19 世纪，还可以更进一步追溯到更早的历史。但是，法是会发生变化的，要么是通过政治或经济上的变动，要么是通过个人的决定。相反，教义和概念却是迟滞的，通常不会随之变化，或变化得慢很多。这样导致的结果是，法教义学使用的是流传下来的教义和概念，这些教义和概念，至少如果以它们初始的含义，用来解释或描述现行法，已经不合适了。

可能的情形例如，某个概念的文字保持不变，但其含义已经发生了变迁。这种含义改变可能是人们无意识之举，因此是未经反思的，从而，当人们在另一处使用的是这个概念的初始的含义，就会引起歧义。可以想见的情形还比如，某个规则在内容上保持不变，但随着时间流逝，承担了另一种功能。由于该规则最初制定的语境与今日不同，所以时至今日，其所要实现的功能发生了贬损。例子之一是《德国民法典》中根据可分性不同而制定的多数人之债的条文，对于可分给付适用第 420 条、第 427 条，对于不可分给付适用第 431 条。这个区分要追溯到普通法上，因为就共同的合同义务，有疑义时存在按份债务，在共同继承中，继承人对被继承人的拘束关系（Verbindlichkeit）也作为按份债务人负责，所以必须对于给付标的不可分、从而当时所实际规定的按份债务消灭效果无法发生的情形,做出特别规定。当对一个给付标的物进行分割明显违背债权人的利益时,给付标的物被视为不可分。但在《德国民法典》颁布之后,不仅共同继承人(第2058条)被视为,而且有疑问时,共同以合同承担义务的义务人(第427条)也被视为连带债务人。因此,可分和不可分给付的区别,就不再有意义了。然而文献中不仅还在坚持这种可分和不可分给付的区别,而且还在坚持普通法上可分性的概念,这个概念在现行法中已经不再具有重要实益了。

一门严肃科学需要清晰的前见(Vorverständnis)。历史研究的任务是,发现并在历史语境下展示,不仅是狭义教义学上而且也包括进一步的意识形态上的前见。

(六)最后,以上所说的这些作用是否真实存在,换言之,法律工作者是否会听取《历史批判评注》的声音,还未可知。或许不太能够指望实务工作者读《历史批判评注》,法官可能甚至都不会把《历史批判评注》放在他的《帕兰特评注》(Palandt)旁边。他们不读的理由是,《历史批判评注》里没有对单个条文的评注,因此要找某个具体问题的答案,可能会很困难。相比之下,《历史批判评注》对于法学的影响力更大。影响力的形成可能会是一个缓慢的过程:某一个知识点从《历史批判评注》中,渗入一本专著中,从专著中渗入一部大型评注中,从大型评注再到一本教科书中,或许还会从教科书中进入到实践中。不过,值得一试。

(编辑:蔡琳)

图书在版编目(CIP)数据

中德法学论坛. 第17辑. 上卷/宋晓主编. —南京：南京大学出版社，2020.12
ISBN 978-7-305-23829-1

Ⅰ.①中… Ⅱ.①宋… Ⅲ.①法律—文集 Ⅳ.①D9-53

中国版本图书馆 CIP 数据核字(2020)第 197807 号

出版发行	南京大学出版社
社　　址	南京市汉口路22号　　邮　编 210093
出 版 人	金鑫荣
书　　名	中德法学论坛　第17辑·上卷
主　　编	宋　晓
责任编辑	潘琳宁
照　　排	南京紫藤制版印务中心
印　　刷	江苏凤凰通达印刷有限公司
开　　本	787×1092　1/16　印张 15.75　字数 320 千
版　　次	2020年12月第1版　2020年12月第1次印刷
ISBN	978-7-305-23829-1
定　　价	78.00元

网　　址：http://www.njupco.com
官方微博：http://weibo.com/njupco
官方微信：njupress
销售咨询热线：(025)83594756

* 版权所有，侵权必究
* 凡购买南大版图书，如有印装质量问题，请与所购图书销售部门联系调换